du même auteur
à la même librairie

Qu'est-ce qu'une image ?, « Chemins philosophiques », 2005 et 2008.

La philosophie de Nelson Goodman, avec Roger Pouivet « Repères », 2011.

Goodman : modèles de la symbolisation

dans la même collection

Éric Alliez, avec la collaboration de Jean-Clet Martin, *L'œil-cerveau. Nouvelles histoires de la peinture moderne*, 480 pages, 2007.

Laure Blanc-Benon, *La question du réalisme en peinture. Approches contemporaines*, 384 pages, 2009.

Alain Bonfand, *Histoire de l'art et phénoménologie. Recueil de textes 1984-2008*, 448 pages, 2009.

Alain Bonfand, *Le cinéma d'Akira Kurosawa*, 204 pages, 2011.

Alain Bonfand, *Le cinéma saturé. Essai sur les relations de la peinture et des images en mouvement*, 2e éd. revue et augmentée, Vrin, 300 pages, 2011.

Fabienne Brugère, *L'expérience de la beauté. Essai sur la banalisation du beau au* XVIIIe *siècle*, 208 pages, 2006.

Anne-Marie Christin, *Poétique du blanc. Vide et intervalle dans la civilisation de l'alphabet*, 208 pages, 2009.

Danielle Cohen-Levinas, *La voix au-delà du chant. Une fenêtre aux ombres*, 320 pages, 2006.

Danielle Cohen-Levinas, *L'opéra et son double. Chemins vers les nouvelles utopies*, 2012.

Thomas Dommange, *Instruments de résurrection. Étude philosophique de* La Passion selon saint Matthieu *de J.-S. Bach*, 384 pages, 2010.

Roman Ingarden, *Esthétique et ontologie de l'œuvre d'art.* Choix de textes (1937-1969), présentation, traduction et notes de P. Limido-Heulot, 288 pages, 2011.

G.E. Lessing, *Traités sur la fable*, précédés de la *Soixante-dixième lettre*, suivis des *Fables*, édition bilingue, avant-propos de N. Rialland, postface de J.-Fr. Groulier, 224 pages, 2008.

Jacques Morizot, *Goodman : modèles de la symbolisation. Avant la philosophie de l'art*, 240 pages, 2012.

Frédéric Pouillaude, *Le désœuvrement chorégraphique. Étude sur la notion d'œuvre en danse*, 432 pages, 2009.

Roger Pouivet, *L'ontologie de l'œuvre d'art*, 272 pages, 2010.

Patricia Touboul, *Instruire par l'image. Fénelon et les arts du dessin*, 336 pages, 2012.

Eugène Véron, *L'esthétique*, 448 pages, 2007.

Clélia Zernik, *L'œil et l'objectif. Psychologie de la perception à l'épreuve du style cinématographique*, 336 pages, 2012.

essais d'art et de philosophie

Jacques Morizot

Goodman : modèles de la symbolisation

avant la philosophie de l'art

« Le mode d'être artistique d'une œuvre peinte est celui qu'elle tient de l'artiste et de l'art auxquels elle doit d'exister.
Le mode d'être esthétique d'une peinture est celui qu'elle tient de l'expérience par laquelle et dans laquelle elle est appréhendée comme œuvre d'art ».

Étienne Gilson de l'Académie française
fondateur de la collection

directrice de collection :
Jacqueline Lichtenstein

une première édition de cet ouvrage est parue en 1996
sous le titre *La philosophie de l'art de Nelson Goodman*
aux éditions Jacqueline Chambon
deuxième édition entièrement revue et augmentée

6, place de la Sorbonne, Paris V^e
ISSN 0249-7913
ISBN 978-2-7116-2411-9

table des abréviations

usuelles et des éditions utilisées dans les références de pagination. À l'exception de FFF, toutes les citations sont empruntées à la traduction française existante.

SA	*The Structure of Appearance* [1951], Cambridge, Ma., Harvard U. P., 1951, trad. fr. coordonnée par Jean-Baptiste Rauzy, *La Structure de l'apparence*, Paris, Vrin, 2004.
FFF	*Fact, Fiction and Forecast* [1954], 3ᵉ éd., Hassocks, The Harvester Press, 1979.
LA	*Languages of Art* [1968], Indianapolis, The Bobbs-Merrill Company, Inc., 1968, puis Hackett Publishing Co., 1976 et 1988, trad. fr. Jacques Morizot, *Langages de l'art*, Nîmes, Éditions Jacqueline Chambon, 1990.
PP	*Problems and Projects*, Indianapolis, The Bobbs-Merrill Company, Inc., 1972.
MM	*Ways of Worldmaking*, Hassocks, Harvester Press, 1978, trad. fr. Marie-Dominique Popelard, *Manières de faire des mondes*, Nîmes, Éditions Jacqueline Chambon, 1992, Paris, Folio-Gallimard, 2006 (édition citée).
MOM	*Of Minds and Other Matters*, Cambridge, Ma., Harvard U. P., 1984, trad. fr. partielle des deux dernières parties et postface de J.-P. Cometti et R. Pouivet, sous le titre *L'art en théorie et en action*, Combas, Éditions de l'éclat, 1996.
RPAS	*Reconceptions in Philosophy and other Arts and Sciences* (en coll. avec Catherine Z. Elgin), Cambridge, Ma., Harvard U. P., 1988, trad. fr. de Jean-Pierre Cometti et Roger Pouivet, *Reconceptions en philosophie, dans d'autres arts et d'autres sciences*, Paris, P.U.F., 1994.
EC	*Esthétique et connaissance, pour changer de sujet*, Combas, Éditions de l'éclat, 1990 (trad. fr. par Roger Pouivet de cinq articles de Nelson Goodman et Catherine Z. Elgin).
RR	Catherine Z. Elgin, *With Reference to Reference*, Indidanapolis, Ma.,Hackett Pub. Co., 1983.

introduction

> L'art est une source de connaissance, tout comme la science ou la philosophie. Et la grande lutte entreprise par l'homme pour sans cesse affiner sa perception de la réalité, cette lutte où il trouve grandeur et liberté, ne peut aboutir s'il manie des idées déjà formulées et déjà réalisées.
> Antoni Tapiès, *La pratique de l'art*.

Inventive et méthodique, ennemie du conformisme autant que du relâchement, l'œuvre de Nelson Goodman occupe une position singulière dans la pensée philosophique américaine du XXe siècle.

Elle se place à la charnière entre les investigations classiques sur le langage ou la structure du réel et l'élucidation du monde plus spécifique qui est celui des arts. Elle a évolué d'un pôle vers l'autre, et n'a cessé de faire varier la relation entre ces deux pôles. Elle ne pouvait donc que susciter la réticence des épistémologues qui tiennent pour une bizarrerie de conférer une portée cognitive aux productions artistiques, eux qui les abandonnent volontiers à la contingence des réponses émotives, et la méfiance des esthéticiens qui s'efforcent de défendre une thèse d'incomparabilité de l'art. Dans un contexte dominé par la spécialisation croissante de la recherche, Goodman est au nombre des quelques éveilleurs qui ont osé s'aventurer vers des marges moins délimitées et modifier en conséquence l'idée qu'ils se faisaient de l'activité philosophique. Son itinéraire a sans doute été l'un des plus symptomatiques ; à travers lui, la pensée est invitée à s'interroger en retour sur sa propre identité.

L'objet de ce livre est d'éclairer le point d'aboutissement de ce trajet, c'est-à-dire de présenter les contributions principales que l'on doit à Goodman sur « la philosophie de l'art » ainsi que les options méthodologiques qu'il a illustrées. Quoique plus tardive, cette part de son œuvre n'est pas un simple appendice à ses autres travaux, elle en constitue au contraire une forme privilégiée d'épanouissement. Rien n'indiquait d'avance que son évolution suivrait la voie qu'elle a prise mais l'on n'a aucune peine à retrouver au long de son parcours la récurrence de notions et de propositions en germe dans les étapes antérieures, retravaillées et/ou abordées sous un nouvel angle. Certains articles ont joué à cet égard un rôle de « passerelle » permettant la circulation de contenus ou de schèmes d'un domaine à l'autre, par exemple « The Way the World Is » ou les « Seven Strictures on Similarity » [1] qui sont des jalons significatifs entre *SA* et *MM*. De même, la Conférence Whitehead d'avril 1962 à l'Université d'Harvard, noyau des Conférences John Locke d'Oxford données la même année et futur chapitre III de *LA*, est difficilement intelligible si l'on ignore tout de la problématique de l'induction développée dans *FFF* qui date de 1954. De ces échanges, il ne serait toutefois rien résulté de fondamental si un questionnement naissant de la pratique esthétique elle-même n'avait servi de stimulant. Aucune notion ne convenait mieux à cet égard que celle d'authenticité, au sens le plus factuel que le terme peut prendre pour un directeur de musée ou son consultant. Bien qu'associée à ce qui semble le plus idiosyncrasique, le presque insaisissable du style et de l'individualité, elle relève en fait d'une stratégie d'enquête et d'identification codifiée qui rapproche le travail de l'expert de toute autre technique d'interprétation (du diagnostic médical au déchiffrement de codes) ou d'ajustement d'hypothèses et de tests. Il ne serait sans doute pas exagéré de dire que la perplexité que ne manque pas de faire naître l'idée d'imitation parfaite joue pour *Langages de l'art* un rôle comparable à l'énigme du langage aux prédicats insolites examinée dans le chapitre IV de *Faits, fictions et prédictions* [2].

Les racines intellectuelles de la pensée goodmanienne appartiennent sans ambiguïté à ce qu'on désigne sous l'appellation commode de « pensée analytique ». Toutefois, en tant qu'Américain, sa formation initiale porte

1. Publiés respectivement en 1960 et 1970 et repris dans PP I 2 et IX 2.

2. Méritent aussi d'être cités le petit texte insolent de 1966, *Merit as Means* [actes du colloque à l'Institut de philosophie de l'Université de New York (23-24 octobre 1964), rééd. PP 120-1] ainsi que la « Presidential Address » à l'Association philosophique américaine en 1967 publiée dans *Art and Philosophy*, ed. Sidney Hook, New York U. P., 1966, et sous le titre « Art and Inquiry » dans les *Proceedings* de cette association, volume 41 (1968), et PP III 2, version remaniée dans LA VI 3-7. Toutes ces interrogations ont été au cœur des deux *symposia* organisés à l'initiative de l'American Society for Aesthetics (Université de Virginie, octobre 1969) et de l'American Philosophical Association (New York, 29 décembre 1969).

aussi l'empreinte d'un postkantisme relu à travers une version instrumentaliste des catégories, très attentive à la variabilité de l'expérience et de ses cadres d'appréhension. En remplaçant la déduction transcendantale par l'analyse des concepts, C. I. Lewis a fait aux yeux de Goodman le pas décisif vers une conception plus humble de la vérité et une pratique plus exigeante de la recherche, anticipant son propre intérêt pour la constitution et la comparaison des systèmes symboliques[1]. Le moment clé est cependant celui de la mise à l'épreuve et de la crise du vérificationnisme, l'émigration outre-Atlantique des penseurs germaniques ayant précipité une double rupture. En premier lieu, l'irruption de l'empirisme logique a brutalement battu en brèche des pans entiers de la tradition philosophique autochtone, laquelle prolongeait volontiers la spéculation des transcendantalistes de la fin du XIXe siècle. Dans un deuxième temps, ce sont au contraire les alliés locaux de la philosophie venue d'Europe qui ont porté les coups les plus sévères contre les parties qu'ils jugeaient intenables du paradigme analytique, en particulier tout ce qui se rapporte à la distinction entre une composante factuelle et une composante linguistique, et aux limites du réductionnisme et de l'évaluation individuelle des énoncés[2]. Mais tandis que Quine poursuivait l'effort russellien de réduction des symboles incomplets au-delà des descriptions définies jusqu'à l'élimination de tous les termes singuliers, ce qui permet de doter la théorie de la référence de la base ontologique la plus économique, Goodman se place plus directement dans la filiation du Cercle de Vienne. De tous les philosophes américains, il est sans conteste celui qui a repris le plus consciemment à son compte le programme constructiviste du premier Carnap qui ne reculait pas devant l'ambition de dériver la totalité phénoménale d'éléments primitifs choisis aussi simples que possible et de règles syntaxiques sévèrement limitatives. Davantage, il fait sienne l'orientation phénoménaliste de l'*Aufbau* longtemps après que Carnap l'a abandonnée pour un langage physicaliste plus conforme aux visées réductionnistes des sciences contemporaines. *The Structure of Appearance* (1951) poursuit simultanément un double objectif : proposer un schéma raisonné de reconstruction de notions telles que la taille, l'ordre,

1. En dépit de divergences importantes, Goodman n'a jamais manqué de rappeler sa dette à l'égard de C. I. Lewis (*cf.* PP VIII 8 « Snowflakes and Wastebaskets ») dont les deux ouvrages principaux sont *Mind and the World Order* (1929) et *An Analysis of Knowledge and Valuation* (1947).

2. On aura reconnu « Les deux dogmes de l'empirisme » dénoncés par Quine en 1951, article repris dans *From a Logical Point of View*, Cambridge, Mass., Harvard U. P., 1953 et 1961 ; *Du point de vue logique*, trad. fr. S. Laugier (dir.), Paris, Vrin, 2003.

la proximité, le temps, etc., dans un espace de *qualia* sensoriels (la présentation d'une tache colorée par exemple) et non de choses[1], et surtout écrire un nouveau discours de la méthode appliqué à la théorie des systèmes, qui plaide pour un extensionnalisme sans compromis, d'orientation nominaliste et résolument holistique sur le plan sémantique.

L'outil logique initiateur est le « calcul des individus » dont les linéaments remontent à la méréologie de Lesniewski, formalisé indépendamment semble-t-il par Goodman et H. Leonard[2] et mis en œuvre dès 1941 dans sa thèse, *A Study of Qualities*[3]. Dans ce texte, c'est la « discrétude » (*discreteness*) qui est l'opérateur de base, noté « ⌉ » ; Goodman lui préférera par la suite le chevauchement (*overlapping*) « o » dont les liens avec le précédent sont transparents[4] et dont la généralité est comparable à celle de la notion d'appartenance en théorie des ensembles. Le problème fondamental est alors celui de la *concrétion*, au sens littéral de « rendre concret » en définissant les étapes d'un calcul de la qualification dans lequel des *qualia* sont conjoints en complexes (par exemple couleur – endroit – moment) et en individus concrets (ou *concreta*) qui sont les particuliers non répétables qu'on trouve dans l'expérience intersubjective[5].

De ce premier moment de l'œuvre, il sera en fait très peu question dans le présent ouvrage. Chacune de ses composantes réclamerait à elle seule une enquête approfondie qui dépasserait de beaucoup la contribution personnelle de Goodman car il serait impossible d'ignorer qu'elle met en jeu tous les débats centraux qui ont nourri la pensée européenne puis américaine d'il y a quelques décennies. Quelle que soit l'importance que revêtent donc pour lui l'adhésion au nominalisme, les problèmes architectoniques liés à la

1. Contrairement à une opinion répandue, l'option phénoménaliste ne représente un handicap que si l'on a en vue une philosophie de la physique – ce qui n'est en aucune façon l'objectif de Goodman – et elle offre l'avantage épistémologique d'une base absolument intangible ; elle ne conduit pas à une vision solipsiste (SA 106-7) ni n'impose d'exclure l'existence des objets physiques à titre de mythe commode. Sur ces questions, voir Quine, « On What There Is » (*op. cit.*, 1961 en particulier p. 17-19), et Goodman « The Revision of Philosophy » (1956), section 2 (PP 6-14).

2. Voir SA 42 note 8. L'article cosigné est « The Calculus of Individuals and Its Uses », *Journal of Symbolic Logic*, 5, 1940. Pour une excellente introduction à ces notions, voir D. Vernant, « *Sur les fondements de la mathématique* de Stanislaw Lesniewski », Mélanges offerts à Paul Gochet, F. Beets et E. Gillet (éd.), Bruxelles, Ousia, 2000.

3. Ce gros travail de 657 pages n'a été publié qu'en 1990 chez Garland, New York. Il est vrai que SA en reprend dans l'intervalle les principaux résultats, comme le signale sa préface.

4. En effet : $x \rceil y = \neg\, x \mathrel{\mathrm{o}} y$ [deux éléments sont discrets lorsqu'ils ne se chevauchent pas] (c'est la définition 2.041 de SA, p. 60).

5. Un tel système qui ne part pas d'événements phénoménaux en tant que vécus mais d'éléments qualitatifs purs est dit « réaliste », par contraste avec les systèmes particularistes (*cf.* SA IV 5 et 6).

« construction définitionnelle » ou la justification de l'induction, je ne les aborderai jamais ici pour eux-mêmes. De ce que ces thèmes ont laissé une empreinte originale et profonde sur les travaux que Goodman a consacrés à l'art, et même ont conditionné dans une importante mesure sa manière de les aborder, on ne peut nullement conclure que les résultats obtenus en constituent la simple application. Non seulement l'intérêt pour l'art préexistait mais ce n'est qu'assez tardivement qu'émerge l'effort pour inscrire les mécanismes de l'art dans une théorie de portée générale. Celle-ci a naturellement utilisé les repères méthodologiques les plus spécifiques des recherches antérieures, dans un contexte plus ouvert. Goodman semble avoir accordé de plus en plus d'importance à l'inventivité et à la réussite dont font preuve les systèmes symboliques effectivement sélectionnés par l'usage. Toutes proportions gardées, son évolution est comparable à celle qui a mené Wittgenstein de l'obsession d'une « forme logique » du monde à la reconnaissance de la polyvalence du langage ordinaire, à cette différence près qu'elle est plus nettement focalisée et qu'elle a intégré d'emblée la plus large diversité symbolique. Une raison en est probablement l'impact du pragmatisme qui, d'abord refoulé par l'essor du néo-positivisme, fait retour au cœur de la réflexion théorique. Ce qu'enseigne la vie des symboles dans chaque milieu cognitif – leur écologie, si l'on veut –, c'est une richesse que la pensée abstraite tend à réduire à quelques modèles préétablis qui n'en proposent souvent que des exemples triviaux ou dégénérés.

En revenant à de multiples reprises sur l'échantillon, Goodman prend l'exemple d'une schématisation efficace fournissant un modèle d'approximation non-verbale et une clé du pouvoir des symboles quand on accepte de détacher leur usage de la prégnance des signifiés. Mais l'échantillon reste le produit assez sommaire d'une standardisation sans laquelle il serait incapable d'accomplir la tâche sociale qu'on attend de lui, alors que l'art est une activité créatrice qui ne cesse de relancer sa capacité d'exploration et de synthèse. Ce qui spécifie l'art n'est pas une dimension *sui generis* mais la pluralité et le contrôle des relations qui sont impliquées, leur entrelacement, leur intrication novatrice. Chaque œuvre, océan symphonique ou modeste croquis, est un carrefour surdéterminé d'orientations et de niveaux où viennent s'articuler le jeu des formes et leurs combinaisons inventives, celui des matériaux et de leurs possibilités expressives, les transactions sensorielles de l'empreinte la plus charnelle jusqu'à l'abstraction et retour, les problèmes de traduction et d'interprétation des messages esthétiques, les modalités de l'échange culturel et social, etc. Chacune de ces dimensions conjugue d'une manière qui lui est propre le poids de données informatives (qui elles-mêmes évoluent en fonction des techniques d'investigation) et la richesse d'attitudes pragmatiquement définies et diversifiées. Démêler cet écheveau et le réduire à un jeu de variables caractéristiques qu'il est possible de recombiner constitue le préalable, sinon le soubassement d'une réflexion sur l'art.

Comme on l'a souvent remarqué, Goodman reste indifférent aux interrogations qui occupent les esthéticiens, analytiques ou non, qu'il accuse de pratiquer une métacritique stérile[1]. Il n'est même pas soucieux de réfuter des positions qu'il estime indéfendables comme les théories causales de l'expérience esthétique ou celles qui reposent sur la notion d'attitude. Il se contente d'avancer sur un mode aussi axiomatique que possible et selon la conceptualisation qui lui convient. À son lecteur attentif de découvrir qu'un fil conducteur court d'un bout à l'autre de l'œuvre, des préoccupations les plus formelles aux parages de l'imaginaire : l'enquête sur les conditions et les limites de la *pertinence symbolique*. En cela, le projet de Goodman peut paraître modeste puisqu'il s'interdit de remonter aux sources existentielles ou culturelles de la créativité ou de dévoiler le sens dernier de l'art, et qu'il s'en tient seulement à expliciter, derrière la diversité et le chatoiement des apparences, la régularité des opérateurs sémiotiques et logiques qui les sous-tendent pour espérer en tirer quelques conclusions de portée plus générale. Il est pour la même raison très ambitieux puisqu'il prend pour pierre de touche ce qui fait l'originalité de l'homme au sein du cosmos. De simple occasion, l'art devient laboratoire pour une vision élargie de la symbolicité et de l'humanité, guide d'une géographie de l'esprit dont ses devanciers cherchaient de préférence le modèle dans l'épistémologie ou la psychologie.

En d'autres termes, l'art n'apparaît pas dans la réflexion de Goodman comme un objet nouveau à explorer mais plutôt comme un appareil de plus grande sensibilité dans les impulsions qu'il peut déclencher et les réactions qu'il est susceptible d'enregistrer. Deux mouvements se conjuguent étroitement : d'une part, l'approfondissement de l'œuvre d'art comme entité symbolique d'un certain type, et d'autre part, la compréhension

1. Monroe Beardsley est le premier visé dont le traité *Aesthetics* (1958) est sous-titré « Problems in the Philosophy of Criticism ». Dans le contexte de la « métacritique », c'est la question de l'objectivité des jugements qui occupe le premier plan alors que Goodman lui objecte que « si l'esthétique analytique se cantonne à la métacritique, elle n'est pas une solution, elle n'a rien à dire de l'art » (EC 85).

artistique en tant que modèle de processus symbolique. Le premier demande de mettre au service d'un autre domaine les méthodes développées en syntaxe et en sémantique des systèmes symboliques en général, mais en retour la rencontre avec les objets et les expériences esthétiques ne laisse pas indemne ce qui a été acquis à partir du travail formel. En prenant comme points de départ des questions comme l'existence des faux artistiques, la nature de l'expression, la distinction entre une image, un diagramme et un texte, la possibilité d'une notation pour la peinture ou la danse, etc., *Langages de l'art* ouvre un espace de questionnement qui les fait apparaître comme des cas particuliers et exemplaires de problèmes universels relatifs à la connaissance. On s'avise en retour que *Reconceptions* représente un autre départ, une base philosophique renouvelée et enrichie par son contact avec l'expérience à partir de laquelle il deviendrait possible et peut-être souhaitable de récrire les deux livres initiaux[1].

Nombre de thèses de *Langages de l'art* conservent leur pleine teneur hors d'une référence spéciale aux arts. L'investigation présente en ce sens un caractère plus large qui déborde le domaine dit des Beaux-arts (lui-même malaisé à délimiter) et elle est en même temps plus circonscrite dans ses modalités puisqu'elle s'attache à isoler les opérations par lesquelles un objet donné peut fonctionner comme « œuvre », sur les plans matériel et conceptuel. C'est pourquoi elle ne mobilise guère le contenu individuel des exemples utilisés comme ne peut manquer de le faire un historien de l'art[2] ou un musicologue, mais la structure et la fonction des propriétés qui en font un symbole d'un type déterminé, propriétés non épuisables par des déterminations d'ordre ontique ou sociologique. Elle s'inscrit donc d'emblée dans le *parcours des modes de symbolisation* qui, dans la perception, le comportement, le raisonnement, etc., permettent à l'homme d'émerger du monde et d'en appréhender des versions de mieux en mieux consolidées. Elle peut être dite à la fois infra-esthétique en ce qu'elle commence par décaper l'œuvre de la prégnance de ses entours pour la ramener aux conditions premières de sa performance sur le plan sémiotique, et supra-

1. A la manière dont Kant a pensé tardivement que son système devrait être reconstruit en partant de l'*Anthropologie*.

2. Deux textes très représentatifs sur le plan méthodologique, quoique malaisément compatibles dans leur orientation sont ceux d'E. Panofsky, « Iconographie et iconologie, introduction à l'étude de l'art de la Renaissance », trad. fr. dans *Essais d'iconologie*, Paris, Gallimard, 1967 et de M. Baxandall, « The Language of Art Criticism », in *The Language of Art History*, S. Kemal et I. Gaskell (ed.), Cambridge U. P., 1991.

esthétique dans la mesure où, la replaçant dans la perspective d'un échange généralisé des arts et des talents humains, elle les fait accéder à un mode de signifiance qui en réorganise et en fait redécouvrir le contenu.

Une telle entreprise demande de ne privilégier aucune forme artistique sur une autre, de ne pas donner la préférence à une technique, une école, ou une période, et de voir dans chaque exemple une contribution à l'élucidation de l'art tout entier[1]. Goodman entretient sans aucun doute une relation plus étroite avec l'univers pictural, mais il a su attirer l'attention sur la danse ou l'architecture, à une époque où ils étaient l'apanage des spécialistes, et mettre en rapport efficace des secteurs éloignés. Avec Scheffler et quelques autres, il prend le contrepied de la tradition occidentale qui, de Platon à Wittgenstein, a régulièrement fait sienne une conception iconographique du discours, et soutient une théorie inscriptionnelle des symboles qui arrache l'image à sa transparence naïve et traite son analyse comme non moins médiate que celle apportée par les mots. Ainsi faut-il comprendre le titre, *Langages de l'art*, à rebours du sens apparent : non pas que tout art est en soi un langage, mais que la connaissance de chacun passe par l'appréhension correcte de règles adéquates de constitution et de projection.

Tout au long de ce travail, *Langages de l'art* sera mon centre actif d'investigation. Je défends l'idée que cet ouvrage est une des tentatives les plus amples et les plus conséquentes d'appréhension des symboles comme enjeu épistémique et de cet enjeu comme réorientation féconde de la recherche esthétique. La rencontre inattendue de l'art et de la logique fournit un champ d'instruction neuf et revivifiant ; le long de cette frontière longtemps inerte peut se développer une pensée transactionnelle propre à stimuler chacun des deux secteurs. Encore faut-il ne pas se tromper d'objectif en cherchant dans la logique quelque improbable alternative aux diverses doctrines esthétiques. Il serait plus juste de dire qu'elle en suspend la validité pour accéder à ce qu'elles dissimulent ou méconnaissent. Penser que l'art ne reçoit aucun bénéfice d'une enquête sur les mécanismes qui sont à la base de son fonctionnement symbolique, *a fortiori* que celle-ci

1. En sens inverse, les analyses que Gérard Genette consacre aux divers régimes qu'il qualifie d'immanence et aux particularités de leurs modes de manifestation, instruites par son expérience des pratiques textuelles, obligent à prendre en compte certaines subtilités imposées par l'usage et l'évolution des objets esthétiques sur lesquelles le philosophe peut avoir tendance à passer trop vite (*L'œuvre de l'art*, Paris, Seuil, 1994). Il en va de même avec la prise en compte des modes de production sémiotique chez Umberto Eco.

équivaut à une sorte de mutilation, est une vision futile et tronquée. Imaginer en revanche qu'elle puisse un jour supplanter l'histoire, la psychologie ou les autres voies d'appréhension des propriétés de l'œuvre est aussi peu raisonnable que de s'attendre à ce que la logique rende un jour inutiles ou vaines les sciences de la nature !

Une fois qu'on a compris que la logique n'a pas pour vocation de proposer une théorie de l'art, et qu'elle cherche à penser de manière plus ordonnée ce que l'art utilise dans sa spontanéité, on se persuade que loin de menacer l'art de stérilité ou d'étouffement, elle contribue à libérer le regard qu'on porte sur lui des pièges de l'embrigadement.

chapitre premier
arrière-plans de la théorie de la symbolisation

> N'avoir pas lu le livre exigé. L'avoir lu comme un idiot. Y avoir cherché des symboles[1].
> V. Nabokov, *Feu pâle*.

Il faut toujours se montrer vigilant lorsqu'on se sert du mot « symbole », en raison de la confusion inquiétante qui a régulièrement accompagné ce genre de vocable. Selon les circonstances, des termes d'apparence extérieure presque identique peuvent renvoyer à des univers irréconciliables, tantôt à une pure manipulation algébrique d'algorithmes – témoin le « calcul symbolique » de Heavyside et son programme d'une « physique qualitative » – tantôt à l'épiphanie de l'Imaginal selon Henry Corbin ou Gilbert Durand.

En gros, deux traditions ennemies se disputent le droit d'utiliser à leur profit une terminologie mouvante selon deux directions incompatibles : une pensée non rationaliste cherche dans le symbole la voie spéciale et indirecte

1. Telles sont pour Nabokov les trois « bagatelles impardonnables » qui mettent en péril tout exercice critique (Paris, Gallimard, p. 138). Dans *Ada ou l'ardeur*, le même auteur ajoute : « Heureusement, les symboles n'existent ni dans les rêves ni dans les intervalles de la vie consciente » (Paris, Le livre de poche Biblio, p. 604).

d'accès à un monde qui reste fermé au langage ordinaire[1]; de simple intermédiaire entre le concret et le suprasensible, le symbole tend alors à devenir dans les litanies « fin de siècle » médiation en un sens volontiers ésotérique. À l'opposé, la logique mathématique, et plus généralement la théorie sémiotique qui s'est inspirée de ses principes organisateurs, se sont efforcées de ramener l'effectivité de la pensée à un calcul aveugle sur des fonctions symboliques parfaitement définies, c'est-à-dire en langage leibnizien les éléments d'une « caractéristique », quitte à limiter drastiquement le domaine du dicible[2]. Il importe donc d'opposer de façon radicale une philosophie du symbolisme et une logique de la symbolisation, et de le confirmer au moins à trois niveaux : la neutralisation épistémique des symboles, l'orientation constructionnelle de la pensée (avec le pluralisme qui en découle) et la recherche d'une norme fonctionnelle de correction.

étiquettes et chemins

La décision inaugurale exige de détacher le mot « symbole » de ses valeurs d'usage au sein d'une approche herméneutique qui lui attribue une structure à double niveau et une multivocité intrinsèque[3]. Conformément à l'étymologie allemande du *Sinn-Bild*, s'impose en effet l'idée d'une convenance nécessaire des deux composants, et cependant d'une différence irréductible, d'une tension irrésolue, d'où l'épreuve d'un passage difficile et jamais acquis, bien que non arbitraire, de l'« image » au « sens », en raison de l'excès constitutif du signifié sur ce qui le représente. À l'encontre de ce que peut défendre une position formaliste, cette exclusion de valeur méthodologique n'interdit d'ailleurs nullement de reconnaître à certaines œuvres un registre particulièrement développé d'implications symboliques

1. Parmi beaucoup d'autres exemples G. Durand, *L'imagination symbolique*, Paris, P.U.F., 1964, H. Corbin, *L'imagination créatrice dans le soufisme d'Ibn Arabi*, Paris, Flammarion, 1958. Voir également les remarques de U. Eco, *Sémiotique et philosophie du langage*, Paris, P.U.F., 1988, en particulier chap. IV, p. 191-197.

2. Sur la fonction épistémologique du symbolisme, G. G. Granger, *Langages et épistémologie*, Paris, Klincksieck, 1979, en particulier chap. I et V et Y. R. Chao, *Langages et systèmes symboliques*, Lausanne, Payot, 1971, surtout le dernier chapitre.

3. Ainsi P. Ricœur, *Le conflit des interprétations*, Paris, Seuil, 1969, p. 16-17 et 77-79. Ses textes plus récents, de *La métaphore vive* (1975) à *Soi-même comme un autre* (1990), ne modifient guère ce diagnostic, les emprunts à la pensée analytique et l'inspiration phénoménologique donnant l'impression de deux composants non miscibles qui se juxtaposent et glissent l'un sur l'autre plutôt qu'ils ne s'articulent réellement.

obsédantes ou obliques[1] et elle cautionne encore moins la tentation de réduire les symboles littéraires ou picturaux à des ingrédients qu'on pourrait ajouter ou retrancher à sa guise à partir d'un niveau plus prosaïque de l'œuvre[2].

L'orientation sémiotique prend le contrepied de la phénoménologie, elle se détourne de la recherche d'un contenu prégnant et toujours-déjà donné pour s'attacher aux conditions les plus élémentaires de la signifiance, à commencer par ses conditions de vérité ou de satisfaction. Symboliser est à comprendre comme un acte de *schématisation* permettant d'opérer sur l'objet au moyen du substitut formel qui en retient les qualités significatives pour un usage donné (lequel n'est pas nécessairement conceptuel)[3]. Parler de symbolisation ne réclame donc, à ce niveau, aucune connivence particulière avec un type de contenus mais il suppose une concordance réglée avec un univers de référence au sein duquel chaque terme ou groupe de termes dispose d'un « répondant »[4] adéquat. En pratique, ceci impose des contraintes de constructibilité (dans un contexte technique, un symbolisme équivaut à l'établissement d'une notation, c'est-à-dire d'un ensemble de termes et de règles permettant une description efficace et économique d'un secteur de la réalité) ainsi que des conditions pertinentes d'interprétation qui, en général, ne se réduisent pas à décalquer des propriétés formelles. Puisque le sens d'un symbole varie avec les manières dont est appréhendé le domaine correspondant, c'est son identité elle-même qui est tributaire du contexte de son fonctionnement.

Peirce est sans aucun doute l'auteur qui a réfléchi avec le plus de profondeur sur la notion de signe dans son sens généralisé et donné à la pensée américaine quelques-uns des traits les plus originaux de son style philosophique. Sa recherche s'inscrit toutefois dans la continuité de la tradition anglaise qui a forgé avec Locke le terme de « sémiotique » (*Essay*, IV, XXI, 4) et doit beaucoup à l'effort de Hobbes de construire la base gnoséologique la plus

1. En témoigne par exemple la belle étude de Stéfan Jarocinski, *Debussy, impressionnisme et symbolisme*, Paris, Seuil, 1970, plus particulièrement chap. 3.

2. Témoin l'anecdote, typique des ateliers d'écriture des universités américaines, rapportée par Mary McCarthy : « Monsieur Converse [son professeur d'écriture] va l'examiner [l'histoire qu'elle vient d'écrire] avec moi, et nous allons introduire les symboles » (WW 87-88 et 200 note 1) !

3. Il en résulte, remarque Nicod, un caractère nécessairement partiel du symbolisme, *La géométrie dans le monde sensible* (1923), Paris, P.U.F., 1962, chap. III, 5 en particulier p. 114-115.

4. Traduction proposée par J. Vuillemin pour le terme anglais « compliant », dans son compte rendu de LA, dans *L'Âge de la Science*, volume III n°1, 1970, p. 76, note 1. Pour des raisons de commodité grammaticale et de dérivation lexicale, j'utilise de préférence « concordant ».

économique. Un des passages les plus représentatifs est le chapitre v du traité *De la nature humaine* dans lequel Hobbes propose une interprétation des noms en termes de *marques* sensibles dénuées d'intentionnalité *sui generis* mais corrélées à un fait passé qu'elles sont destinées à rappeler (à la manière dont une bouée signale un écueil dangereux, note-t-il[1]). Peirce le rejoint lorsqu'il note que la convenance (*fitness*) spéciale d'un symbole « à représenter ce qu'il représente ne réside en rien d'autre que dans le fait même qu'il existe une habitude, une disposition, ou une autre règle générale effective en vertu de laquelle on l'interprétera ainsi » (*Collected Papers*, 4.447). Il peut même se faire que cette règle ne soit que temporaire et sujette à des conditions non aisément répétables, comme dans l'explication d'une phase remarquable du match de football de la veille improvisée le lendemain matin à l'aide des ustensiles du petit déjeuner[2].

L'aspect le plus déterminant dans cette approche est que le signe n'est pas à prendre comme une simple unité dans une chaîne signifiante, mais comme le moment d'une construction dans laquelle tous les éléments ont des positions non seulement corrélatives mais échangeables. À la différence de Saussure qui tient le signe pour indépendant de tout référent (ce que souligne le caractère d'immotivation ou d'arbitraire dans les langues naturelles), Peirce privilégie en effet la notion de *renvoi* comme dimension absolument constitutive du signe. Dans sa célèbre triade phanéroscopique, un *representamen* est en correspondance avec un objet à travers un interprétant. L'interprétant n'est pas à concevoir comme un intermédiaire mental ; il est lui-même un signe déclenché dans l'esprit par la réception d'un signe et il entretient à son tour des rapports avec un objet qui lui est propre. La réussite ultime de la sémiose passe par la coïncidence de ces deux objets, le long d'une chaîne adéquate d'interprétants[3]. De manière générale, « le sens d'un signe est le signe dans lequel il doit être traduit » (4.132). Cela l'a conduit à considérer que toute signification conserve une

1. Dans la réédition de la traduction de d'Holbach, Paris, Vrin, 3e éd. 1991, V, 1-2 et 13, en particulier p. 41. W. Sellars use d'une formulation proche : si les symboles d'un code ont des parties, celles-ci seraient aptes à jouer « le rôle de *dispositifs mnémoniques* servant à nous rappeler à l'esprit les traits des phrases représentées par les symboles dont elles sont les parties » [par exemple : $\exists M$ pour « Quelqu'un à bord est malade »] (*Empirisme et philosophie de l'esprit*, trad. fr. F. Cayla, Combas, Éditions de l'éclat, 1992, § 8).
2. C. Elgin, « Sign, Symbol and System », *The Journal of Aesthetic Education*, 25 (1), 1991, p. 11-21, en particulier p. 14 et 18.
3. Voir la présentation très claire du triangle sémiotique par G. G. Granger, *Essai d'une philosophie du style*, chap. 5, Paris, A. Colin, 1968.

part de vague, et d'autre part à multiplier presque sans limites les sous-catégories de sa classification des espèces de signes – deux tendances peu propres à susciter la sympathie de Goodman.

Sur le plan épistémique, un principe fondamental du « pragmaticisme » peircien est que la pensée est strictement de même niveau que le signe, qu'elle est de part en part signe. Le signe ne correspond à aucune entité *sui generis*. Certes il possède des qualités matérielles (par exemple, le mot « homme » comprend cinq lettres), il entretient parfois une connexion physique avec un objet (la girouette et le vent) ou un autre signe, mais il n'acquiert sa fonction représentative qu'en relation à la pensée[1]. Ce qui est visé à travers la physiologie du signe, c'est en réalité « une théorie très générale de la représentation » qui fournisse une alternative à la problématique fondationnelle et subjectiviste qui fut celle du cartésianisme[2]. Quoique Peirce se réclame du réalisme scolastique et repousse sans appel le nominalisme, il n'hésite pas à faire siennes les armes anticartésiennes de ses adversaires, ce qui aboutit à la situation paradoxale que le nominaliste est contraint de récuser la validité d'à-peu-près tous les concepts forgés par Peirce, tout en adhérant sans réserves à l'atmosphère sémiotique de sa recherche, tellement appropriée à ses propres convictions. Ainsi, en substituant la notion de réplique au couple peircien *type/token*, Goodman ne rejette pas seulement l'introduction d'entités jugées superflues et ontologiquement suspectes, il dénonce l'incitation à négliger la recherche des divergences et/ou similitudes effectives entre marques puisque la réplique se dit désormais d'une inscription de même niveau qu'elle[3].

Une révision drastique s'impose donc, à commencer par une restriction ontologique impitoyable : il n'existe que des particuliers, à l'exclusion des classes, attributs, propriétés, et autres termes génériques. La hiérarchie russellienne des êtres se réduit au type le plus bas, celui des individus, et toute entité abstraite ou générale n'est que le fantôme d'une construction linguistique. Les symboles sont eux-mêmes des particuliers d'une espèce

1. Tout est pour lui potentiellement signe : « si je prends toutes les choses qui ont certaines qualités et que je les connecte physiquement avec une autre série de choses, terme à terme, elles deviennent aptes à être des signes. Si elles ne sont pas regardées comme telles, elles ne sont pas véritablement des signes, mais elles le sont dans le même sens où, par exemple, on peut dire qu'une fleur non vue est *rouge*, ceci étant également un terme relatif à une affection mentale », « Some Consequences of Four Incapacities », cité d'après *Philosophical Writings of C. S. Peirce*, ed. J. Buchler, New York, Dover, 1955, p. 235.

2. Claudine Tiercelin, *C. S. Peirce et le pragmatisme*, Paris, P.U.F., 1993, p. 45. Du même auteur, *La pensée-signe*, Nîmes, Éditions J. Chambon, 1993, chap. II.

3. Voir PP 209 note 2 et LA 209 note 3.

déterminée et il n'y a pas lieu de les doter d'un statut ontologique différent de celui de n'importe quel autre individu. C'est ce que Jules Vuillemin met fortement en évidence dans le modèle élémentaire d'univers qui ouvre son compte rendu de *Langages de l'art.* Il imagine un monde qui se réduirait à trois objets géométriques seulement, chacun pourvu d'un nom distinctif. En fonction de règles de concaténation évidentes, il est possible d'engendrer de nouveaux objets regroupant ces éléments primitifs et tels qu'ils aient pour propriété résultante celle que leurs parties possèdent en commun ; ces complexes sont à leur tour désignables au moyen des noms composés parallèles. Dans l'exemple schématique ci-dessus, la description de l'univers est complète sitôt qu'on a identifié la totalité des individus qui le composent, $2 \times (2^n-1)$, soit (dans l'exemple cité où $n = 3$) 14 individus : 7 objets et 7 noms, 6 individus étant primitifs et tous les autres dérivés.

Cette présentation a néanmoins l'inconvénient de laisser croire que le langage serait une sorte de miroir dédoublant pour ainsi dire la réalité, la reflétant passivement, ce qui laisse exagérément de côté son action classificatrice. Goodman constate qu'une tendance naturelle chez les philosophes les porte à attribuer les propriétés du discours à ce dont traite le discours (PP 24). Le linguomorphisme du *Tractatus*[1] en offre une forme quasi pure, avec sa thèse de l'image logique du monde, un monde composé d'objets atomiques désignés par certains noms de base et de faits atomiques correspondant à des propositions atomiques. Le paradigme du langage-image (ou théorie iconique du langage) repose pourtant sur un usage naïf de la notion de cohérence : il n'y a pas de preuve que la simplicité du monde conditionne celle de notre description, et rien ne justifie qu'un monde divisible de manière unique en éléments ultimes garantirait le caractère articulé d'un univers des significations. Il ne faudrait pas en conclure pour autant que la thèse dite des images-langage n'est que le renversement polaire de la précédente, car les arguments valant contre le langage s'appliquent identiquement aux images. En fait « la théorie iconique du langage est aussi fausse et aussi vraie que la théorie iconique des images » (PP 32) ; dans les deux cas, c'est le type d'interprétation qu'on en donne qui est contestable, ce qui incite à rompre avec « l'absolutisme épistémologique » (PP 57) qui le sous-tend.

1. On ne trouve cependant pas chez Goodman de discussion précise de l'*Abbildung* ou des diverses « formes » par lesquelles le *Tractatus* rend compte de la figurativité de la logique et du langage ; voir J. Bouveresse, *Le mythe de l'intériorité*, Paris, Minuit, 1976, en particulier p. 88-102 et 168 *sq.*

Faire émerger l'aspect combinatoire des symboles passe par une réorientation très simple de l'analyse mentionnée ci-dessus. Plutôt que de regarder un nom comme une propriété attachée à l'objet en vertu d'une liaison causale particulière (en termes kripkéens, il fonctionne alors comme un désignateur rigide[1]), on peut le traiter comme une simple *étiquette*, ou un faisceau d'étiquettes, à savoir une expression linguistique qui n'a pas forcément de référence individuelle mais qui est toujours le produit effectif d'opérations autorisées dans le système, soit par combinaison de signes élémentaires, soit par décomposition d'un ensemble plus complexe.

Le terme « étiquette » peut paraître anodin, et il encourt même le risque d'être pris pour une formulation commode mais superflue. Il s'agit pourtant d'une notion cardinale, à coup sûr l'une des plus représentatives de la conceptualisation goodmanienne. Elle est importante en raison de son option nominaliste, en tant qu'alternative à un discours sur les propriétés, et à ce titre indispensable lorsqu'on en vient à des problèmes techniques comme le statut des entités fictives. Mais à elle seule, elle suffit presque à caractériser la physionomie d'ensemble d'une symbolisation irréductible à une approche fondationnelle ou à une vision herméneutique de la réalité.

Les avantages d'une telle notion sont bien connus. Avant tout, selon l'heureuse formulation de Jules Vuillemin, la dénotation se trouve détachée du modèle de la désignation directe. Référer doit pouvoir s'interpréter comme une relation quelconque entre un symbole ou une marque donnée et quelque chose à quoi il réfère. En tant que telle, la symbolisation figure comme donnée primitive du système, elle n'a donc pas à être définie[2] ; c'est au contraire elle qui sert de *definiens* à toutes les autres relations qui la spécifient. L'universalité qui lui est reconnue est en retour une puissante incitation à généraliser la notion d'étiquette à toute autre variété symbolique. Ainsi, s'il ne s'agit que d'informer de la couleur d'un objet, présenter une feuille de papier ou une boule de neige est aussi pertinent que de prononcer la séquence verbale / c'est blanc / puisque ces réponses sont référentiellement équivalentes au prédicat, du moins tant qu'on se préoccupe de déterminer une couleur. Il serait toutefois bien imprudent

1. Un désignateur rigide est le corrélat du même objet dans tous les mondes possibles. Sur cette notion, voir son ouvrage *La logique des noms propres*, Paris, Minuit, 1982, qui s'inscrit dans la perspective d'une critique de la théorie russellienne de la référence (descriptions définies) et d'un renouveau du réalisme épistémologique.
2. MOM 55 / EC 17.

d'en conclure qu'on pourrait se passer de toute médiation linguistique et « la langue épistolaire des Salams » n'a pas beaucoup plus de chances de s'imposer en pratique que l'utopie swiftienne de l'Académie de Lagado[1]. Simplement nous sommes rarement conscients qu'une conventionalisation plus ou moins explicite restreint *de facto* l'éventail des interprétations.

Aux yeux d'un nominaliste, rien n'est plus instructif que le rapport *latéral* entre le singulier qu'est chaque symbole et tel autre singulier, homologue ou différent. Aussi Goodman accorde-t-il une attention scrupuleuse à ce qui pourrait sembler au départ n'être qu'une curiosité technique sans portée, ou le prolongement d'analogies heuristiques. Se demander par exemple si la danse est susceptible d'une notation sur le modèle musical, c'est en réalité poser une question qui fait pénétrer au cœur de son fonctionnement sémiotique. Question d'ailleurs non innocente du point de vue esthétique puisque le succès de la notation risque d'être acquis au détriment de ce qu'il y a de plus idiosyncrasique en chaque exécution. On se trouve obligé de tenir les deux bouts de la chaîne : célébrer l'effort ingénieux et laborieux qui débouche sur l'invention d'une syntaxe descriptive qui ne retient peut-être qu'un segment limité des ressources de la corporalité[2], mais prendre le phénomène dans toute son ampleur, du rituel au défoulement, de la fusion complice à l'affirmation de soi, quitte à ne plus voir dans le ballet qu'un exercice académique.

De même, lorsque Magritte peint dans *La Condition humaine* (1933) un tableau de paysage posé sur un chevalet et dont le contenu représentationnel s'insère exactement dans le décor visible par la fenêtre, est-il légitime de dire qu'il cite la portion correspondante de paysage, à la manière dont un auteur sélectionne un passage mis entre guillemets ? À l'évidence, l'inclusion sans mention n'est pas une condition suffisante pour qu'il y ait citation (WW 65)[3] et il n'existe pas d'analogue pictural *ordinaire*

1. Selon Rousseau, la première « transmet sans crainte des jaloux les secrets de la galanterie orientale à travers les harems les mieux gardés » au moyen d'objets anodins servant de messages (*Essai sur l'origine des langues*, chap. 1) ; dans *Les voyages de Gulliver*, l'épisode de l'École des langues où chacun s'exprime directement à l'aide des objets eux-mêmes est une satire de l'esprit empiriste de la Royal Society.

2. Les quatre notations les plus utilisées sont la cinétographie de Laban, celles de Benesch (toutes deux mentionnées en LA V, 8), d'Eskohl-Wachmann et Conté. F. Pouillaude fait néanmoins remarquer que la notation chorégraphique est resté un processus marginal et non un moyen d'identifier une œuvre comme allographique (*Le désœuvrement chorégraphique : étude sur la notion d'œuvre en danse*, Paris, Vrin, 2009, en particulier p. 258-263 et 360).

3. Même en laissant de côté le fait que l'œuvre picturale est unique et qu'une peinture ne peut donc inclure que la copie d'une autre, l'existence d'un cadre culturel déterminé est une condition favorable

des guillemets, même si la présence d'un chevalet, d'un cadre ou d'un spectateur tend à conférer à l'image une valeur d'exposition. En musique il n'y aurait aucune difficulté à concevoir un tel équivalent et c'est l'autre aspect qui fait problème; si l'on est réticent à accorder que la *Sinfonia* de Berio paraphrase le scherzo de la *Deuxième symphonie* de Mahler auquel elle emprunte son matériau thématique, la raison n'en tient pas tellement aux opérations de transformation et de collage pratiqués par le compositeur mais au fait que le fonctionnement référentiel d'une partition n'est pas parallèle à celui d'un texte et qu'il n'existe aucun contenu sémantique isolable, quel que puisse être par ailleurs le degré de connivence atteint dans ce qui est transmis.

Des considérations de cet ordre relèvent de ce que Vernon Howard appelle la *convertibilité* des symboles[1], décisive pour l'appréhension esthétique car elle aide à prendre en compte des objections fréquemment avancées. En premier lieu, il est faux de penser que c'est la nature du symbole qui détermine la manière de s'en servir. Le sens commun accorde une grande importance aux propriétés physico-phénoménales ou aux qualités modales-sensorielles d'appréhension, ce que reflètent la plupart des classifications en espèces de signes. Mais si la forme de manifestation d'une marque, ou sa dépendance plus ou moins marquée envers tel canal réceptif, joue un rôle dans la capacité expressive ou communicative du symbole (qu'on pense simplement à la différence de dynamique émotionnelle entre un texte lu silencieusement et à voix haute), la naturalité supposée du symbole ne lui confère aucun privilège quant à son usage. C'est à rebours l'usage qui commande la manière d'identifier le symbole, à partir de traits contextuels. Corrélativement, il est impossible d'assigner un sens à une marque isolée qui n'appartiendrait à aucun caractère dans un système symbolique, l'existence d'une corrélation entre les symboles et leurs *denotata* restant constitutive lors même que le domaine de référence est vide (*cf.* LA 271-2).

La conception de Goodman est ici consonante avec celle de Wittgenstein en ce qu'elle généralise l'idée que « *the meaning of a word is its use in the*

quoique non suffisante pour l'établissement d'une mention. Les tableaux de galeries de Téniers ou de Pannini se rapprochent ainsi de citations picturales parce qu'une fonction sociale d'inventaire et de récapitulation les désignent de cette façon. Dans une affiche publicitaire, la reprise ludique de tableaux célèbres fonctionne plutôt comme tentative d'assimilation du produit à un univers de référence (la bière Stella Artois et la peinture flamande).

1. « The Convertibility of Symbols : A Reply to Goodman's Critics », *British Journal of Aesthetics*, 15, 1975.

language »[1]. En revanche, elle ne peut guère faire bon ménage avec la « myopie vocationnelle » qu'il dénonce chez le linguiste, c'est-à-dire son incapacité à considérer d'autres systèmes symboliques que le langage et à envisager leur contribution dans la compétence linguistique. Chomsky par exemple nous enferme dans une alternative rigide : ou bien les systèmes symboliques antérieurs à l'acquisition du langage en possèdent déjà les caractéristiques essentielles et ils requièrent alors le même type d'explication qu'eux, ou bien ce n'est pas le cas et ils ne sont d'aucune utilité pour rendre compte de l'apprentissage linguistique (PP 77). Goodman se refuse à « traiter le langage comme une province autonome »[2] et défend l'idée que « l'acquisition d'un langage initial est l'acquisition d'un système symbolique secondaire » (PP 71) qui présente une longue préhistoire au sein du comportement. Reconnaître que les conditions définitionnelles et la vérification des aptitudes sont infiniment moins aisées à établir dès lors qu'on n'a plus à faire à des symboles articulés mais à des faits comportementaux n'empêche pas cette préhistoire de fournir le chaînon manquant, imparfait et fragmentaire mais irremplaçable du point de vue de la genèse. Contre la tentation de surévaluer la capacité sémantique des mots au détriment des autres véhicules symboliques, il convient d'insister sur leur interaction constante et productive au sein des processus de perception et de description du monde.

On ne saurait pas non plus décalquer l'interprétation des signes sur leur production ; car il n'est pas rare qu'elle prenne le contrepied de l'usage attendu, sans même introduire de contradiction ou de désorientation majeure, à condition de respecter la relation générale d'isomorphie qui a cours[3]. La comparabilité des symboles ne plaide pas pour un schéma de similarité ou de parallélisme et elle ne l'exclut pas non plus (*cf.* LA 75-6, note 31), au moins à titre de sous-produit occasionnel (LA 64). Dans certains cas, il n'est pas inconcevable qu'un simple changement de registre

1. *Philosophical Investigations*, Oxford, Blackwell, § 43. J. Bouveresse relativise toutefois la portée de ce genre de déclaration qui n'a rien d'un slogan philosophique fondant une théorie de la signification ; elle vaut plutôt comme rappel critique, contre la pente naturelle de la philosophie (*Le philosophe et le réel*, Paris, Pluriel-Hachette, 2000, p. 153-154).

2. Selon l'expression de B. Russell, *My Philosophical Development*, London, Unwin Books, p. 11, qui y voit une forme déviation propre aux « bookish people » (*ibid.*, p. 110).

3. Dans « L'esthétique est-elle inexprimable ? », dans *Lire Goodman*, Combas, Éditions de l'éclat, 1992, en particulier p. 122 *sq.*, R. Pouivet propose une confrontation intéressante de l'isomorphie dans le *Tractatus* et chez Goodman et montre comment la priorité de la relation de projection permet de faire l'économie d'une communauté de forme logique.

suffise à transformer les potentialités sémiotiques d'un système ; c'est ce qui s'est probablement passé lors de l'apparition de l'écriture où le mot, de simple transcription graphique d'un son, devient forme structurable capable d'acquérir des valeurs inaccessibles à l'expérience auditive [1].

À plus grande échelle, c'est tout le sens de l'approche extensionaliste qui se trouve affecté. La question de fond a longtemps été celle des fondements logiques ou génétiques de la référence et a nourri, de Russell à nos jours, une volumineuse littérature [2] : comment expliquer quelque chose comme une théorie de la nomination sans tomber dans une procédure circulaire ? Goodman tourne délibérément le dos à cette tradition. Avec le sens du calembour qu'il a élevé à la dignité d'un art intellectuel et selon une stratégie qui lui est chère, il *réoriente* l'analyse en profitant de l'homophonie providentielle des mots anglais « root » et « route » (MOM 55). Les racines comptent moins que les chemins et la géographie symbolique se révèle plus déterminante que son histoire. Il s'avoue donc soulagé de se décharger sur le cosmologiste du redoutable fardeau de traiter des questions d'origine (LA 109). On pourrait objecter qu'aucune autre explication n'est effectivement proposée, mais il s'agit avant tout d'indiquer la priorité effective des questions. *Tout se passe comme si les considérations topologiques et méréologiques prenaient le pas sur l'ontologie.* L'important est moins de fournir une théorie de la référence que de reconnaître l'éventail de ses espèces, chacune assurant pour son compte un résultat efficace en fonction d'un contexte adéquat. Bâtir une théorie des symboles, c'est explorer toute la gamme de ces chemins référentiels, multiplier la diversité des parcours et la rassembler autour de ses caractéristiques opératoires.

Il paraît toutefois souhaitable de se conformer aux deux précautions suivantes : 1) ne jamais perdre de vue que la dénotation ne représente qu'une dimension de la référence. Ce n'est qu'à l'intérieur de systèmes artificiellement simplifiés ou déjà conventionalisés qu'on peut les identifier sans résidu et le fait qu'elle bénéficie d'une sorte de brevet épistémologique ne dispense pas de l'examiner en fonction d'espèces variées d'étiquettes. 2) réserver le terme de « symbolisation » pour une référence relativisée à un système effectivement validé, quel qu'il soit. Rien de plus facile en effet que de construire une situation pseudo référentielle dénuée

1. Il n'est pas jusqu'aux controverses entre écritures hiéroglyphique et alphabétique qui ne pourraient en être éclairées par là ; *cf.* par exemple Hegel, *Encyclopédie* ..., § 459 et sa polémique avec Leibniz.

2. Pour s'en tenir aux textes récents, *cf.* Quine, *The Roots of Reference* (1974) et Kripke, *Naming and Necessity* (1972), trad. fr. cit., p. 28 note 1.

de pertinence symbolique normale et qu'un système *ad hoc* est capable de mimer abstraitement. À cet égard, le musée réquisitionné dans lequel des peintures sont utilisées pour localiser stratégiquement les positions ennemies (LA 65) fonctionne comme un analogue de la fourmi de Putnam dont la trace sur le sable dessine l'inscription « Churchill »[1]. Il en va à peu près de même si le ré-encodage n'est pas accessible, comme lorsqu'on utilise un fragment de poème connu au sein d'un code secret.

Plutôt que de singulariser l'acte artistique, Goodman cherche donc à nous ramener aux sources universelles de la connaissance ou de la symbolisation, et à le replonger dans « la fabrication du donné ». Il en va de l'art comme du savoir sur le monde : les faits ne sont pas tout faits et l'œuvre reflète moins un réel indépendant qu'elle n'en recombine les éléments et n'en recompose inlassablement les images. La notion de *worldmaking* se révèle incompatible avec l'idée d'une frontière séparant la fabrication de la découverte, comme si la première connotait la fausseté et l'autre l'accès au vrai (MM 132) – alors qu'il s'agit plus vraisemblablement de deux niveaux de paramétrisation – et elle conduit à refuser le hiatus entre le factuel et l'artificiel qui nous laisserait mains vides et tête creuse (MM 144). C'est que les « manières de faire le monde » ne sont ni des rêves de théoricien qui passe d'un seul coup d'un référentiel à l'autre, ni de simples agencements empiriques des matériaux disponibles, mais le mouvement même de la connaissance qui assimile une matière (elle-même souvent empruntée à un monde antérieur) pour en faire l'occasion de nouveaux développements et qui conduisent à repenser l'organisation d'origine.

cartes et versions

« La fonction d'un système constructionnel n'est pas de recréer l'expérience mais plutôt d'en dresser une carte » (PP 15). Pas plus que le diagramme ou le modèle (examinés en LA IV, 10), la carte ne se borne à enregistrer une information qui en ferait un décalque du réel et un redoublement à l'identique, lui retirant *de facto* toute utilité[2]. Le propre d'une carte est de combiner l'apport factuel des observations et la capacité organisatrice d'une méthode de constitution et de lecture. Par exemple, une

1. H. Putnam, *Raison, vérité et histoire*, Paris, Minuit, 1984, début chapitre 1.

2. Un texte paradigmatique est celui de Borges, extrait des *Chroniques de Bustos Domecq* (trad. fr. R. Caillois, Paris, Lettres nouvelles, Denoël, 1944) ; voir le commentaire de Louis Marin, *Utopiques : jeux d'espace*, Paris, Minuit, 1973, chap. 11 « L'utopie de la carte » sur un fragment de Borges.

carte routière et une carte hypsométrique ne font pas usage des mêmes symboles et ne donnent pas le même poids aux traits du paysage (RPAS 25)[1]. Avec la représentation du globe terrestre, on mesure encore davantage l'importance du type de projection adoptée : projections conformes de type cylindrique (Mercator équatoriale) ou conique (Lambert) qui conservent toutes deux les angles, projection équivalente de Mollweide qui conserve les aires, projection interrompue de Goode qui minimise la distorsion des territoires, etc., chacune présentant des avantages et/ou des inconvénients pour une latitude et une utilisation données. Par définition « une carte est schématique, sélective, conventionnelle, condensée et uniforme. Ces caractéristiques sont des vertus plutôt que des défauts »[2] (PP 15) car elles permettent de clarifier et de systématiser un savoir non maniable directement, et même de faire découvrir des données inaccessibles à l'exploration naïve[3].

L'illustration immédiate de la géographie ne doit pas faire perdre de vue que le concept de *carte* a une portée tout à fait générale, indépendante de tel ou tel domaine ou réalisation concrète, car fondamentalement toute carte résout un problème d'ordination. C'est par excellence le défi que doit relever une théorie phénoménaliste, celui d'ordonner le qualitatif. « Le problème central consiste à construire pour chaque catégorie de *qualia* une carte qui assignera à chaque *quale* dans la catégorie une position unique et représentera la similitude relative des *qualia* par une proximité relative dans la position. » (SA 240) Goodman est convaincu qu'on peut mener à bien ce problème de *mapping* en choisissant comme prédicat de base la relation de « matching » (appariement) – par exemple en termes de correspondance structurale ou de définition d'un ensemble de noms de *qualia* – de préférence à des prédicats psychologiques[4].

La valeur d'une carte ne se mesure donc pas à un degré d'évidence ou de naturalité qu'elle tiendrait de l'usage présystématique de ses composants, quand bien même l'existence d'une corrélation naturelle et constante est

1. L'évolution semble s'être faite d'une carte-image plus ou moins globale à une sémiographie de plus en plus différenciée et codifiée.

2. Il peut arriver que la tentation d'*étendre* un symbolisme en donnant une signification à de « nouveaux aspects des images employées comme symboles » ait une portée heuristique, remarque Nicod, mais il ajoute aussitôt que « cet état d'esprit mystique est peut-être l'origine de la pensée par symboles, peut-être aussi sa maladie » (*La Géométrie dans le monde sensible*, p. 114-115).

3. F. Dagognet (*Écriture et iconographie*, Paris, Vrin, 1973) célèbre les vertus de l'« iconographie abréviative » comme un des moteurs de la réussite scientifique.

4. Voir SA IX, 1 à 3 ainsi que X (« Topology of Quality ») et PP IX, 1 « Order from Indifference ».

souvent un atout appréciable dans l'usage courant. Elle ne réclame pas non plus une *adéquation* totale qui se fonderait sur l'intertraductibilité de toute formule prise isolément mais seulement une garantie d'*exactitude (accuracy)* préservant la valeur de vérité de chaque formule qui admet une traduction. L'assouplissement qui en résulte est la conséquence directe de l'adoption d'un critère d'*isomorphisme extensionnel*.

Le propre des procédures extensionnalistes est de ne faire entrer en ligne de compte que les domaines d'extension respectifs du *definiens* et du *definiendum*. Dans l'*Aufbau* de Carnap, et de façon générale chez les théoriciens constructionnistes, cette exigence est assumée au moyen d'une identité terme à terme, la plus proche du paradigme définitionnel. Or Goodman n'a pas de mal à montrer que, loin d'être trop faible comme le pensent les défenseurs de la notion intensionnelle de signification, ce critère est en réalité encore trop fort (PP 19 et 35) puisqu'il aboutit à exclure nombre de définitions qui sont parfaitement acceptables d'un point de vue épistémique. Le principe de l'isomorphisme extensionnel consiste alors à appréhender la coextensivité en termes plus globaux : c'est l'ensemble des *definientia* qui est mis en corrélation avec l'ensemble des *definienda* (SA 12), ce qui revient à sélectionner tous les cas où la structure d'ensemble est conservée (MM 143). En d'autres termes, il exige « des définitions d'un système qu'il existe une manière consistante de remplacer les facteurs ultimes [qui ne peuvent être que des individus ou l'ensemble vide] subsumés par les extensions des *definienda* qui soit telle qu'elle engendre les extensions des *definientia* » (MOM 45)[1]. Cette thèse entretient avec la méthode constructive de Carnap une relation équivalente à celle du « holisme » méthodologique de Duhem-Quine vis-à-vis du vérificationnisme naïf[2].

Aux yeux de Goodman, elle présente l'immense mérite de mettre en déroute le faux dilemme mis en avant par l'anti-intellectualisme obtus : ou bien une reproduction méticuleuse jusqu'à l'obsession, ou bien un total déficit de représentation. En réalité, une carte peut « être très peu ressemblante à d'autres cartes également bonnes du même territoire » (PP 15) mais d'intérêt indépendant. Le paradoxe n'est qu'apparent, car il s'agit moins de concurrence que d'une complémentarité féconde. Non seulement une carte

1. L'exemple favori de Goodman porte sur la définition des points d'un plan : SA I, 3, PP 35-36, MM 143, MOM 46-47 (voir plus loin).

2. *Cf.* « Deux dogmes de l'Empiricisme », 5 et 6, dans *Du point de vue logique*, *op. cit.*, p. 70-81.

offre une meilleure solution que d'autres, dans un contexte donné, mais l'ensemble fournit une compréhension plus approfondie qu'aucun des systèmes pris isolément (RPAS 26). De plus, les directives verbales ne cessent d'interagir avec les caractéristiques proprement graphiques (PP 16-17). Rien de tout cela ne plaide en faveur de l'arbitraire des descriptions, ou d'un principe de « prolifération » à la Feyerabend, et il n'est pas davantage nécessaire de présupposer un test indépendant de fidélité (PP 30-31). Ce que dénonce Goodman est tout simplement le mythe de l'absolutisme de la représentation qui a obnubilé entre autres le rationalisme classique. L'adversaire-type du pluraliste contemporain – et à ce titre le véritable absolutiste (MOM 46) – n'est plus l'idéaliste de type fichtéen ou hamelinien mais « le matérialiste ou le physicaliste monopoliste qui soutient qu'un système, la physique, est prééminent et inclut tous les autres, de telle façon que chaque autre version doit finalement être réduite à ce système, ou rejetée comme fausse ou dépourvue de signification » (MM 20)[1]. La réduction en elle-même est certes loin d'être dénuée d'intérêt ou de valeur explicative mais elle recouvre de multiples sens non équivalents et elle reste partielle tant qu'on n'a pas prouvé que les micro-réductions sont capables de se cumuler[2]. Elle présente aussi la contrepartie désagréable d'invalider par principe toute autre approche.

Un pas de plus et c'est la notion de fait qui devient à son tour problématique. Que les faits soient toujours relatifs à des systèmes ou à des théories (PP 33) – exactement comme la description du mouvement d'un mobile dépend du référentiel choisi (MM 134) – est désormais une idée commune, mais moins triviale qu'il n'y paraît puisqu'elle ébranle les certitudes que l'empirisme pensait les mieux assurées. Rien n'est en fait plus trompeur que de parler de « différentes versions des mêmes faits » (*ibid.*) puisqu'on sous-entend alors qu'ils sont indépendants de la manière de les constituer[3]. Goodman entend appliquer à la notion de

1. Sur la position de Goodman à l'égard du matérialisme, voir ses remarques en réponse à G. Hellman (MOM 46-48). Son pluralisme le rapproche de Cassirer, même si les deux auteurs ne pratiquent pas le même genre d'approche (WW 14).

2. Deux points de vue opposés sur l'unité de la science sont présentés par P. Jacob, *De Vienne à Cambridge*, Paris, Gallimard, 1980 : celui de P. Oppenheim et H. Putnam (p. 337-370) et celui de J. A. Fodor (p. 379-399). Un des rares cas scientifiquement documenté de réduction est celui de la génétique mendélienne à la biologie moléculaire (*cf.* D. Hull, « Génétique et réductionnisme », *La Recherche*, n°87, mars 1978).

3. C'est aussi une leçon des historiens des *Annales* (tout particulièrement de L. Febvre dans ses *Combats pour l'histoire*), contre la méthodologie positiviste de Seignobos. Le projet sémantique de Davidson met

« fait » le même traitement qu'à celle de « signification » : « comme les significations s'effacent au profit de certaines relations entre termes, ainsi les faits s'effacent-ils au profit de certaines relations entre versions » (MM 134). En langage plus technique, « "fait", de même que "signification", est un terme syncatégorématique » (*ibid.*). Ce qui signifie que l'absence d'un tel terme priverait un énoncé de sens ou de cohérence mais qu'il ne désigne pourtant rien par lui-même, tout comme une préposition contribue au sens de la phrase sans être le représentant de quoi que ce soit. Un fait est donc moins la marque d'un donné incorrigible qu'un invariant significatif[1]. Dire que les faits sont artificiels ou même « factices » n'est pas les renvoyer hors du réel ou mettre en doute leur solidité, c'est demander de les aborder d'un point de vue syntaxique et non spéculaire. En conséquence de quoi « il faut rechercher l'unité, non dans un *quelque chose* ambivalent ou neutre gisant au-dessous des différentes versions, mais dans une organisation générale qui les embrasse » (MM 21).

Encore faut-il s'assurer de ce que l'on met dans la notion de version, qui peut engendrer au moins autant de difficultés qu'elle aide à en surmonter. Dans la mesure où la pluralité n'est pas un caprice de l'intelligence et qu'elle s'impose en raison de la multiplicité des schémas de construction admissibles, toute réflexion unificatrice bute nécessairement sur l'obstacle des versions conflictuelles et se trouve menacée par d'importantes complications qui sont inséparablement épistémologiques et ontologiques. Le problème auquel est confronté quiconque admet des visions du monde dont la prétention à la vérité est fondée et qui sont néanmoins antagonistes est d'ailleurs moins de les réconcilier à tout prix que d'échapper à certaines formes sommaires de conciliation. On peut mettre d'emblée au rebut la solution paresseuse qui consiste à les éliminer toutes sauf une, de manière arbitraire ou en fonction de préférences quelconques, y compris subjectives, car elle ramène à l'absolutisme et à son image monovalente du vrai sans apporter la moindre contribution théorique. D'autre part, Goodman écarte une fois pour toutes le recours à des mondes possibles dans lesquels il ne veut voir que des monstres ontologiques, et non pas « un paradis pour

lui aussi en doute l'idée qu'un énoncé vrai est « vrai en vertu des faits » et propose de redéfinir la vérité en termes de satisfaction et de traduction (*Enquêtes sur la vérité et l'interprétation*, trad. fr. P. Engel, Nîmes, Éditions J. Chambon, 1993, essais 3 et 15).

1. On peut penser à la nouvelle interprétation des mathématiques qu'a proposée Félix Klein dans son *Programme d'Erlangen* : chaque géométrie (métrique, affine, vectorielle, etc.) se définit par un groupe de transformations et chaque théorème est un invariant relativement aux propriétés concernées.

philosophes » comme le défend le réalisme modal de David Lewis[1]. Le plus que Goodman puisse concéder dans cette direction est quelques théorèmes d'une parfaite généralité (comme la relation entre nécessité et possibilité établie dès les premiers travaux de C. I. Lewis en logique modale) et peu compromettants sur le plan métaphysique mais dont l'intérêt est du même coup assez limité[2]. Marqué par le restrictivisme conceptuel de l'entre-deux guerres, il reste indifférent à l'immense effort de réinterprétation qui a été mené durant deux décennies pour élaborer une « sémantique des mondes possibles ». Or, une bonne partie des résistances de Goodman seraient atténuées si l'on abandonne le possibilisme de D. Lewis au profit d'une position actualiste comme celles de Stalnaker ou Plantinga, pour qui un monde possible n'est qu'un scénario possible du monde réel, une autre manière dont celui-ci aurait pu être si les conditions ou les états avaient été un tant soit peu différents[3].

Faute d'en disposer, de peur de favoriser la prolifération d'entités indésirables dans un cadre extensionnel, il reste à Goodman à explorer des voies appropriées de relativisation. Il ne sert évidemment à rien d'invoquer rituellement le talisman du relatif. Il convient à l'inverse de montrer que cette notion renvoie à plusieurs types de stratégies. Par commodité, et en suivant MM VII, 1 et 2, il convient d'en distinguer quatre principales :

a) La relativisation par explicitation se borne à supplémenter correctement un énoncé elliptique. Dire par exemple que « Le Parthénon est intact » et

1. La théorie du réalisme modal est exposée par D. Lewis dans *De la pluralité des mondes* [1986], trad. fr. M. Caveribère et J.-P. Cometti, Combas, Éditions de l'éclat, 2007. Pour Goodman, « une chose est claire : la question ici traitée n'est pas celle des mondes possibles que forgent et manipulent beaucoup de mes contemporains, surtout quand ils habitent près de Disneyland » (MM 16). Il faut néanmoins replacer ce genre de formules tranchantes dans le contexte polémique des années 50 ; voir par exemple le chap. I, « De ce qui est », dans Quine, *Du point de vue logique*, *op. cit.*

2. « Une telle interprétation satisfera plus difficilement un partisan avide de mondes possibles que l'eau de source satisfera un alcoolique » (MM 166) !

3. Cette conception instrumentaliste des « mondes possibles » est conforme à l'esprit de Goodman qui écrivait en 1953 : « Ce que nous prenons souvent à tort pour le monde réel en est une description particulière. Et ce que nous prenons à tort pour des mondes possibles sont simplement des descriptions en d'autres termes qui sont tout autant vraies. Nous en sommes venus à penser le réel comme l'un parmi de nombreux mondes possibles. Nous devons redessiner (*repaint*) cette image. Tous les mondes possibles sont présents à l'intérieur du seul qui est réel. » (FFF 57). Bien sûr, Lewis ne voit dans les diverses sortes d'« ersatzisme » (3e partie de son livre) qui refusent tout engagement métaphysique qu'un misérable paradis au rabais (p. 213). Les positions des divers protagonistes sont opportunément rassemblées dans le recueil de M. Loux, *The Possible and the Actual : Readings in the Metaphysics of Modality*, Ithaca, Cornell U. P., 1979.

que « Le Parthénon est en ruine » ne comporte aucune contradiction, à partir du moment où l'on réfère chaque énoncé à une tranche temporelle différente : dans le premier cas le siècle de Périclès et dans le second notre époque. De telles situations sont anodines puisque, en rétablissant le bon contexte, les deux énoncés n'entrent pas en concurrence.

b) Relativisation à une version
L'idée de base est que l'interprétation d'un énoncé est solidaire de tous les autres énoncés d'un système. Dire que « La terre est immobile » est valide dans le système cosmologique de Ptolémée ou « vrai-dans-P » n'interdit cependant pas d'envisager d'autres systèmes complètement différents où un autre énoncé incompatible avec le précédent serait pertinent –par exemple, un système de Stravinsky-Fokine dans lequel la terre danserait le rôle de Pétrouchka ! (MM 156). Il suffit ici aussi de faire mention de la version adoptée pour que la contradiction cesse, puisqu'on attribue la propriété *de dicto* et non *de re*. Mais, remarque Goodman, « cet argument fonctionne trop bien » (*ibid.*). D'une part, il est toujours possible de concevoir un système *ad hoc* dans lequel on pourra interpréter l'énoncé le plus invraisemblable, d'autre part on risque de confondre alors la croyance exprimée par quelqu'un avec la référence effective. Comme on sait, ce n'est pas parce que « *X* croit que *p* » qu'on peut inférer que *p* est vrai. La relativisation à un système ou à une version ne nous délivre donc pas de difficultés comme l'opacité référentielle et n'apporte qu'une solution très partielle au problème de fond.

c) La relativisation à un cadre (ou référentiel) permet d'aller plus loin car elle comporte cette fois une neutralisation du trait responsable du désaccord.
Soit de nouveau l'exemple de l'astronomie et la comparaison de deux énoncés portant sur le mouvement de la Terre et du Soleil :
– la terre tourne alors que le soleil est immobile ;
– la terre reste immobile alors que le soleil tourne autour d'elle.
Lorsqu'on fait abstraction du corps mouvant, ou qu'on réinterprète le mouvement comme relatif et non absolu, les deux énoncés deviennent compatibles ; en effet, dire que « la terre tourne relativement au soleil » ou que « le soleil tourne relativement à la terre » ne décide rien quant à la réalité effective du mouvement et à la trajectoire des corps célestes. La mise entre parenthèses du point origine rend même possible la fusion des deux

énoncés en un seul de la forme « les relations spatiales entre la terre et le soleil varient dans le temps suivant la formule *f* » (MM 158) [1].
De quel usage cependant serait pour l'astronome une formule aussi indéterminée et libre de tout engagement objectif? De même qu'un touriste ne peut utiliser une carte qu'en repérant l'endroit où il se trouve (les plans publics de villes portent habituellement un point cerclé qui désigne la position du plan dans la ville), il peut accumuler des données chiffrées mais ne peut formuler aucune théorie hors de tout repère et dans l'ignorance de ce qui constitue la structure du monde [2]. Cela limite beaucoup l'intérêt de ce type de relativisation car l'obtention du succès se paye par un renoncement à expliquer, sans avantage décisif pour le couple fait / convention.

d) Relativisation isomorphique
Le point de cristallisation de la résistance dans les cas précédents semble avoir partie liée avec le statut de la description. « Si j'insiste pour que vous me racontiez comment est le monde indépendamment de tout cadre, que pourrez-vous dire alors? Quoi qu'on ait à décrire, on est limité par les manières de décrire » (MM 17) ; ce sont elles en définitive qui confèrent une réalité à ce qui est décrit, bien sûr aux antipodes de la conviction du réalisme, qu'il soit métaphysique ou épistémologique.

Un des exemples favoris de Goodman est « une portion carrée de plan » (MM 159), matérialisée par des frontières horizontales et verticales et dont on suppose qu'elle contient des points. Un point peut être caractérisé d'une multitude de façons : comme un couple de droites (a, 1), un triplet de plans (a, 1, α), une classe de volumes, à la manière de Whitehead (SA 6, MM 25) ou un centre de sphères concentriques à la Tarski, comme élément de dimension zéro (etc.). Si l'on adopte la première définition, sous la forme du croisement d'une ligne verticale et d'une horizontale (et non d'un croisement de diagonales ou l'intersection commune de plusieurs droites, etc.), les deux énoncés : « Tout point est constitué d'une droite verticale et d'une droite horizontale » et « Aucun point n'est fait de droites ou de quoi que ce soit d'autre » entrent inévitablement en contradiction. Comme la relativisation à un système n'offre pas de solution satisfaisante (*cf.* b) et que la restriction de la portée du domaine d'application à des sous-régions n'est

1. D'autres exemples de relativité du mouvement sont présentés de manière plus humoristique en RPAS 103.
2. C'est un des aspects en jeu lorsqu'on compare l'astronomie babylonienne qui accumule les faits sous forme de tables d'occurrences et l'astronomie grecque qui s'interroge sur la structure du monde.

pas davantage pertinente, il semble impossible d'échapper à la conclusion qu'on se trouve cette fois en présence de mondes antagonistes.

La voie d'issue consiste à tirer profit des avantages de l'isomorphisme par rapport à l'identité extensionnelle, en traduisant les énoncés de manière à neutraliser le contenu du *definiendum*. Affirmer que « dans le système correct en question, tout point a pour corrélat une combinaison d'une droite verticale et d'une droite horizontale » (MM 161) ne dit effectivement « rien de ce qui constitue un point » et il est donc pleinement compatible avec sa négation. « Chacun parle seulement de la constitution de ce qui est mis en relation avec un point dans chaque système correct en question » (*ibid.*). L'idée d'une correspondance biunivoque rigide entre les éléments d'une description et ceux d'une autre est abandonnée ainsi que la conservation de la valeur de vérité de chaque phrase. La corrélation globale se révèle plus fondamentale et plus fructueuse que la composition.

L'isomorphisme ne vise pas la cohérence matérielle des versions mais la commensurabilité entre versions ou descriptions. Au-delà d'elles il ne reste rien, aucun espace vierge qui les sous-tendrait toutes, aucune expérience antéprédicative dans laquelle on pourrait rejoindre une expérience préservée. Le réel est une architecture de versions multiplement articulées et il n'y a pas plus de chances d'isoler jamais un noyau de « fait pur » que de trouver l'oignon en l'épluchant[1]. La distinction contenu / convention se révèle elle-même conventionnelle et révisable[2], et aucune méthode ne permet de délimiter avec une totale certitude quels traits seraient dépendants-du-discours et quels autres non (MOM 41). Même « la structure du monde du langage présystématique n'est qu'une structure-du-monde sous une description-de-monde et non la structure du monde indépendante de toute description » (PP 3). C'est encore trop peu dire qu'il existe plusieurs manières d'être du monde, autant que de descriptions

1. Ainsi MM 164 et sa contrepartie dans LA 36-37. C'est pourquoi L. Vax a raison de remarquer que « le monde [pour Goodman] n'est en soi ni simple ni complexe. Il est, si l'on veut, aussi simple que n'importe quel système simple, aussi complexe que n'importe quel système complexe » (*L'empirisme logique*, Paris, P.U.F., 1970, p. 81).

2. Le dernier texte de Goodman sur le sujet est « Inertie et invention » (RPAS VI), qui part du constat qu'« il n'est pas un fait qui ne menace de s'évaporer en une convention, ni une nature en un artifice » (RPAS 99). En reconnaissant que si « toute convention dépend d'un fait, cependant tout fait est une convention" (*ibid.*), on n'abolit pas l'importance de la distinction, on montre que « la démarcation entre fait et convention se modifie souvent, et peut être tracée n'importe où, mais qu'elle n'est pas capricieuse » (*ibid.*, p. 105); tout simplement, « une convention (en tant qu'option) devient une convention (en tant qu'usuelle) elle tend ainsi à devenir factuelle », (*ibid.*).

satisfaisantes; car chacune mobilise une expérience susceptible d'être elle-même diversement « donnée » : en un flux continu, en gros paquets ou en une mosaïque de détails, etc. Et si l'on vient à décomposer cette multiplicité, les lignes de démarcation tombent elles-mêmes « à l'intérieur du donné, quelle que soit la conception du donné » (PP 27)[1].

Admettre qu'« il ne nous reste rien que des versions sans choses, ni faits, ni mondes » (MM 165), n'est-ce pas alors sombrer dans le relativisme dissolvant qui abolit jusqu'à ses propres références, ce mobilisme caricatural que Platon cherchait déjà à exorciser dans le *Théétète* ? Il semble plutôt qu'il se passe quelque chose d'apparenté au tournant des deux premières méditations cartésiennes[2] : au moment où le doute semble universel et où l'édifice entier du savoir menace de s'engloutir, la conscience que je suis sujet de mon doute met fin à la dissolution des évidences en débouchant sur la première certitude. Il n'y a évidemment pas chez Goodman l'équivalent d'un *cogito*, pas de déplacement métaphysique de la substance de l'Être vers le Sujet, ni non plus de fondation acquise une fois pour toutes. Mais il y a en revanche la prise de conscience qu'on n'en finit jamais de construire et de reconstruire ce que nous croyons être donné. La théorie symbolique faisait passer l'ontologie au second plan, la raison en devient désormais apparente car elle est relayée par une *praxéologie* pour laquelle la question de fond consiste à *comprendre comment nous faisons ce que nous faisons* (MOM 43), comment nous fabriquons le réel[3].

La formule décisive est : « une version n'est pas tant rendue correcte par un monde qu'un monde est fait par une version correcte » (MOM 127) ou de manière plus condensée que « nous faisons des versions, et les versions vraies font des mondes » (*ibid.* 34). Toute version doit confirmer d'une part que « nous ne pouvons trouver quelque trait du monde que ce soit indépendant de toutes les versions » (*ibid.* 41), et d'autre part qu'il n'existe pas de version vraie qui soit produite par hasard (MM 136). La conjonction de ces deux conditions donne au pluralisme un sens résolument gnoséologique qui

1. En conséquence, l'idée que quelque chose est « donné comme » ceci (PP 27), tout autant que celle de copier x comme ceci (LA 38) sont dénuées de sens; le projet de toucher un donné absolu reviendrait en réalité à décrire ce que je vois quand je ne décris pas (PP 9).

2. La leçon de Descartes est aux yeux de Goodman d'avoir « fait face à son monde en sceptique qui a une méthode » (PP I, 5, cit. p. 48).

3. « Nous avons à faire ce que nous trouvons, que ce soit la Grande Ourse, Sirius, de la nourriture, du combustible, ou une chaîne stéréo » (MOM 36); voir également « Quelques tracas mondains », dans *Lire Goodman*, Combas, Éditions de l'Éclat, 1992, en particulier p. 17, et la réponse à Hempel, MOM 42-44.

tient pour assez secondaire le statut ontologique d'une version mais pour fondamental la motivation et le parcours qui l'engendrent.

Il n'y a bien sûr ni genèse canonique, ni un unique monde de mondes (MM 36 et 21). La liste des procédés examinés dans le chapitre 1 de MM n'a pas l'ambition d'être complète, ni normative, ni de refléter une évolution historique ; elle indique seulement quelques-uns des processus *courants* par lesquels un monde devient apte à en engendrer d'autres. Au-delà du procédé, plus que le résultat brut, importe la relation qu'entretiennent les mondes qui en résultent[1]. C'est pourquoi, bien que la relativité ouvre le registre combinatoire, elle n'annule pas la distinction entre de bonnes et de mauvaises versions[2], et elle ne présage pas du type de test qui s'impose.

Ce que Goodman dénomme son *irréalisme* découle alors des quatre positions suivantes[3] :

1) En lointain écho à l'antithétique kantienne de la raison pure, il prend acte de la faillite d'une ontologie objectivisée qui se fonderait sur la catégorie de « monde ». Admettre des vérités en conflit est en effet lourd de conséquences puisque, d'une situation contradictoire, il découle logiquement tout ce qu'on veut, ce qui menace le paradigme de la construction. Toutes les versions vraies ne peuvent l'être au sein du même monde, et les attribuer à des mondes différents impose la conclusion que, s'il existe un monde réel, il doit en exister une pluralité. Cette multiplicité se révèle à son tour contradictoire, en vertu de la notion de totalité qui est incomposable. La seule leçon à en tirer est que « monisme, pluralisme, nihilisme fusionnent » (MOM 32), n'étant que les images partielles ou trompeuses d'une approche inconsistante. Concéder que « parler de mondes et parler de versions vraies est souvent interchangeable » (MOM 41) ne donne donc pas le droit d'inférer de la pluralité des versions correctes à une multiplicité de mondes (MM 137).

2) L'irréalisme n'est pas une doctrine qui vient s'ajouter à toutes les autres et prétendrait dénoncer leur inanité. Il ne s'agit pas d'un simple contrepied du réalisme, l'affirmation d'une irréalité foncière des choses, d'un monde réduit aux jeux complexes de la représentation. De manière explicite, Goodman se déclare simultanément anti-réaliste ET anti-idéaliste (MOM,

1. *Cf.* MM 23 et MOM 44.

2. C'est un des leitmotive les plus constants de MOM (en particulier Préface, 29, 53, etc.).

3. Pour une analyse plus développée et d'orientation complémentaire, voir mon article « Monde, versions et textes », dans C. Berner, D. Thouard (éd.), *Sens et interprétation. Pour une introduction à l'herméneutique*, Villeneuve d'Ascq, Presses universitaires du Septentrion, 2008.

Préface) et place son relativisme « à égale distance de l'absolutisme intransigeant et de la licence illimitée » (MOM 40). Être irréaliste est à la base une attitude de désengagement (*unconcern*) (*ibid.* 43) à l'égard de la plupart des enjeux que partagent ces doctrines. C'est pourquoi il se croit en droit de renvoyer dos à dos tous les couples habituels de contraires (MM 12) sans sombrer dans l'indifférence et en y gagnant même un point d'appui pour pratiquer des comparaisons libres de présupposés.

3) Du point de vue de la connaissance, l'irréalisme est sans ambiguïté un internalisme. Laisser tomber les mondes au profit des versions (MM 138) et tenir qu'aucune description du monde ne possède une valeur en soi ne supprime pas l'idée que quelque chose est tributaire de l'expérience et non produit à volonté. Mais l'important en pratique est que nous ne pensons et ne travaillons jamais que dans une version à la fois (MOM 32), d'où le rapprochement qui s'impose avec les thèses de Putnam[1].

Ce qu'il appelle « réalisme interne » consiste à reconnaître que le prédicat « vrai-dans-L » n'a pas de sens au-delà du langage considéré[2], avec pour corollaire de rendre la notion de réalité solidaire du type de connaissance que nous en prenons. Tout objet étant lui-même le résultat d'un découpage, il devient illusoire de séparer « l'ameublement du monde » de toute forme de « projection humaine » et de défendre un dualisme métaphysique. Il n'impose pas de poser une thèse d'incommensurabilité entre théories ou entre schémas conceptuels, quoiqu'il affaiblisse à coup sûr la portée du réalisme : réalisme avec un petit *r*, réalisme sans absolus, ou encore à face humaine, dans la terminologie de Putnam[3]. Goodman défend pour sa part

1. Putnam a consacré un article (« Irrealism and Deconstruction », in *Renewing Philosophy*, Cambridge, Ma.,Harvard U. P., 1992, chap. 6) à discuter l'irréalisme de Goodman qui lui est à la fois proche et profondément étranger. Ce qu'il en retient est le sens de la « relativité conceptuelle » qui impose de rejeter le réalisme métaphysique au profit d'une version plus faible en ce qu'elle prend au sérieux la réalité de descriptions hétérogènes et validées du monde (par exemple un champ de forces et un diagramme de Feynman) et qui n'est en définitive pas plus dérangeante que le constat de la disparité entre une particule et le mot qui la désigne (p. 122). Mais il souligne tout aussi nettement que l'effondrement d'une image du monde n'a en aucune façon pour conséquence de désavouer les notions de représentation et de vérité, à la manière des déconstructionnistes (p. 124 et 128). Et même si Putnam ne tient pas Derrida pour extrémiste, il n'en conclut pas moins que sa position porte le germe des dérives les plus funestes : « la déconstruction sans reconstruction est irresponsabilité » (p. 133).

2. Ce qui n'en fait pas pour autant un terme indexical (vrai-pour-moi), remarque Putnam, « Reflections on Goodmann's Ways of Worldmaking » in *Pluralism and Reason* (Philosophicals Papers, 3), Cambridge U.P., 1983, p. 168.

3. Par la suite, Putnam en viendra à parler d'un « réalisme naturel » dans lequel la composante pragmatique devient prépondérante ; voir C. Tiercelin, *Le doute en question*, chap. VI, Combas, Éditions de l'éclat, 2005, et *Hilary Putnam, l'héritage pragmatiste*, Paris, P.U.F., 2002.

une forme modérée de solipsisme méthodologique qui autoriserait de dire qu'« il n'existe qu'un unique monde mais que cela vaut pour chacun des nombreux mondes » (MOM 33) engendrés par les versions. Le prix qu'il est prêt à payer n'est pas l'abandon d'une conception substantielle de la vérité, mais comme chez Putnam le renoncement à interpréter la connaissance en termes peirciens de justification de croyance[1], au profit d'une norme plus souple d'acceptabilité et de correction des versions.

4) Si « le consentement à accueillir tous les mondes ne construit rien » (MM 41) et si inversement « il n'y a que le néant qui soit en concurrence avec les systèmes concurrents » (MM 144), le dernier mot doit revenir à une sorte d'équilibre ponctué entre ouverture et scepticisme : « quand le verbiage menace de tout dissoudre dans le néant, nous soutenons que toutes les versions vraies décrivent des mondes. Quand le sentiment du droit à la vie nous menace d'une surpopulation de mondes, nous appelons tout cela bavardage » (MM 166). La citation pourrait aisément laisser croire qu'entre inflation et dépeuplement le choix est libre voire arbitraire. Il n'en est évidemment rien, en raison de l'arrière-plan inductif jamais absent. Il semble plus judicieux de rapprocher la position de Goodman de la conception que D. Lewis a donné de la convention : celle d'une régularité confirmée par l'usage et susceptible d'être amendée chaque fois que la coordination de nos attitudes avec celles des autres le demande[2]. C'est pourquoi il serait imprudent de confondre cette conscience pragmatique des enjeux d'un principe cognitif avec un acquiescement au pragmatisme, lequel a souvent évolué, dans les versions dérivées de James, vers une philosophie prompte à tout concilier par une notion trop accueillante d'avantage pratique[3].

Contre les complaisances existentielles, Goodman ne cesse de revendiquer l'abnégation intellectuelle : « si la vie ne vaut pas d'être vécue sans ses

1. Contrairement à ce qu'affirme Goodman (PP 58), ce ne sont peut-être pas des raisons purement contingentes qui l'auraient empêché d'approfondir l'ébauche d'une analyse du savoir en termes de consolidation à partir de signaux non verbaux, mais l'abandon de plus en plus net de l'idée qu'une connaissance est une croyance fixée (MM 42-43); voir aussi MM 171-172 et 189 et RPAS 170-2.

2. Voir D. Lewis, *Convention : A Philosophical Study* (1969), rééd. Oxford, Wiley Blackwell, 2002. La conception qui pose la notion d'équilibre réflexif comme norme d'acceptabilité scientifique est développée par C. Elgin dans *Considered Judgment*, Princeton U.P., 1999 (en particulier chap. 4).

3. Goodman marque explicitement sa distance avec un pragmatisme vulgarisé : not. FFF 32 et surtout MM 170-171 où il met en doute que l'utilité, même relativisée à une fin, puisse être corrélée de manière simple avec la vérité d'une version. Cela n'empêche évidemment pas de nombreux aspects de sa pensée de comporter une dimension qui ne s'éclaire bien qu'en référence à un contexte pragmatiste.

plaisirs, la philosophie n'existe sûrement pas sans ses contraintes » (FFF 31), d'où son désaveu brutal des métaphysiques qui font la part trop belle à l'intuition[1]. C'est pourquoi il nous invite à lire *La structure de l'apparence* non seulement comme le chantier d'un impressionnant programme de recherches, mais comme une défense et illustration des vertus de la simplification et de la restriction[2]. Quoiqu'inverses en apparence les deux opérations d'abstraction et de concrétisation sont les deux faces inséparables d'un unique problème de construction (SA 110). Qui pourrait sérieusement prétendre dans ces conditions que « conceptualisation, abstraction, symbolisation, sont des instruments qui excisent et dessèchent » (PP 15) au lieu d'articuler ?

vérité et/ou correction

De toutes les notions que la théorisation scientifique ou que le questionnement philosophique mobilise dans sa démarche, la vérité a sans conteste été considérée comme la plus prestigieuse et la plus incontournable. De Platon à nos jours, elle a représenté la valeur ultime à l'aune de laquelle mesurer l'activité de recherche, au point que les critiques dont elle a fait l'objet lui ont fréquemment été adressées au nom d'une vérité jugée plus décisive ou plus profonde. Le simple fait d'écrire que « loin d'être un maître solennel et sévère, la vérité est un serviteur docile et obéissant » (MM 37) ne peut que passer pour une déclaration iconoclaste et perverse.
Pourtant, dès qu'on s'avise qu'il n'existe pas de correspondance assurée avec un monde tout fait, que se brouille la distinction entre un contenu factuel et des conventions descriptives, qu'on ajoute au registre littéral des parcours métaphoriques, qu'on reconnaît une large gamme de relations référentielles et par-dessus tout une multiplicité et une hétérogénéité formelle des versions, il paraît difficile de ne pas envisager de révision plus

1. C'est le nom de Bergson qui revient emblématiquement (PP 48, 6, 14 et 25) pour désigner « l'obscurantiste » (sic !), c'est-à-dire l'anti-intellectualiste qui entend se passer de la médiation symbolique ; ce reproche pourrait facilement être appuyé sur les premières pages de l'*Essai*, Édition du Centenaire, Paris, P.U.F. p. 13-15, consacrées au sentiment hypnotique du beau ; il n'en est pas moins aux antipodes du portrait sartrien de Bergson (cf. *Réflexions sur la question juive*, Paris, Folio-Gallimard, p. 140-142).

2. « Loin d'être un péché intellectuel, une sur-simplification prudente et lucide est un prérequis pour la recherche. Nous ne pouvons à coup sûr étudier à la fois toutes les manières dont chaque chose se relie à chaque autre chose » (FFF XIV).

radicale en fonction de ces nouvelles orientations[1]. En effet, si « la construction du monde va bien au-delà des théories et des descriptions, au-delà des énoncés, au-delà du langage, au-delà même de la dénotation, pour englober des versions et des visions aussi bien métaphoriques que littérales, aussi bien iconiques et musicales que verbales, aussi bien exemplifiantes et expressives que descriptives et dépictives, la distinction entre vrai et faux est loin de recouper la distinction générale entre versions correctes et incorrectes » (MM 153).

Deux stratégies sont alors envisageables. La première est de s'efforcer d'extrapoler le parcours de la vérité au-delà de son domaine de définition habituel (les contextes propositionnels), afin d'annexer des variétés qui lui ressemblent de moins en moins. Un inconvénient majeur de ce procédé est qu'on risque de donner très vite à la vérité un sens de plus en plus ténu (à quelles conditions est-il légitime de parler de la vérité d'un portrait, d'un échantillon, d'un rythme, voire d'une question?) ou de la réduire à un artifice rhétorique qu'on invoque faute de meilleure justification. Mais le plus discutable est de laisser croire que la vérité suffit à rendre compte du travail du scientifique alors qu'elle n'en représente que des aspects partiels, quand bien même ils ont accaparé l'essentiel de l'attention des épistémologues. En réalité « la vérité est une notion excessivement *restreinte* » (RPAS 164), non seulement en raison de ses limitations intrinsèques (contenu des énoncés) mais du fait de son impuissance en général à fournir un test décisif dans le cas de versions concurrentes (*cf.* MM 166-168). Mieux vaut donc repenser la vérité dans un contexte plus large où elle intervient à titre d'ingrédient essentiel – et parfois seulement occasionnel (RPAS 167) – et non de norme irremplaçable : celui de la *correction* dont la règle de base est l'ajustement – *a matter of fit* (MM 189).

Afin de comprendre comment la notion de correction s'impose comme cadre privilégié pour la validation de l'univers symbolique, il est utile de suivre à grands traits les principales étapes de son émergence, en insistant sur le rôle prépondérant qu'a joué pour Goodman la réflexion sur l'induction.

La situation la moins problématique est celle du raisonnement déductif. Dans une déduction « la validité consiste en la conformité avec des règles d'inférence » (MM 173), avec pour corollaire qu'un argument n'est

1. Les passages principaux portant sur la vérité figurent dans MM I, 5 et VII, 3, LA VI, 7 ainsi que RPAS X, 1-2.

pleinement correct et concluant que si à la fois ses prémisses sont vraies et ses inférences valides. Pour rapprocher davantage son schéma d'une notion naturelle de déductibilité, on peut songer à définir une relation d'implication stricte liant plus étroitement conclusion et prémisses, comme l'a proposé C. I. Lewis :

$$p \prec q = \neg \Diamond (p \wedge \neg q).$$ [1]

L'intérêt technique de cette introduction est de justifier le fait que certaines propositions ne sont pas seulement vraies mais nécessairement telles. Elle a toutefois aux yeux de Goodman l'inconvénient définitif d'engager sournoisement l'analyse dans les voies d'un calcul modal.

Les choses sérieuses commencent avec l'induction, et l'on a généralement méconnu la nature exacte de la difficulté. « Le problème de l'induction n'est pas un problème de démonstration mais un problème qui consiste à définir la différence entre des prédictions qui sont valides et d'autres non » (FFF 65). Cette déclaration d'apparence anodine opère un renversement complet dans la manière d'aborder la question si embrouillée de l'induction. Trop souvent on la ramenait, sous des modalités diverses, à la question de savoir comment justifier un savoir que nous ne possédons pas puisqu'il déborde sur des cas non encore examinés, ce qui la condamnait à la tautologie (principe d'uniformité de la Nature) [2] ou à la sophistique (des hypothèses ingénieuses *ad hoc*). En réalité l'induction ne pose pas un problème différent de celui de la déduction : dans l'une et l'autre situation, il s'agit de justifier une inférence en montrant qu'elle est conforme à des règles générales (FFF 63) ; la difficulté est que ces règles se justifient à leur tour par leur conformité aux inférences acceptées. Le processus n'est pas moins circulaire dans un cas que dans l'autre mais, fait remarquer Goodman, il s'agit d'« un cercle vertueux » (et non vicieux) qui procède au moyen d'ajustements mutuels entre inférences particulières et règles générales (FFF 64) [3].

1. Si *p* est vrai, *q* ne peut être faux, c'est-à-dire qu'il est nécessairement vrai et donc déductible de *p* (ce qui n'est pas le cas dans l'implication matérielle).

2. Pour une discussion très fine de ce point, voir K. Genes, « The World in Itself : Neither Uniform nor Physical », *Synthese* 73 (1987) qui conclut dans le sens goodmanien d'une analyse propre à chaque cadre de référence et non en faveur de thèses de portée ontologique.

3. Entre parenthèses, il considère que c'est l'honneur de Hume d'avoir su deviner que la justification de l'induction ne se surajoute pas à la description ou à la définition de ce qu'est une induction valide (FFF 65 note 2) et notre indignité que d'avoir méconnu la portée réelle de son analyse (*ibid.*, p. 60-61). Si on doit lui reprocher quelque chose, ce n'est pas le choix d'une approche descriptive mais seulement

En dépit de l'identité de procédure, la tâche se révèle cependant beaucoup plus complexe lorsqu'on traite de l'induction plutôt que de la déduction, faute de poser la bonne question. Mill avait certes tenté de repenser l'ensemble du raisonnement à partir des inductions[1] et de la probabilité; pour Goodman, le véritable pionnier d'une « tâche constructive de la théorie de la confirmation » est Hempel, pour avoir compris qu'il s'agit d'établir une relation entre des énoncés : à savoir entre un énoncé E1 et un énoncé E2 de telle sorte que E1 confère à E2 un degré quelconque de confirmation (FFF 67)[2]. L'élaboration d'une théorie de la confirmation est néanmoins parsemée d'embûches, à commencer par la conclusion difficile à admettre qu'un énoncé en viendrait à les confirmer tous (car si l'on accepte que E1 soit une conséquence valide de E1&E2, on doit accepter que E2 l'est également et donc n'importe quel autre énoncé) ou le célèbre paradoxe des corbeaux examiné par Hempel lui-même[3].

L'élucidation de ces difficultés permet de cerner un peu mieux ce qu'est un exemple positif d'une hypothèse, mais s'il n'est plus nécessaire de chercher *pourquoi* tel exemple sert de base à la prédiction d'autres exemples, il reste à expliquer *quelles* hypothèses sont effectivement confirmées par leurs exemples positifs (FFF 81) puisqu'il est clair que les régularités humiennes ne conduisent pas automatiquement à des prédictions valides. Pour le vérifier, Goodman construit sa célèbre « nouvelle énigme de l'induction » où il met en concurrence un prédicat de couleur ordinaire « vert » et un prédicat insolite « vleu » ainsi défini : « vleu » s'applique à toutes les choses examinées avant *t* pour peu qu'elles soient vertes mais également à toutes les autres choses pour peu qu'elles soient bleues (FFF 74). L'argument consiste à remarquer que la confirmation des deux prédictions : « toutes les émeraudes examinées par la suite seront vertes » et « toutes les émeraudes examinées par la suite seront vleues » est parallèle, au sens où elles sont

l'imprécision de sa description (FFF 82), la notion de *régularité* ne semblant pas assez forte pour rendre compte de la cohérence de nos décisions en face de cas qui sont souvent mal différenciés.

1. Son *Système de logique déductive et inductive* est réédité chez Mardaga, Liège, 1988. Pour un premier survol, G. Boss, *John St. Mill, Induction et utilité*, Paris, P.U.F., 1990 p. 54-73.

2. Dans le cas de l'art, un champ d'application possible concerne non l'interprétation des œuvres mais leur identification, par exemple leur attribution à un auteur (*cf.* LA chap. 3).

3. Un objet quelconque, qui n'est ni noir ni corbeau, confirme l'hypothèse que « toutes les choses non-noires sont des non-corbeaux », laquelle est logiquement équivalente à « tous les corbeaux sont noirs ». Pour une une bonne clarification des enjeux, voir l'article de J. L. Mackie, « The Paradox of Confirmation » (1963) *in* P. H. Nidditch, (ed.), *The Philosophy of Science*, Oxford Readings in Philosophy, p. 165-176.

toutes deux dérivables d'énoncés relatifs aux mêmes observations, alors qu'on sait pertinemment laquelle de ces prédictions incompatibles est authentiquement confirmée. La difficulté consiste à reconnaître que la définition utilisée est impuissante à exclure les cas indésirables, parce qu'on ne dispose d'aucun critère propre à sélectionner les prédictions qui relèvent des seules hypothèses sous forme nomologique (*lawlike*), c'est-à-dire en pratique celles qui ne sont pas accidentelles[1]. Qui plus est, les stratégies habituelles en termes de généralité complète (à l'encontre de restrictions *ad hoc*) ou de prédicats non positionnels ou purement qualitatifs[2] se heurtent à l'extrême relativité de ces notions et finalement au caractère potentiellement circulaire de la procédure.

Serait-on donc condamné à tourner en rond? Non pas, à condition de pouvoir définir la relation entre une hypothèse et sa base empirique sans tomber dans une pétition de principe. Or, il suffit de remarquer que notre esprit ne parvient pas vierge devant un choix mais qu'il a derrière lui une longue pratique projective et un stock abondant de connaissances (les prédictions passées et leurs résultats) pour que l'ensemble de la recherche en soit *réorienté*. Le problème se réduit alors à « définir la projection valide – ou projectibilité – sur la base de projections effectives » (FFF 86) c'est-à-dire à savoir projeter le prédicat spécifique « être projeté » ou en d'autres termes à définir le prédicat dispositionnel « projectible » [ou projetable] (*ibid.*).

La suggestion de Goodman consiste à attirer l'attention sur le rôle de l'*implantation* (*entrenchment*), qui n'est nullement un simple fait psychologique d'accoutumance mais le produit d'un équilibre subtil entre inertie et invention[3]. La formulation exacte qu'il convient de donner à la projectibilité importe peu pour le dessein présent; il importe seulement de

1. Ian Hacking qualifie l'énigme de Goodman de pré-humienne car elle s'apparente à une interrogation lockienne sur la notion de substance (espèces naturelles); voir *Le plus pur nominalisme, l'énigme de Goodman : « vleu » et usages de « vleu »*, trad. fr. R. Pouivet, Combas, Éditions de l'éclat, 1993, en particulier chap. 3.

2. La principale suggestion pour distinguer ces prédicats a été proposée par S. F. Barker et P. Achinstein dans « On the New Riddle of Induction » (1960) repris dans P. H. Nidditch (éd.), *op. cit.*, p. 149 *sq.* avec la réponse de Goodman « Positionality and Pictures » *ibid.*, p. 162-164 [PP 402-4]; un prédicat est dit non-positionnel si une seule image ou représentation suffit pour décrire la totalité de ses exemples d'application, alors qu'un prédicat positionnel en exigerait au moins deux, définition que rejette Goodman.

3. Voir FFF IV, MOM 38, MM 176-178, RPAS VI, 4 et X, 2, etc. Pour ses améliorations postérieures : PP 389-393 en collaboration avec R. Schwartz et I. Scheffler; pour le rapport avec d'autres contextes et vocabulaires : LA IV, 9 (sur une « traduction inductive » de la supplémentation de message).

retenir les deux conditions supplémentaires sans lesquelles la pratique inductive ne saurait fonctionner de façon fiable : d'une part, le raisonnement doit intégrer dans ses prémisses « l'ensemble des comptes rendus vrais des cas examinés » (MM 175) c'est-à-dire tenir compte de la variation effective de probabilité, et d'autre part il doit obéir à la catégorisation correcte, sans quoi l'induction serait invalide même dans le cas d'une conclusion vraie (MOM 37). Les prédicats projetables sont précisément les seuls qui soient en usage parce qu'ils satisfont à ces deux exigences.

Il est impossible de ne pas adopter de position (*stance*) puisque c'est seulement à l'intérieur de la version concernée que des énoncés sont évaluables, mais la décision d'en adopter une « a pour effet de transformer un terme relationnel en un terme catégorique » (RPAS 104). Or une catégorie ne peut recevoir de valeur de vérité (MM 176), son acceptation est moins fonction de sa teneur intrinsèque que de la reconnaissance de l'autorité qu'elle s'est acquise (*ibid.* 190) ; c'est pourquoi « dans le cas d'un système catégoriel, il faut montrer, non pas qu'il est vrai, mais ce qu'il peut faire » (*ibid.* 178).

Ainsi s'ouvre un troisième champ de validation dont les modalités ne sont pas épuisées par la théorie classique de la vérité. « Sous "correction", précise Goodman, je mets, en même temps que la vérité, des critères d'acceptabilité qui parfois complètent ou même entrent en compétition avec la vérité dans son champ d'application, ou remplacent la vérité dans le cas des rendus non déclaratifs » (MM 154). Il en découle que « la correction est à coup sûr plus compliquée que la vérité, et aussi plus fugace, car elle varie en fonction de circonstances qui n'affectent absolument pas la vérité » (RPAS 167). L'effet, la révélation, la force, la pertinence (*relevance*), l'implantation, la convenance, et bien d'autres, qui combinent des aspects formels et des aspects pragmatiques, constituent la base de ce que Goodman nomme couramment *ajustement (fit)*.

Ici aussi, il convient de ne pas se laisser tromper par l'apparente banalité du terme. Il est le maître-mot de sa dernière philosophie, l'outil de son effort de *reconception* de la philosophie. Car il ne se réduit pas à un *fitting onto*, ce qui serait une simple adaptation à une réalité donnée dont on cherche à capturer l'image exacte, il réclame un *fitting into* dans lequel chaque élément d'une nouvelle configuration exerce une action réciproque sur la totalité des autres (RPAS 168). Ce n'est pas chaque élément qui est ou non correct mais la situation globale qui résulte de leurs interactions, autrement dit quelque chose *rend* correcte (ou non) une situation et la fait mieux comprendre.

Il existe pour Goodman et Elgin une relation fondamentale entre correction et compréhension, qui prend le pas sur celle entre vérité et connaissance (*cf.* RPAS X, 4 et 5). La compréhension ne nécessite pas de fondement transcendantal, ni de base axiomatique, elle fonctionne par auto-régulation généralisée du procès cognitif. Plus qu'une augmentation de savoir, elle vise en priorité l'affinement des procédures de saisie de ce qui convient, ce qui la rapproche de l'abduction peircienne. Le bon contenu se trouvera découler à son heure d'une compréhension correcte, en consonance avec les théories fiabilistes. « L'entreprise cognitive trouve son point de départ dans ce qui s'avère couramment adopté, et elle se poursuit par intégration et organisation, éliminations et ajouts, non pas afin de parvenir à une vérité qui concernerait quelque chose de déjà fait, mais afin de réaliser quelque chose de correct – afin de construire quelque chose qui fonctionne de manière cognitive, qui s'ajuste à de nouveaux cas et en autorise le traitement, et qui puisse activer (*implement*) la recherche et l'invention ultérieures » (*ibid.* 174). La compréhension n'obéit pas à un principe de compositionalité et ne se satisferait pas davantage de modèles communicationnels[1]. Dans le contexte d'un monde qui se pluralise, devient foisonnant, elle conduit à reconnaître que comprendre est le meilleur synonyme de créer (MM 43). Cela se vérifie dès le niveau le plus modeste ; il n'existe pas d'« œil libre et innocent » (LA 36) qui vaille comme instance suprême, véritable état de nature cognitif ; la perception est déjà une activité qui mobilise toutes les ressources des organes et de l'esprit lorsqu'elle déploie et célèbre le visible.

Aucun domaine n'est d'avance privilégié ou écarté, l'intérêt de la méthode est de favoriser les échanges entre divers corpus. Il serait toutefois difficile d'en trouver un où le principe « *the fitting is tested by the working* » (*ibid.* 169) soit plus naturellement à sa place que celui des œuvres d'art, tant en ce qui touche leur création que leur réception. L'adoption d'une base cognitive présente l'avantage appréciable de solliciter la pédagogie et

1. Dans un tout autre contexte, F. Jacques a appliqué la théorie des jeux à l'étude des stratégies discursives (*Dialogiques. Recherches logiques sur le dialogue*, Paris, P.U.F., 1979) et critiqué le paradigme jakobsonien de la communication (« Le schéma jakobsonien de la communication est-il devenu un obstacle épistémologique ? », *Langages, connaissance et pratique*, Université de Lille III, diff. P.U.L. 1982), développant le programme d'une « critique de la raison communicative » qui renvoie dos à dos les formes d'illusion transcendantale et la trivialisation sociologique (*cf.* LA 300) ou médiatique (*L'espace logique de l'interlocution*, Paris, P.U.F., 1985, en particulier chap. IV et VIII).

l'expérimentation[1] : par exemple « ...étudier scientifiquement l'apprentissage des capacités artistiques et d'étude des arts ... explorer les bases physiologiques et psychologiques de la symbolisation et enquêter sur l'efficacité des diverses méthodes d'enseignement... étudier la maîtrise d'un système symbolique : est-elle facilitée ou entravée par la maîtrise d'autres systèmes ou le développement d'autres capacités ? » (EC 87). Elle donner une base plus solide à l'idée de talent puisqu'« une des responsabilités majeures de l'éducation artistique est d'induire des attitudes qui favorisent un travail obstiné dans quelque art que ce soit » (MOM 150).

On peut objecter que « l'efficace cognitive de la symbolisation (LA 301) reste une notion obscure et délicate à manipuler puisqu'elle doit conjuguer deux registres qui ne sont pas naturellement corrélés, mais d'un autre côté, elle reflète le sens familier d'« estimation » lorsqu'il s'agit de repérer le bon ordre de grandeur ou la catégorie adéquate, de préférence à un résultat chiffré[2]. Si elle n'apprend rien sur l'interprétation de chaque œuvre en particulier, elle n'est pas indifférente au prototype qui convient le mieux dans un contexte donné. Ce n'est pas le moindre mérite de la compréhension que de rétablir à la base de l'édifice esthétique et au terme d'un parcours non trivial le sens humble et originel de l'estimation.

1. « L'éducation n'a que peu à offrir » (EC 87) tant qu'on reste obnubilé par l'existence des génies ; elle a au contraire beaucoup à gagner des recherches descriptives et génétiques comme celles de M. Parsons, *How we Understand Art*, Cambridge U. P., 1987, ou de l'étude des « flow experiences » par M. Csikszentmihalyi et R. Robinson, *The Art of Seeing : An Interpretation of The Aesthetic Encounter*, The Getty Center for Education in the Arts, Malibu, 1990. Par une stimulation méthodique des talents impliqués dans la compréhension et la découverte (MOM 148), ce qui était le propre du Projet Zéro à Harvard, elle est apte à faire bénéficier toute discipline de l'extraordinaire pouvoir rénovateur que comporte l'exercice artistique.

2. N. Goodman, « L'art en action », *Cahiers du MNAM*, n°41, p. 13 et note 4.

chapitre 2
les frontières de la dénotation

> Disons pour commencer que s'il n'existe pas de centaures, il en existe des descriptions, des récits et des images sensibles (RPAS 87-8).

La référence est l'une des notions cardinales de la logique issue de la révolution frégéenne et à ce titre un des piliers de toute philosophie soucieuse de logique. Suivre le parcours qui a mené du couple sens/référence introduit dans « Über Sinn und Bedeutung » (1892) à la théorie russellienne de la dénotation telle qu'elle fût élaborée dans « On Denoting » (1905) à propos des descriptions, puis à la radicalisation quinienne installant la césure entre théorie de la signification et théorie de la référence comme noyau dur d'une logique extensionnaliste, dépasse de très loin les limites de ce chapitre[1]. Et ce d'autant plus que, dans l'établissement de ce programme qui a défini le sol opératoire de la pensée analytique, ce sont essentiellement des préoccupations d'ordre mathématique qui ont

1. Pour aborder sur un plan technique ces questions qui ont engendré une volumineuse littérature, on peut consulter D. Vernant, *Introduction à la philosophie de la logique*, Liège, Mardaga, 1986, chap. 2 et 3, et P. Engel, *La Norme du vrai*, Paris, Gallimard, 1989, chap. 1, *passim*. Les articles originaux sont disponibles dans Frege, *Ecrits logiques et philosophiques*, « Sens et dénotation », trad. Cl. Imbert, Paris, Seuil, 1971, p. 102-126 ; Russell, *Ecrits de logique philosophique*, « De la dénotation », trad. J.-M. Roy, Paris, P.U.F., 1989, p. 203-218 ; Quine, *Du point de vue logique*, *op. cit.*, en particulier chap. 1 et 7.

guidé la recherche de ses principaux artisans et monopolisé le premier plan de la scène.

On trouve, il est vrai, chez Frege quelques aperçus relatifs aux énoncés non scientifiques, et notamment poétiques[1]. Mais force est de reconnaître que pour des textes contemporains des grandes aventures qui ont bouleversé la littérature moderne, ils n'apportent qu'une vision convenue et banale de ce qui touche à l'œuvre d'art. En gros, tout se passe comme s'il existait deux types d'intérêt quasi autonomes dans l'usage qu'on fait d'une proposition extraite d'un texte littéraire : d'un côté, le simple « plaisir esthétique » de savourer « les belles sonorités de la langue » se satisfait de jouir des émotions que le sens déclenche chez le lecteur par l'entremise de l'habillage prosodique et rhétorique[2] ; de l'autre, « l'examen scientifique » délaisse les sortilèges verbaux pour le souci de la réalité et de la vérité « car la science rigoureuse vise à la vérité et à la vérité seule » (*ibid.* 176). Loin d'être exceptionnelle, cette dichotomisation est conforme à la doctrine traditionnelle des facultés et à l'organisation disciplinaire qui en découle ; une conception apparentée a aussi été défendue par Ogden et Richards[3] ainsi que par les formalistes russes et pragois, avant de resurgir sous d'autres formes dans

les deux versants bachelardiens et leurs innombrables succédanés. Il n'y a pourtant pas de pensée dont Goodman se sente plus ennemi.

L'hostilité de Goodman envers Frege se focalise sur le principe sémantique inclus dans sa théorie, en particulier l'idée qu'une proposition dénote sa valeur de vérité, ce qui conduit à faire passer au second plan ce dont elle parle et à traiter de façon dissymétrique une phrase déclarative et la description qui lui correspond[4]. Ainsi « peut-on raisonnablement dire que

1. Les deux passages les plus significatifs se trouvent dans « Sens et dénotation », o.c., p. 108-109, et « La pensée », *ibid.*, p. 176-177. Jacques Bouveresse a proposé une approche plus détaillée et très suggestive du statut des fictions chez Frege, en liaison et en contraste avec l'approche de Genette, dans « Fait, fiction et diction », *Cahiers du MNAM*, n°41.

2. Frege précise que lorsque « nous recevons le poème comme une œuvre d'art », « il serait souhaitable d'avoir une expression particulière pour désigner les signes qui ont seulement un sens. Si nous les appelions images, les paroles de l'acteur sur scène seraient des images ; et l'acteur lui-même serait une image » (*ibid.*, p. 109 et note).

3. C. K. Ogden et I. A. Richards, *The Meaning of Meaning* (1923), London-New York, Routledge, chap. VII, en particulier p. 149-150.

4. La stratégie goodmanienne consiste en fait à déplacer l'enjeu de la référence des énoncés vers la pertinence (*relevance*) qu'on peut voir plutôt comme un problème d'information : « la question ici ne porte pas sur ce qu'un énoncé dit à propos de quelque chose (*what a statement says about something*) mais à propos de quoi (il dit qu') il y a énoncé (*what it says something about*) » (PP 241). Sa contribution majeure en la matière est l'article de 1951, « About », qui analyse ce terme omniprésent et insaisissable

"Napoléon bat en retraite" et "Le soleil se lève" sont coextensifs alors que "La retraite de Napoléon" et "Le lever du soleil" dénotent des événements tout à fait différents? » (MOM 56/ EC 18). La raison de fond renvoie au nominalisme dont Goodman s'est fait le défenseur inlassable tout au long de sa carrière [1]. Être nominaliste à ses yeux, c'est avant tout se donner « une règle restrictive de procéder » (PP 165); celle-ci peut laisser la liberté de chercher dans de multiples directions, mais elle impose des contraintes fortes sur l'agencement de chaque construction envisageable. On ne doit pas s'étonner que ses contributions relatives au fonctionnement des arts portent l'empreinte de l'image générale de la symbolisation qui est induite. Dans le cas de la dénotation et des fictions, leur approche serait presque incompréhensible si l'on faisait abstraction de ce contexte.

restrictions nominalistes

« Tandis que le platonisme contemporain se relie consciemment à l'ontologie platonicienne historiquement connue, le nominalisme contemporain n'a guère de rapports avec le nominalisme traditionnel. Il est pour ainsi dire né d'une réaction spontanée contre les éléments de platonisme contenus dans les systèmes de Frege et de Cantor et de la découverte des paradoxes » [2]. Appliquée à Goodman plus qu'à n'importe qui d'autre, cette réflexion de Beth rappelle opportunément que l'adoption d'un cadre nominaliste relève de motivations techniques et non doctrinales et qu'il n'y a pas lieu de rechercher une filiation directe avec le mouvement ockhamiste [3]. Même si elle s'enracine dans des convictions dont on ne peut sous-estimer les implications philosophiques, la variété particulière de nominalisme que

qu'est « à propos de » en termes de « conséquence différentielle » (voir PP 246-272, et Elgin, RR chap. IX).

1. C. Panaccio observe à juste titre que Goodman « n'apporte pas beaucoup d'éclaircissement » sur les raisons pour lesquelles « il vaut mieux être nominaliste que platonicien », sinon en montrant que « le programme nominaliste tel qu'il le conçoit est *possible* et *fécond* », « Stratégies nominalistes », *Revue internationale de philosophie*, n° 2-3/1993, p. 163 et 164. Voir également les remarques de G. Hellman, « On Nominalism », *Philosophy and Phenomenological Research*, vol 62 n°3, 2001 ainsi que le chapitre 4 de D. Cohnitz et M. Rossberg, *Nelson Goodman*, McGill-Queen's University Press, Montréal et Ithaca, 2006.

2. E. W. T. Beth, cité par J. Largeault, *Enquête sur le nominalisme*, Paris-Louvain, Nauwelaerts, 1971, p. 347.

3. Voir PP 163 (réponse à la première objection). Ses antécédents historiques seraient plutôt à chercher du côté de l'examen des impropriétés du langage (en particulier, Locke, *Essay*, 3e partie).

défend Goodman est fondamentalement une *stratégie syntaxique* visant moins à éliminer les entités superflues qu'à proposer une traduction adéquate de tout discours contenant des expressions susceptibles de faire difficulté en termes d'identification des êtres. Il en fournit volontiers une énumération à la Prévert : les pouvoirs ou les dispositions, les assertions contraires aux faits, les entités ou les expériences qui sont possibles mais non effectives, les neutrinos, les anges, les démons et les classes (FFF 33). On pourrait ajouter les significations, les images mentales et, bien sûr, l'immense peuple des créatures de fiction. Autant que possible, le nominaliste s'interdira de faire appel à ces notions ou utilisera une version acceptable selon ses standards (il importe évidemment peu qu'il se serve du mot « classe » s'il a pris soin de neutraliser l'interprétation des classes en termes d'universaux et son cortège d'entités surnuméraires) mais il n'a pas pour autant vocation de nominaliser de façon systématique l'ensemble de la production intellectuelle[1].

Le nominalisme ne prétend nullement apporter une réponse à tous les problèmes de la philosophie. Il offre plus modestement « une condition nécessaire plutôt que suffisante pour un système philosophique acceptable » (PP 165) car, s'il intervient dans son architecture, il n'impose rien quant à la sélection de ses données primitives. C'est pourquoi Goodman peut dire qu'« il ne nous aidera pas à faire de bonnes choses à partir de mauvais matériaux mais (qu') il aidera à nous empêcher de faire de mauvaises choses à partir de bons matériaux » (*ibid.*). Loin de favoriser une forme de fanatisme comme on le lui reproche parfois, il ne revendique qu'un patient effort de clarification ; la seule supériorité dont il serait en droit de se vanter est que ses adversaires puissent accepter toutes ses décisions syntaxiques sans mettre en péril leur propre programme (on peut à tout moment replatoniser le système) alors qu'il est le seul à jouir d'une totale tranquillité d'esprit quant aux tâches accomplies, fût-ce au prix d'une sévère restriction du domaine couvert[2]. Goodman résume de manière imagée et humoristique la situation dans un bref apologue qui nous place en face de deux sortes de limites :

1. En mathématiques, l'objectif n'est pas de « digérer » les résultats des théories non finitistes à mesure qu'ils apparaissent (l'échange avec Church est à cet égard explicite, PP 153-4) et encore moins de donner des leçons aux mathématiciens mais d'adopter une politique déflationniste qui nous libère d'une inquiétude philosophique à leur sujet.
2. PP 171 et SA Introduction 18.

> Dans un certain village, l'enseigne de Maria porte "On lave tous les vêtements", celle d'Anna à l'encontre "On lave à l'eau claire". Anna rend toujours une lessive avec de nombreux articles qu'elle n'a pas touchés, car sa source donne de l'eau claire mais n'a pas un débit suffisant. Maria termine toujours beaucoup plus d'une lessive, mais jamais la totalité ; car étant donné que son ruisseau procure en quantité de l'eau plutôt boueuse, il y a toujours trop de travail à faire. Lorsqu'à l'auberge un voyageur s'enquiert d'une laverie, on lui demande s'il est nominaliste ou platoniste (MOM 50).

Goodman a lui-même attiré l'attention sur le fait qu'il existe deux variantes dans cette entreprise de nominalisation – pour faire court une version quinienne et une version plus proprement goodmanienne – et qu'il a lui-même évolué de l'une vers l'autre [1].

L'exposé le plus représentatif de la première est l'article technique cosigné avec Quine, « Steps Toward a Constructive Nominalism » paru en 1947.

La proposition fondamentale porte sur le rejet de toutes les entités *abstraites* : le monde se compose exclusivement d'objets ou d'événements physiques, et le langage se réduit à ses inscriptions concrètes. Le fait qu'un objet non concret ne puisse être valeur d'une variable a pour conséquence d'exclure une phrase comme « x est une espèce zoologique » (la définition de « espèce zoologique » en extension étant on ne peut plus malaisée) et de manière générale tout prédicat non réductible à des prédicats d'individus. On admettra néanmoins d'écrire que « x est un chien », à condition d'interpréter le prédicat « (est) un chien » en tant qu'expression syncatégorématique (PP 173, *cf.* SA 175-6). « Le langage du nominaliste ne contient pas de noms, variables ou constantes, pour des entités autres que des individus » (SA 50-51) et les noms propres équivalent à des descriptions ; par exemple « Hume est un philosophe » est une abréviation pour « Le x tel que x est identique à Hume est un philosophe ».

On devine que ce genre de contraintes a des implications très différentes selon les secteurs concernés. Le mathématicien répugnera à les faire siennes, moins par attachement envers le « paradis de Cantor » (Goodman pense qu'on peut s'en débarrasser sans regret !) qu'en raison du rôle que joue l'infini dans l'axiomatique des théories mathématiques [2]. Pour des

1. Voir en particulier PP 156 et surtout MOM 50-53.

2. On connaît la célèbre affirmation de Cavaillès qu'« avec l'infini commence la véritable mathématique » (*Sur la logique et la théorie de la science*, Paris, Vrin, 1976, p. 73) alors que les méthodes logiques proposées sont résolument finitistes. Plus récemment sont apparues quelques tentatives de

auteurs s'occupant principalement d'objets formels et d'épistémologie, la renonciation à la théorie des ensembles est un sacrifice pénible, même avec l'autorisation d'utiliser le langage des classes de manière agnostique et de manipuler ses formules à la manière des perles d'un boulier (PP 198 et SA 48-49). Quine devait bientôt prendre conscience que cette tentative mène tout droit à une véritable « débâcle ontologique »[1] qui réduit à néant les avantages d'ordre structurel.

Les œuvres d'art, pour leur part, sont normalement saisies dans toutes les nuances de leurs manifestations concrètes et le problème pratique du critique ou de l'historien consiste plutôt à attirer l'attention sur tels traits significatifs, par exemple à l'aide de mots descriptifs ou d'expressions métaphoriques. Le nominaliste prend en charge le pouvoir ostensif d'un tel vocabulaire sans quitter le niveau du langage, ce pourquoi C. Lord et J. Benardete soutiennent que, contrairement aux apparences, une version nominaliste est plus avantageuse en esthétique qu'une version platoniste[2]. On peut y chercher aussi une des racines du physicalisme esthétique de Goodman, qui réside moins dans un désaveu du phénoménalisme que dans la volonté proprement inscriptionnelle de ne pas faire dépendre le

fonctionnement de la référence d'apports extérieurs aux mécanismes symboliques. Occasion de rappeler que le sens du partage entre physicalisme et phénoménalisme varie d'un domaine à l'autre : en contexte épistémique, il s'agit de faire abstraction de la croyance en des choses au profit de la continuité d'une expérience vécue (on voit une tache rouge qui se déplace plutôt qu'un rouge-gorge, SA 134) ; du point de vue esthétique, il s'agit avant tout de détacher cette expérience des corrélats et compte rendus

reformulation, en particulier le théorie prédicative des ensembles développée par Feferman (1998). À l'encontre de ce qui se passe chez H. Field, la question des nombres ne joue pas de rôle chez Goodman.

1. Selon l'expression de Quine lui-même citée par D. Vernant, *op. cit.*, § 34, p. 109. En effet réduire l'ontologie à des « classes pures » c'est-à-dire construites à partir de la seule classe vide a pour conséquence inéluctable d'alourdir démesurément l'« idéologie », à savoir l'ensemble des prédicats interprétés au moyen de la théorie.

2. « Baxandall and Goodman », in *The Language of Art History*, S. Kemal, I. Gaskell (ed.), Cambridge U. P., 1991. L'article porte surtout sur la métaphore et sur l'exemplification (dans le même volume, C. Hausman défend une position opposée à base d'interactions d'intensions). Lord et Benardete notent d'autre part que « tout au long des siècles, on a toujours supposé que le nominalisme était la doctrine la plus prosaïque et le platonisme la doctrine la plus poétique lorsqu'on a ressenti leur contraste parfois comme favorable à une doctrine, d'autres fois à l'autre. Après Goodman, la situation est inversée. » (p. 83).

psychologiques qui tendent à la recouvrir et peuvent donner l'impression qu'elle est incommunicable.

Le nominalisme spécifiquement goodmanien, défendu dans « A World of Individuals » (1956) présente une inflexion sensiblement différente : il ne rejette que les *classes*, réputées incompréhensibles, et tout ce qui incite à interpréter en termes de classes (attributs, propriétés, etc.). Conformément au titre de l'article, le monde est un monde d'individus, c'est-à-dire de blocs ou de morceaux (« *hunks* ») qui jouent le rôle d'atomes. Il n'est nullement nécessaire que ces éléments soient insécables ou d'un seul tenant, pourvu qu'ils soient toujours individués de la même manière[1] ; un individu peut être de fait très compliqué quant à ses dimensions spatiale et temporelle s'il résulte de la somme de deux individus (SA 62 et 115-6)[2].

Deux principes de base complémentaires gouvernent l'analyse de Goodman :

1) « Le nominaliste ne reconnaît aucune distinction d'entités sans une distinction de contenu" (SA 50).

Soient par exemple deux entités composées à partir des mêmes éléments (PP 159) :

K = {{a, b}, {c, d}} et L = {{a, c}, {b, d}}

En théorie des ensembles, K et L diffèrent puisque les classes d'appartenance ne sont pas identiques. C'est cette conclusion que rejette le nominaliste en refusant de faire de la sériation un principe suffisant d'individuation pour un univers d'objets (a, b, c, d) ; il exige en outre que :

$$(x)\ (Axy \equiv Axz) \supset y = z$$

[quel que soit x, si x est un atome de y équivaut à x est un atome de z, alors y et z sont confondus] (PP 160).

Il en résulte une économie ontologique considérable puisqu'on n'a plus à distinguer la classe-unité de l'unique élément qu'elle contient, ni à se préoccuper de classes de classes. Dans un système de trois atomes seulement qui engendre donc 7 entités distinctes [2^3-1], ce sont dès l'étape suivante quelque 127 entités nouvelles qui se trouvent éliminées, pour

1. SA 52 et 62-63. Si ce n'était pas le cas, on mettrait en péril la distinction entre prédicats internes et externes qui s'appliquent respectivement aux individus qui se chevauchent et à ceux qui sont discrets (SA 51).

2. « Si l'Océan Arctique et un grain de poussière au Sahara sont des individus, alors leur somme est un individu » (SA 62). Voir également PP 155-156.

ne rien dire des suivantes (2^n-1 chaque niveau, avec *n* croissant très rapidement)[1].

2) « La décision de n'admettre rien d'autre que des individus ne détermine pas par elle-même ce qui doit être considéré comme un individu » (SA 52)[2].

La notion d'individu ne présuppose aucune propriété ontique particulière. Des éléments ont statut d'individus si et seulement s'ils instantient les valeurs des variables du type le plus bas dans le système considéré (PP 157). Le critère sélectionné étant d'ordre syntaxique, J. Vuillemin en déduit légitimement que Platon pourrait être nominaliste, moyennant une interprétation convenable dans un système des apparences[3]. En conclure cependant que n'importe quoi peut valoir comme individu, y compris des classes, et que par suite ces notions deviendraient échangeables, c'est tomber dans une inconséquence évidente puisqu'on ne travaille jamais qu'à l'intérieur d'un système qui dépend d'une base génératrice dans son univers de discours[4].

Le nominalisme n'entreprend pas de réformer l'usage quotidien (LA 226), qui est nécessairement imparfait[5], même si sa tolérance envers la tolérance a ses limites (PP 170). Parler de « vandalisme intellectuel » (PP 171) ou de « don-quichottisme »[6] sous-estime donc qu'on a affaire à un programme d'« expérimentation philosophique »[7] dont les enjeux pratiques sont plutôt restreints. Aussi Goodman se conforme-t-il plus docilement qu'on ne l'attendrait aux formulations reçues, faisant un usage courant du voca-

1. PP 158-9, FFF 56 et MOM 52. Ce n'est pas un hasard si Goodman est par ailleurs l'initiateur d'un « calcul de la simplicité » qui s'applique à mesurer la simplicité structurale d'un système à partir de celle de sa base et de la structure de ses prédicats (voir PP VII, 1 et SA III, 3).

2. « Il n'y a rien qui ait un statut intrinsèque ou absolu comme individu ou comme classe » (SA 58). Voir par ailleurs SA 131 et 175, PP 156, MM 136, MOM 52, etc. La notion d'individu est questionnée de manière critique dans les deux articles de V. Lowe, « Professor Goodman's Concept of an Individual », *The Philosophical Review*, vol. 62 n°1, 1953 et Hao Wang, « What Is an Individual ? », *ibid.*, vol. 62 n°3.

3. J. Vuillemin, *La logique et le monde sensible*, Paris, Flammarion, 1971, p. 316.

4. *Cf.* PP 159-160 et 171-2, SA 66-67 et 115, LA IV, 4 et 5 *passim*.

5. J. Urmson (« The Methods of Aesthetics », *in* R. Shusterman, p. 25) fait remarquer qu'on ne peut mettre sur un même plan faire une différence entre un usage rigoureux et un usage approximatif au sein du discours ordinaire (en employant des expressions comme « la terre est sphérique ») et admettre l'existence d'un usage pleinement correct d'une exécution musicale légèrement fautive.

6. Quine, « Logic and the Reification of Universals », *From a Logical Point of View*, p. 128.

7. Selon l'heureuse expression de Vuillemin (o.c., p. 305) dans la filiation de Kant, *Critique de la raison pure*, Préface à la 2e éd., Paris, P.U.F., p. 18-21.

bulaire ensembliste neutralisé par la logique de la quantification, et renvoyant en appendice[1] les problèmes techniques de nominalisation[2].

les mots et les images

En choisissant comme relation de base la dénotation, Goodman profite d'un immense arrière-plan de théorisation logique. Il se montre surtout soucieux de répondre à plusieurs sortes d'impératifs : élargir le champ de validité de la notion, relever le défi que lancent les êtres imaginaires sans quitter le monde réel, et dissiper l'ambiguïté corrélative qu'entretient le discours ordinaire entre plusieurs usages des termes « représenter » et « dénoter ».

L'exigence fondamentale porte sur l'adoption d'une relation référentielle suffisamment générale non seulement pour subsumer la description (verbale) et la dépiction (iconique), mais pour être en mesure d'intégrer la contrepartie de n'importe quel véhicule symbolique. La dénotation est le candidat le plus approprié, interprétée sur un mode nominaliste comme une relation directe entre un prédicat et les choses auxquelles il s'applique, sans qu'on ait besoin de passer par l'intermédiaire d'une propriété qu'il nomme (MOM 49)[3]. Cette relation est habituellement plurivoque (*one-many*) et non limitée à des prédicats monadiques.

D'un point de vue fonctionnel, le parallélisme entre les mots et les images s'impose presque de lui-même, en dépit de l'hétérogénéité extrême de leurs usages. Il heurte néanmoins une tradition plus sensible à la particularisation intrinsèque des supports sémiotiques et qui ne manque

1. Parmi les passages les plus caractéristiques : MM 204 note 8, LA 29 et 127 note 1, RPAS 69 note 2, SA Intr. 18 et surtout PP 270 *sq*.

2. Je laisse ici de côté la question de savoir si l'esprit restrictionniste de son nominalisme fait bon ménage avec le « relativisme radical sous contraintes de rigueur" (MM 12) défendu dans ses ouvrages plus tardifs (voir MM 136-137, MOM 29-30, 52-3, etc.). La réponse invariable de Goodman est que « l'irréalisme et le nominalisme sont indépendants mais entièrement compatibles » (MOM 30) puisque « ma sorte de relativisme maintient qu'il y a plusieurs bonnes versions du monde, dont certaines entrent réciproquement en conflit, mais insiste sur la distinction entre de bonnes et de mauvaises versions » (MOM 53). Que les seules versions bien construites donnent accès à un monde intéressant nous prémunit certes contre l'indifférentisme, mais cela résout-il tous les problèmes? Écrire par exemple que « le même philosophe qui ici contemple métaphilosophiquement une vaste variété de mondes trouve que seules les versions qui font face aux réquisits d'un nominalisme obstiné et déflationnaire respectent son projet de construction de systèmes philosophiques » (MM 41) s'apparente à un constat teinté d'ironie autocritique.

3. Ceci ne supprime cependant pas toute difficulté, témoin le paradoxe de Grelling sur l'hétérologie.

pas d'arguments sérieux. C'est une banalité en effet de rappeler que les mots se combinent pour former des phrases susceptibles d'être ou non assertées, et que la seule condition pour affirmer qu'un terme *T* s'applique à *a* est que *Ta* soit vrai (MOM 80), circonstance qui est sans contrepartie directe dans le cas d'une peinture. De nombreux auteurs, telle Susanne Langer, ont donc été amenés à opposer aux symboles discursifs ou lexicaux, qui combinent des unités toujours semblables et isolables en ensembles syntagmatiques plus vastes, les symboles picturaux ou présentationnels dont le mode de signifiance est global[1] et dont chacun est à lui-même son propre code (une affiche qui réutilise des parties d'une précédente les assujettit au nouvel environnement qu'elle leur impose). Comme le remarque F. Clémentz, « le contenu de l'image ne se sépare pas de l'image elle-même, il n'est pas *autre chose* que l'image telle qu'elle se présente à nous ; il est *présenté* à mon regard davantage qu'il ne m'est *représenté* »[2], ce qui incite à faire du « représenté sur » non pas une propriété sémantique de l'image mais plutôt une modalité psychologique de la perception de l'image (à la manière de la conscience imageante sartrienne ou de la « reconnaissance » wittgensteinienne), ce qui présuppose alors un minimum de caractères communs avec ce qu'elle figure[3].

Certaines objections sont classiques, ainsi celles reprises par Beardsley (MOM 81) sur l'incapacité d'une image de signifier une négation (l'image d'un champ vide n'informe pas qu'un cheval en est absent, y compris quand on la confronte avec la même image où le cheval est visible) ou de référer *en général*. Une image serait par nature condamnée à illustrer en bloc l'état de fait particulier qu'elle montre[4]. Mais, rétorque Goodman, une image d'aigle

1. S. K. Langer, *Philosophy in a New Key* (1942), Cambridge, Mass., Harvard U. P., 1993, en particulier, chap. 4, p. 93-97.

2. « La vérité moins l'image (imitation, représentation, signification) », *Colloque de l'École du Louvre*, La documentation française, 1984, p. 60. L'objet de l'article n'est toutefois pas d'examiner la nature de la représentation, mais de contester que la métaphore du tableau fournisse une approche pertinente pour la compréhension des faits linguistiques. De fait, s'il est légitime de *douter* que l'on puisse qualifier de référence de l'image quoi que ce soit d'autre de différent de ce qui est « représenté sur » la toile, il devient difficile de chercher dans l'image un modèle ou même une métaphore heuristique de la notion linguistique de référence (*cf.* p. 52 et 54-55).

3. « Quelque chose de dur, de carré et de noir ne peut en aucun cas être l'image d'une chose qui serait douce, ronde et blanche » observe Dennett (*Content and Consciousness*, p. 133, cité par Clémentz, art. cit., p. 53).

4. C'est une des sources de la distinction opérée par F. Dretske entre contenu large et contenu étroit, le premier étant analogique et en général iconique ou perceptuel, le second verbal et propositionnel (*Knowledge and the Flow of Information*, MIT Press, 1981). Par ailleurs, O. Fischer a proposé une notion

dans une encyclopédie n'est-elle que le cliché de l'aigle singulier que le photographe a capturé sur sa pellicule (et sélectionné peut-être pour les motifs les plus contingents : la position explicite de l'oiseau ou un critère esthétique) ou bien une image fournissant un exemplaire représentatif de l'espèce des aigles (par exemple un prototype au sens de Rosch) ? Il semble normal de l'interpréter comme dénotant de manière distributive les aigles en général (LA 47-48), même si cela n'interdit pas de faire de la même image une lecture différente dans un autre contexte. Dans la terminologie de R. Arnheim[1], l'usage légitime du terme « image » en tant que symbole est celui dans lequel elle n'est plus attachée à la particularité d'un contenu mais un moyen d'accéder à un plus haut niveau d'abstraction ; ainsi le *Portrait d'Henry VIII* par Holbein est l'image d'un roi *et* il vaut comme un symbole de la royauté dont il retient quelques caractères emblématiques. Ne pas admettre qu'il puisse exister de représentation multiple mettrait en péril le pouvoir des images de schématiser, et réduire l'image à refléter strictement le particulier aurait pour conséquence perverse d'interdire une interprétation aussi courante que celle-ci : une photographie du dalmatien de Goodman reste un portrait fidèle de son chien même lorsqu'elle n'exhibe pas le nombre exact de taches qu'il a sur son pelage (MOM 81).

Gombrich demande si nous pourrions faire spontanément la différence, attendu que « c'est un fait que l'image, sans aide extérieure (en raison de l'absence de formateurs comme les articles définis et indéfinis) est incapable de signifier la distinction entre l'universel et le particulier »[2] et qu'il est donc illusoire d'espérer fonder le concept d'iconicité sur « la structure objective du signe ». Goodman lui en donnerait certainement acte car personne ne conteste sérieusement qu'il est nécessaire d'intégrer une dimension pragmatique dans le processus de déchiffrement d'une image. Celle-ci intervient en réalité bien en deçà, dès les jauges et les cadrans chers à Goodman, non pas parce qu'une signification force les contraintes formelles du code mais parce que la connaissance des facteurs contextuels

d'iconicité appliquée au langage qui est fonction de la moindre dépendance qu'une relation référentielle a vis-à-vis des règles du système (ex. onomatopée).

1. R. Arnheim, *Visual Thinking*, Berkeley, Univ. of California Press, 1969, chap. 8, en particulier p. 138-139. R. Wollheim fait une distinction entre représentation d'objets et d'événements particuliers (ex. portrait de Zola par Manet) et représentation d'objets et d'événements qui sont d'une espèce particulière (ex. portrait de femme) [trad. fr. dans *Esthétique contemporaine*, Paris, Vrin, 2005, p. 239-240].

2. *Réflexions sur l'histoire de l'art*, Nîmes, Éditions J. Chambon, 1992 (le texte de Gombrich est un compte rendu de *Signs, Language and Behaviour* de Morris).

n'est pas moins importante dans le cas d'une image que dans un texte, et que d'autres aspects non dénotationnels jouent aussi un rôle dans la pertinence de l'interprétation[1].

Une objection plus grave due à R. Martin conteste le droit de subsumer la description et la représentation par image (ou dépiction) sous la dénotation (MOM 91). Il n'y a pas lieu de s'attarder sur l'aspect terminologique qui dénie la fonction de symboliser à tout élément qui se révèle incapable de « tenir la place de » son référent. S'il en allait ainsi, le mot lui-même se trouverait exclu puisque « ni à l'intérieur du langage où il est impossible que l'objet non verbal intervienne, ni à l'extérieur du langage où le mot en tant que mot n'intervient pas, le mot ne peut remplacer l'objet » (*ibid.*), alors qu'il paraît beaucoup plus naturel de dire qu'une image vaut pour (*stand for*) ce qu'elle représente – selon la définition courante que Goodman donne de la dénotation (LA 35, MOM 55) – ou joue le rôle d'étiquette, du moins dans le cadre d'une culture familiarisée avec les techniques de reproduction des apparences[2].

Le problème de fond porte sur l'acceptation ou le rejet du caractère *sui generis* de chaque relation. Pencher en faveur de la première solution conduit à considérer que les propriétés générales qu'elles peuvent avoir en commun ne sont pas significatives mais seraient plutôt « les produits illégitimes de rapprochements *ad hoc* » (MOM 92), au risque de compromettre l'idée même d'une théorie générale des symboles. Mais Goodman s'empresse d'ajouter que la réponse opposée ne revient pas à confondre le générique et le spécifique. « Cette relation commune de s'appliquer à ou de valoir pour, je l'appelle *dénotation* – non pas afin d'écarter un examen des types variés de dénotation dans différents systèmes symboliques, ainsi que des relations entre la dénotation et d'autres types de référence, mais bien afin d'y introduire » (MOM 80). En aucun cas elle n'impose soit de penser le verbal à partir d'une forme picturale (aussi abstraite qu'on l'imagine), à la manière dont Wittgenstein voit la proposition comme un « tableau vivant » (*Tractatus*, 4.0311), soit de penser le pictural par rapport au verbal, selon le schéma frégéen d'une représentation-description comme celle développée

1. Une des démonstrations les plus convaincantes est celle de K. Walton, dans son célèbre article « Catégories de l'art », trad. fr. dans l'anthologie *Esthétique et poétique*, G. Genette (éd.), Paris, Seuil, 1992.

2. LA chap. 1 note 15, p. 72. Ce genre de remarque doit toutefois être relativisé à partir des théories cognitives actuelles.

par A. Savile pour qui le « contenu descriptif » d'une peinture, inséparable de la sorte d'image qu'elle est, est en dernière instance ce qui détermine sa référence[1].

Goodman ne voit par ailleurs aucun avantage à conférer aux images un caractère déclaratif. Il n'est déjà pas nécessaire d'en doter une phrase puisqu'il est facile de la considérer comme un prédicat élargi ou modifié qui acquiert selon le contexte une portée assertive, exclamative, érotétique, etc. (MOM 56), sans incidence d'ailleurs sur le plan de la notationalité (LA 190-1). La seule tentative en sens contraire est celle de Richard Rudner qui va jusqu'à interpréter une vue de la Forêt Noire comme l'affirmation iconique de la proposition « Je dépeins la Forêt Noire » (MOM 97). Mais serait-elle capable de dire quelque chose de plus? Sinon il devient par avance vain d'espérer différencier une image correcte d'une autre qui ne le serait pas ou moins. Or, l'impossibilité pour une image d'être fausse (en particulier lorsqu'il n'existe aucune confrontation possible avec un modèle) supprime la perspective du vrai au sens propositionnel. Cela n'exclut sans doute pas d'autres usages plus vagues de la notion de vérité mais on ne voit pas très bien ce que Goodman aurait à y gagner[2].

dénotation et/ou réalisation

Si l'existence de différences n'est pas un argument suffisant pour affaiblir la similitude fonctionnelle entre la description et la dépiction, le cas privilégié des mots et des images ne doit pas masquer la diversité beaucoup plus large des variétés symboliques. Wittgenstein n'hésitait pas à écrire que « le disque de phonographe, la pensée musicale, la notation musicale, les ondes sonores sont tous, les uns par rapport aux autres, dans la même relation représentative interne que le monde et la langue » (*Tractatus*, 4.014)[3].

1. Anthony Savile, « Nelson Goodman's "Languages of Art" : A Study », *The British Journal of Aesthetics*, 1971 vol. 11 (1); voir aussi l'analyse comparative de cet article avec celui de Kent Bach que propose Jenefer Robinson, « Some Remarks on Goodman's Language Theory of Pictures », *The British Journal of Aesthetics*, 1979, vol 19 (1), en particulier p. 64-66.

2. L'idée qu'un roman puisse véhiculer des vérités d'ordre historique ou psychologique est commune mais elle mérite d'être relativisée (voir P. Lamarque, « Littérature et vérité : quels sont les vrais problèmes? », dans *Ce que l'art nous apprend*, Rennes, PUR, 2008, et J. Bouveresse, *La connaissance de l'écrivain*, Paris, Agone, 2008). Dans le cas de l'image, la distinction entre le documentaire et l'artistique devient particulièrement problématique.

3. Il est sur ce point dans la droite ligne de la notion leibnizienne d'« expression » telle qu'elle est développée dans le *Quid Sit Idea* : « Il est clair qu'il n'est pas nécessaire que l'exprimant ressemble à

Laissant de côté la thèse spécifique de la structure logique de la représentation, reste le constat que d'autres systèmes sémiotiques sont à considérer et que ceux-ci appellent à réviser la notion basique de dénotation dans un sens que l'examen des seules images ne pouvait suggérer. Goodman propose une seconde forme de généralisation qui détache la dénotation de tout engagement quant à la nature des référents, et il introduit pour ce faire la notion de concordance (*compliance*). À la différence de l'élargissement précédent, celui-ci ne présente plus rien d'intuitif, il repose sur une équivalence abstraite au sein de la fonctionnalité symbolique.

Le point de départ le plus significatif est la comparaison entre un texte et une partition. À première vue, on serait tenté de les rapprocher davantage qu'une image et un texte puisque l'un et l'autre recourent à une forme d'« écriture »[1], de notation graphique ; en même temps « la relation entre un terme et ce qu'il dénote apparaît tout à fait différente de celle entre une partition et ses exécutions, ou entre une lettre et ses émissions » (LA 239), ce qui incite à mettre en doute qu'une partition dénote quelque chose. Soit la musique instrumentale classique européenne dans sa notation standard. Elle se fonde sur la corrélation réglée entre la partition et une performance sonore conforme à cette partition, c'est-à-dire respectant toutes les spécifications demandées par le compositeur. L'œuvre musicale naît d'une *exécution* qui réalise concrètement c'est-à-dire en tant qu'objet sonore les instructions adéquatement codées contenues dans la partition. Dire que l'exécution *concorde* avec la partition, c'est dire qu'elle lui correspond en propre et non à une autre, ou qu'il existe une application idéalement bijective entre les deux (la marge de tolérance étant en partie une propriété spécifiable à l'intérieur du système considéré). Mais c'est dire de manière équivalente qu'elle *est dénotée* par la partition puisqu'elle constitue l'événement réel à quoi elle aboutit et sans lequel la partition perdrait sa fonction symbolique et sa raison d'être. Cet événement fournit d'ailleurs en retour la base pour reconstituer la partition quand celle-ci n'est pas disponible[2],

l'exprimé, il suffit que quelque analogie soit maintenue entre leurs manières d'être. ». Voir les remarques de M. Serres dans *Le système de Leibniz et ses modèles mathématiques*, Paris, P.U.F., 1968, tome I, p. 54-70.

1. « Une fugue musicale se lit autant qu'elle s'entend » rappelle Françoise Escal, *Contrepoints*, Paris, Klincksieck, p. 155.

2. Un exemple célèbre est celui du jeune Mozart qui, de passage à Rome, transcrivit de mémoire le *Miserere* d'Allegri qu'il venait d'entendre à la chapelle Sixtine et dont le pape interdisait toute divulgation

exactement comme on peut noter par écrit des paroles entendues ou enregistrées. L'ensemble des exécutions correctes forme la classe-de-concordance de la partition dont les propriétés sont fixées par les réquisits sémantiques de notationalité[1].

La concordance nécessite l'existence d'un cadre notationnel[2] mais elle n'impose aucune contrainte sur le choix des éléments mis en corrélation. Elle réclame seulement le même genre de parallélisme structural entre deux domaines que fait intervenir l'analyse hjelmslévienne de la présupposition réciproque[3]. Pour Hjelmslev, le plan de l'expression et celui du contenu ne sont pas liés par une correspondance naturelle des unités mais par une fonction sémiotique qui opère de manière stipulative. Celle-ci agit comme une règle qui associe deux fonctifs et les rend mutuellement dépendants, sans que ce choix apparaisse obligatoire ou incompatible avec d'autres. Toute interprétation est donc relative à la connaissance de la règle sélectionnée et elle pourrait le cas échéant être mise en concurrence avec d'autres lectures. En s'inspirant de l'exemple canonique de la musique, rien n'interdirait par exemple d'associer chaque note ou accord à une couleur (le clavecin optique conçu par le père Castel)[4], voire une saveur (« l'orgue à bouche » que Huysmans imagine pour la délectation de Des Esseintes), etc. « La concordance ne requiert aucune conformité spéciale ; tout ce qui est dénoté par un symbole concorde avec lui » (LA 180). Goodman ajoute : « Je désigne souvent les concordants de tels caractères [*i.e.* ceux qui composent les systèmes symboliques au sens qui sera défini plus loin] par le terme "exécutions", là où ces concordants ne sont pas, d'après l'usage ordinaire, exécutés ni même ne sont des événements du tout ; et je désigne souvent les classes-de-concordance par le terme "œuvres" même lorsque ces classes – par exemple des agrégats fortuits d'objets naturels – ne sont des œuvres en aucun sens usuel » (LA 218).

Il n'y a aucune raison de contester que des sons soient moins appropriés à servir de référent que tout autre aspect de la réalité (le *mi* produit par un violoncelle n'est pas moins réel que celui émis par un rossignol, et ses

de la partition ; voir *Correspondance* de Mozart, tome I, Paris, Flammarion, 1986, lettre de Léopold du 14 mars 1770, p. 223-224.

1. Voir ci-après, chap. 4, p. 115-116.

2. Ce qui justifie son introduction en LA IV, 4, après les réquisits syntaxiques.

3. Voir par exemple, *Le Langage*, Paris, Minuit, p. 132 *sq*

4. Diderot, article de l'Encyclopédie « Clavecin oculaire », *Œuvres*, L. Versini (éd.), Laffont Bouquins, 1996, p. 117-119. Voir aussi Lévi-Strauss, *Regarder, écouter, lire*, Paris, Plon, 1993, chap. XIX.

cordes que le corps de l'oiseau), ou que la dénotation puisse n'être qu'un cas particulier d'une relation généralisée. L'audace de Goodman est pourtant de penser dans un même et unique cadre l'action de formes qui jouent indifféremment, voire simultanément, sur la dimension de la réalisation et sur celle de la généralisation sémiotique. L'objection obstinée du sens commun et de l'analyse courante est qu'une partition ne désigne pas la séquence sonore qui lui correspond à la manière dont une image renvoie à un paysage, car le paysage n'est pas une exécution de l'image (et encore moins l'image celle du paysage) et inversement que les sons ne sont pas une donnée extrinsèque à l'œuvre musicale, dont on pourrait à volonté les détacher.
Faire fi de telles différences ne condamne-t-il pas à un niveau d'abstraction qui compromet la pertinence artistique des applications ?[1] En regardant les choses de plus près, on s'avise en réalité que les effets de ce double élargissement ne s'additionnent pas de façon simple. Dans le premier cas, deux symboles hétérogènes (un mot et une image) pouvaient dénoter la même réalité selon des modes différents, alors qu'ici ce sont deux éléments dénotés hétérogènes (un son exécuté et une chose ou un événement) qui tiennent le même rôle à l'intérieur d'un schéma logique identique (LA 239).

Dans le premier cas, on généralise par dépassement de la qualité du symbole tout en conservant la fonction, dans le second, par réorientation de la règle de corrélation (sous la supposition d'un tissu sémiotique adéquat). La concordance ne vise donc pas à élargir un peu plus l'extension de la dénotation mais à donner sa portée maximale à la commensuration sémiotique entre inscriptions et modes de référence.

Dénotation verbale ⟶ Réalisation sensible
[*relata* non habituels]
↓
Dénotation généralisée
[étiquettes non verbales]

L'effort de Goodman semble ici recouper certains partages esthétiques courants. Le simple fait qu'il existe deux interprétations rivales de ce que serait la « signification » en musique pourrait plaider en ce sens.

1. Il ne fait pas de doute que l'orientation nominaliste de Goodman qui supprime tout intermédiaire entre signes et choses joue un grand rôle dans son attitude.

L. B. Meyer[1] propose en effet de distinguer les « référentialistes » pour qui la musique renvoie à un donné extramusical (musique descriptive, madrigalisme) et les « absolutistes », partisans de la cohérence intrinsèque et hostiles à toute contamination expressive. Pour eux, le sens des symboles ne réside pas ailleurs que dans le monde sonore original associé à la partition. Encore convient-il de remarquer que la thèse méthodologique consistant à soutenir que les sons sont les concordants de la notation n'équivaut pas à affirmer que l'œuvre est fermée sur elle-même, comme le pensent les formalistes[2]. C'est le plus souvent le contexte d'usage qui oriente spontanément l'attitude à adopter : admirer le jeu d'un violoncelliste, c'est d'ordinaire être sensible à la capacité de sa technique de transcender les difficultés de l'œuvre de manière à rendre explicite l'architecture complexe d'une fugue, alors qu'admirer la manière d'un peintre, c'est être impressionné par sa capacité à rendre de façon suggestive la texture ou le mouvement de la réalité. Il existe à l'opposé une musique à programme (voire quasi autobiographique comme dans la *Symphonie domestique* de Strauss ou le premier Quatuor de Smetana), avant tout soucieuse de transmettre un contenu à saisir pour lui-même. Dans les tableaux du gothique tardif, on pouvait se montrer plus attentif à la maîtrise d'un véritable répertoire formel et iconographique, codifié par la tradition et support de variations sur les mêmes motifs[3]. Rien n'empêche non plus de prendre le contrepied des règles établies, quitte à engendrer des curiosités gratuites ou anormales plutôt qu'un renouvellement fécond.

En désindividualisant toutes les relations possibles entre les deux pôles de la référence, la notion de concordance ne ravive-t-elle pas en retour des difficultés que le parallélisme entre langage et image semblait avoir surmontées ? C'est le langage qui fait désormais problème, en tant que point

1. L. B. Meyer, *Explaining Music*, Berkeley, Un. of California Press, 1973.

2. Son représentant le plus éminent est Hanslick, critique de l'esthétique du sentiment : « Le beau n'a en général aucun but, car il n'est autre chose qu'une forme, laquelle, à la vérité, peut être employée aux buts les plus divers, suivant le contenu qu'elle porte en soi, mais qui, intrinsèquement, n'a d'autre fin qu'elle-même. Si des sentiments agréables se produisent chez celui qui contemple le beau, ces sentiments n'ont rien à voir avec le beau considéré en lui-même », *Du beau dans la musique* (1854) trad. fr., G. Pucher, Paris, Bourgois, 1986, p. 61 ; mais, comme c'est aussi le cas chez Fiedler et à la différence des théoriciens du XXe siècle, ce « formalisme » est imprégné par l'arrière-plan de la philosophie allemande puisque « les formes sonores ne sont pas vides (…) elles sont l'esprit qui prend corps et tire de lui-même sa forme » (*ibid.*, p. 96-97).

3. Il en va de même dans l'art chinois où ce n'est pas l'inventivité qui est valorisée mais la capacité de suggérer d'infimes nuances à propos de sujets rebattus.

charnière des deux élargissements, croisement de deux appréhensions de l'usage des mots.

Il est en effet facile de faire observer que si l'on doit exécuter sur un instrument ou par la voix une mélodie pour qu'elle acquière son existence musicale[1], une phrase n'est complète et ne devient pleinement communicable qu'en étant lue ou prononcée, c'est-à-dire articulée phonétiquement. Les sons émis constituent des concordants indubitables du texte puisqu'ils traduisent vocalement ce qui est écrit ou pensé et non n'importe quelle autre séquence. Jusqu'où le parallélisme avec la partition peut-il alors être tenu ? À la différence de la musique dont on s'est régulièrement demandé si elle est apte à « signifier » quoi que ce soit[2], un texte ne peut faire abstraction du *sens* des mots, car la compréhension de ce qu'il dit fait partie de l'usage de base du langage et le support de la communication qu'il assure. Si l'on ne veut rien sacrifier de ce qu'il possède, on devra donc envisager deux registres de concordants qui n'ont pas grand chose en commun : d'une part des émissions sonores ou énonciations du texte, et de l'autre le monde des objets ou des événements dont il traite – soit en abrégé un langage-son et un langage-objet (LA 180). En dehors du lettrisme et de l'idéographie, ces deux langages ne sont jamais totalement dissociés. L'attention presque exclusive au premier aspect peut parfois l'emporter et compromettre la pleine efficacité de l'autre ; il n'en est pas moins raisonnable de s'attendre à ce qu'un message soit mieux transmis lorsque le locuteur sait user de toutes les ressources expressives de sa voix.

1. Son degré d'incarnation sensorielle dépend en fait de multiples facteurs et varie avec des coordonnées historiques ; Lockspeiser remarque que Debussy est le « premier compositeur d'Occident à composer avec des sons plutôt qu'avec des notes » (*Debussy*, Paris, Fayard, p. 547).

2. On connaît la célèbre et provocante déclaration de Stravinsky : « Je considère la musique, par son essence, comme impuissante à exprimer quoi que ce soit : un sentiment, une attitude, un état psychologique, un phénomène de la nature » (*Chroniques de ma vie*, Paris, Gonthier, 1971, p. 63) et ajoute plus loin que « les gens veulent toujours chercher dans la musique autre chose que ce qu'elle est. L'important pour eux est de savoir ce qu'ellle exprime et ce que l'auteur avait en vue quand il la composait. Ils n'arrivent pas à comprendre que la musique est un fait en soi, indépendamment de ce qu'elle pourrait bien leur suggérer » (p. 175). [Baudelaire avait pris par avance le contrepied de cette position dans son essai « Richard Wagner et "Tannhaüser" », « Bibliothèque de la Pléiade », Paris, Gallimard, 1954, p. 1210]. F. Escal, qui voit l'affirmation de Stravinsky comme « un paradoxe ou une interpellation provocatrice » (*Contrepoints*, p. 16) a étudié à l'inverse quelques cas de pasigraphies inspirées par la musique, notamment « Devismes et le mythe d'une langue musicale universelle de communication », *L'enseignement philosophique*, sept-oct. 1987 et « La pasilogie musicale de Sudre », dans *La linguistique fantastique*, S. Auroux (éd.), Paris, Denoël, 1985.

<table>
<tr><td>symbole</td><td>classe-de-concordance</td><td></td></tr>
<tr><td>partition</td><td>Sons exécutés</td><td rowspan="2">prononciation</td></tr>
<tr><td rowspan="2">texte</td><td>Sons émis</td></tr>
<tr><td>Sons dénotés</td><td rowspan="2">référence</td></tr>
<tr><td>image</td><td>Objets dénotés</td></tr>
</table>

En lisant le tableau précédent du bas vers le haut, on rencontre successivement des symboles de plus en plus notationnels, et en même temps la « prononciation » (terme qui couvre ici l'acception ordinaire du mot et l'exécution musicale) prend le pas sur l'usage dénotatif. Ce serait cependant une illusion de penser qu'une secondarisation de la dénotation accompagne toujours une notationalité forte. Ce qui en revanche n'est pas douteux, c'est que la double articulation linguistique et l'organisation du système harmonique assurent aux événements sonores une différenciation efficace qui fait défaut au monde pris dans sa globalité. Il ne faut de toutes manières jamais perdre de vue que la prononciation n'efface pas d'autres aspects de réalisation physique du symbole [1] et qu'une propriété importante de l'image artistique est qu'elle exige « une attention simultanée à ce qui est vu et aux caractéristiques du medium » [2].

Les choses se compliquent encore quand l'on s'avise qu'il existe des versions écrites et orales d'un même texte, des lectures silencieuses ainsi qu'une tradition de récitation plus ou moins libre. La tentation est grande cette fois de mettre en parallèle la poésie et la musique puisque toutes deux se jugent en définitive à la qualité auditive de la performance. Dans sa réponse à Barbara Smith (PP 129-30), « championne des œuvres littéraires non écrites », Goodman fait valoir que la meilleure politique consiste à élargir le sens ordinaire du mot « texte » afin de prendre les énonciations et les inscriptions comme exemples à égalité du même script. Elle présente l'avantage de respecter l'identité de fonction des deux types de marques (on

1. Même la concordance peut de toutes manières apparaître trop limitative lorsqu'on aborde une partition comme les *Maulwerke* de Dieter Schnebel où la vocalité s'investit fondamentalement dans une économie du corps et abolit la frontière entre souffle, geste et son, *cf.* I. Stoïanova, « ... Pour la gueule... », *Revue d'esthétique*, 1976, n°1, 10/18, p. 394-403.

2. C'est le phénomène que R. Wollheim nomme « voir-dans », à savoir la fusion d'un aspect configurationnel et d'un aspect récognitionnel (ou représentationnel) ; voir *L'art et ses objets*, Paris, Aubier, 1994, Appendice V (p. 193) et L. Blanc-Benon, *La question du réalisme en art*, Paris, Vrin, 2009, p. 153-162. Les considérations perceptuelles ne jouant pas de rôle dans l'approche de Goodman, cette notion n'est guère prise en compte.

vend des livres « parlés » et on écoute des lectures d'écrivains) alors qu'une solution directement transposée de la musique où les énonciations seraient les concordants des inscriptions (ou – si l'on tient à valoriser le rôle de l'écriture – les inscriptions les concordants des énonciations) aurait l'inconvénient de s'empêtrer dans deux ensembles dissemblables de concordants de niveau différent. Mettre à égalité le vocal et le scriptural n'annule pas toute différence mais il la rend aussi inoffensive que celle qu'on trouve entre diverses fontes typographiques ou entre des timbres de voix. La procédure présuppose toutefois, comme le note Jean-Marie Schaeffer, l'existence d'un « texte identifiable par transmission transitive »[1] ; elle n'est donc applicable qu'aux cas d'oralité seconde (diverses lectures d'une même version imprimée) et convient en revanche très imparfaitement aux cas d'oralité primaire, comme les chansons de geste médiévales qui sont d'emblée plurielles ou *a fortiori* les œuvres à variation libre, sans cesse remaniées et réinventées par la récitation[2].

Les implications de la notion de concordance sont immenses pour à peu près tout domaine de l'art et on peut penser qu'il reste bien des aspects à explorer. Les pages qui précèdent ne visent pas à fournir l'ébauche d'une vision synthétique ; elles attirent l'attention, à travers des exemples simples, sur la multitude de questions que doit prendre en compte une théorie symbolique qui se veut générale et des obstacles qui l'attendent. Goodman a ouvert une perspective à la fois large et schématique ; elle ne sera pleinement validée que si elle prend en compte l'interpénétration du sémiotique et du culturel dans l'expérience de l'art, et sans laisser de côté le niveau cognitif[3].

les fictions dans la réalité

L'autre enjeu majeur relatif à la fonction dénotative consiste à relever adéquatement le défi que lancent les êtres imaginaires et les situations non littérales.

S'il est un domaine où les fictions abondent, c'est bien celui de l'art, des personnages plausibles du roman réaliste aux fantasmagories les plus

1. « "Nelson Goodman en poéticien" : trois esquisses », *Cahiers du MNAM*, n°41, en particulier p. 85-89.

2. La distinction proposée par G. Genette entre objets multiples et objets pluriels prend ici toute son importance (*L'Œuvre de l'art*, t. 1, chap. 11, Paris, Seuil, 1994).

3. Pour une relecture à rebours de Goodman, voir la postface.

débridées. Si elles importent à une réflexion sur la référence, c'est qu'elles l'enferment en apparence dans une sorte d'impasse : comment dire en effet du même symbole qu'il ne dénote rien (avec la conséquence déplaisante que toutes les fictions seraient coextensives puisque leurs expressions sont substituables *salva veritate*) et qu'il représente quelque chose de parfaitement individualisé (personne ne confond par exemple Don Juan et Don Quichotte !) [1]. De ce point de vue, ce n'est pas leur inexistence objective qui est en cause – car un personnage inventé peut avoir autant de densité et de présence qu'un être réel – mais la manière dont ils participent à la réalité et y tiennent un rôle significatif. Le couple réel / irréel est bien trop sommaire pour opérer la distinction entre fiction et non-fiction (MOM 125-6) [2]. La solution exposée dans *LA* I, 5 puise directement dans l'arsenal conceptuel issu des recherches menées par Goodman au tournant des années 50, en particulier l'article intitulé « On Likeness of Meaning » [PP V, 2] dont l'objet semble de prime abord être assez éloigné.

Au point de départ, il y a une question tout à fait classique en théorie de la signification, celle de la valeur ou de la portée de l'identité extensionnelle comme critère de synonymie entre termes (ainsi « célibataire » et « non marié » ou « créature ayant un cœur » et « créature ayant un rein »). Une fois écartées les conceptions intensionalistes dans leurs multiples versions inspirées du réalisme ontologique, des objets mentaux, de la modalisation, etc., on ne peut que reconnaître que, si le fait de posséder la même extension est une condition à coup sûr nécessaire pour assurer que deux termes sont synonymes, elle n'est aucunement suffisante. Des termes fictionnels comme « centaure » et « licorne » sont en effet coextensifs par définition puisque leur extension est identiquement nulle alors qu'il est difficile de prétendre qu'ils désignent la même chose.

Le pari de Goodman est de rendre compte intégralement de la différence de signification sans recourir à autre chose que les termes et leurs extensions. Pour cela, il propose de distinguer entre l'extension primaire d'un prédicat et ses extensions secondaires formées à partir de termes additionnels parallèles (comme description-de-X ou image-de-X). Ainsi, bien que

1. Voir LA 48 et MM VI, 5 en particulier p. 147-148.

2. Un résumé très condensé des idées de Goodman sur le sujet est « Fiction for Five Fingers » (MOM IV, 3). Mais dès FFF 51, il montrait que lorsqu'on croit parler d'une nouvelle entité non réelle et fictive (ainsi un instant-point en tant que somme méréologique d'un instant et d'un point non coprésents), le plus souvent on énonce simplement quelque chose de nouveau à propos de la vieille entité réelle, ne serait-ce qu'en lui appliquant un nouveau prédicat ou en la réidentifiant.

« centaure » et « licorne » aient la même extension primaire (en l'occurrence nulle), « description-de-centaure » et « description-de-licorne » ne sont pas des extensions secondaires identiques, ce qui supprime la synonymie. De plus, « triangulaire » et « trilatéral » diffèrent en signification parce que « triangle qui n'est pas trilatère » est une description-de-triangle et non une description-de-figure-trilatère (PP 228, LA 88), en dépit de l'impossibilité de concevoir un triangle qui ne possède pas trois côtés [1].

Cette proposition doit néanmoins affronter deux sortes de critiques : d'une part, l'adoption d'un critère tellement restrictif qu'il équivaut en pratique à éliminer l'idée même de synonymie risque d'avoir des conséquences fâcheuses sur l'avenir de la sémantique [2], d'autre part, le fait qu'il existe une infinité de formules qu'on peut construire à partir de n'importe quel terme rendrait le maniement d'un tel langage impossible [3]. Dans ce qui suit, ne seront pris en compte que des composés de la forme « image-de- » qui minimisent l'inconvénient imputable au manque de structure du prédicat et qui renforcent par ailleurs l'option du physicalisme esthétique.

Soit le théorème *37.2* des *Principia Mathematica* : si tous les α sont des β, alors toute chose qui entretient la relation R avec un α est une chose qui entretient la relation R avec un β, pourvu seulement qu'on l'applique à des êtres physiques, à l'exclusion des pensées, sentiments ou autres états mentaux. Le problème est que tous les êtres d'extension nulle devraient alors se confondre. Est-ce à dire que les dragons, sphinx ou autres chimères qui peuplent les mythologies et les bestiaires médiévaux apportent un démenti ou un contre-exemple destructeur à ce théorème pourtant fortement corroboré ? Rejeter le théorème serait sans aucun doute une solution

1. Entre parenthèses, le problème de Frege reçoit une solution immédiate et élégante : si l'Étoile du matin et l'Étoile du soir diffèrent en signification bien que dénotant toutes deux la planète Vénus, c'est (par exemple) qu'il existe des images-de l'Étoile du matin qui ne sont pas des images-de l'Étoile du soir (PP 227).

2. Une « reconception » ingénieuse et puissante, à base de contextes citationnels, et qui présente l'avantage d'établir une échelle de degrés de ressemblance pour la signification (dénotation, quasi-dénotation, et auto-dénotation) a été proposée par Wolfgang Heydrich lors du colloque de Bielefeld de mars 91, voir « A Reconception of Meaning », *in* O. Scholtz (ed.), *Probing into Reconceptions*, Synthese, 95 n°1, 1993.

3. À propos de la conception apparentée du discours indirect proposée par Scheffler, Davidson objecte que (pour la même raison) « des langages qui n'ont pas plus de structure que ceux de Scheffler ne sont pas susceptibles, à mon sens, d'être appris », *Enquêtes sur la vérité et l'interprétation*, trad. fr. P. Engel, Nîmes, Éditions J. Chambon, 1993, p. 36.

désespérée et contester qu'une image ou une inscription puisse être traitée comme un être physique relève d'une défense sophistique. Reste à réinterpréter les données de manière telle que l'expression « image de » ne définit plus une véritable relation comme « partie de » ou « père de », ce qui a pour effet de bloquer le mécanisme de la généralisation existentielle (ce n'est pas parce qu'on voit un dessin de dragon ou qu'on entend le récit de Fafner défendant l'or du Rhin qu'il est légitime d'inférer qu'il existe des dragons). « Image de – » fonctionne en réalité comme un prédicat *singulaire* dans lequel il est impossible d'isoler le contenu du mode de présentation. Goodman propose de spécifier les cas de cette sorte au moyen d'un trait d'union : une image-de-X ou même une image-X pour souligner son caractère indécomposable [1]. Qu'il s'agisse ici d'images au sens ordinaire – ainsi le dessin d'une licorne dans la Tapisserie du même nom – et non différenciables physiquement de leurs homologues représentationnelles, ne doit pas masquer qu'on a affaire à des entités dont le statut est fondamentalement différent.

Faut-il aller jusqu'à soutenir que de tels prédicats sont insécables (LA 48) ? [2] Il arrive à Goodman de s'exprimer comme si c'était le cas, au point de considérer que, dans l'expression « image-de-Pickwick », ce dernier terme ne peut pas davantage être traité à part qu'aucune de ses lettres ou syllabes. Le contraste est alors total entre deux modes de fonctionnement :

> En disant « "Le Maine prospère" est au sujet du Maine », on applique un prédicat sémantique à deux places pour relier un énoncé à un objet ; mais en disant « "Pickwick tomba" est au sujet de Pickwick », on applique un prédicat syntaxique à une place à un énoncé (PP 266).

C. Elgin conteste néanmoins l'appellation de syntaxique au sens propre (RR 45) puisque l'extension d'un tel prédicat n'est pas l'ensemble des descriptions dans lesquelles figurent des répliques de « Pickwick » et qu'elle en admet en revanche d'autres qui n'en contiennent pas (par exemple « le héros éponyme du premier grand roman de Dickens » ou « le président d'un club d'originaux » [3]).

1. LA I note 19. Selon la formulation très ramassée de R. Pouivet, « toute image exemplifiant l'étiquette "dépiction-de-tigre" est une étiquette-tigre », *Esthétique et logique*, Liège, Mardaga, 1996, p. 109.

2. Tout lecteur attentif aura corrigé de lui-même la coquille de l'édition française (LA 48) : on ne saurait exiger d'un prédicat in*di*visible qu'il soit en plus invisible !

3. « Puisque nous ne pouvons déterminer l'extension des remplacements pour "description-de-P" sur des bases purement syntaxiques, le problème de l'ambiguïté surgit. Un remplacement est ambigu si

Suite à une critique de Rolf Eberle, Goodman est revenu sur ce point. La vraie difficulté, précise-t-il, consiste moins à comprendre qu'on puisse diviser un prédicat à une place (MOM 77) qu'à repérer le bon schéma de division. Il convient de ne pas confondre le détachement (*splitting off*) qui seul préserve la valeur sémantique des composés avec un simple fractionnement (*splitting into*). Goodman avoue (MOM 79) avoir évolué en la matière et ne plus considérer que l'emploi d'un syntagme quelconque (comme « déter » présent dans les mots « déterminer » et « détergent ») soit à mettre sur le même plan que l'usage d'un modificateur qui restreint l'extension du prédicat détaché, ainsi « image d'une licorne » relativement à « image de (a) ». La situation d'un prédicat monadique comme « image-de-Pickwick » peut être repéré par le diagramme suivant (MOM 79) :

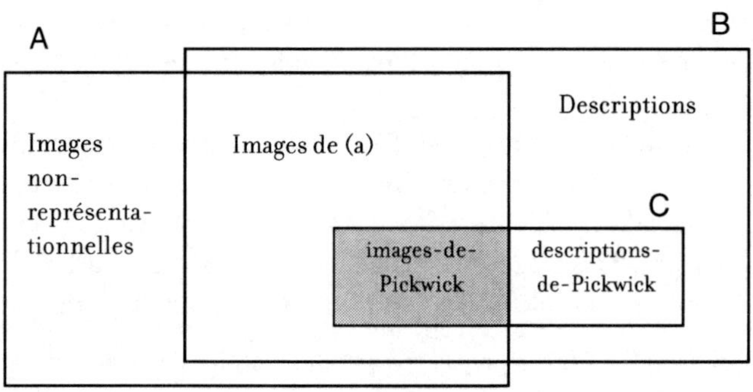

A = images
B = de (a)
C = de Pickwick
$A \cap \bar{B}$ désigne les images non représentationnelles (par exemple les peintures abstraites).
$\bar{A} \cap B$ désigne les descriptions, c'est-à-dire toutes les formes représentationnelles non iconiques.
$A \cap B$ désigne les images de (a) conformes au schéma d'image admettant un modificateur qui en limite l'extension.
Enfin la partie grisée $A \cap C$ (ou de manière équivalente $A \cap B \cap C$ puisque C est inclus dans B) comprend les seules images-de-Pickwick.

diverses répliques diffèrent en extension. Il n'existe pas de test décisif pour l'ambiguïté en contexte fictionnel » (RR 46).

L'indivisibilité n'appartient pas davantage à une nature intrinsèque du prédicat ou de l'image que la simplicité n'est un réquisit obligatoire pour un individu. Tout ce qui est exigé est un contexte d'emploi dans lequel le prédicat n'est pas dissocié. Or, c'est par excellence ce qui se passe quand on ne demande plus à quoi il s'applique mais dans quelle catégorie il se range ou encore quelle étiquette s'applique à lui (LA 48 et 56). Un prédicat monadique opère sur des éléments symbolisés à la manière dont n'importe quel prédicat ordinaire opère sur des ensembles d'objets. Tous deux assurent une *classification*, rapprochant ou redistribuant diverses espèces. « (Être) une table, une chaise », etc., organise l'univers mobilier en fonction de critères plus ou moins stricts, étant donné les variantes et la polyvalence de nombreux meubles. De façon comparable, les images-de-Pickwick rassemblent en une classe unique aux contours légèrement imprécis les interprétations graphiques qu'on a données de ce personnage ou auxquelles il a servi de point de départ. Aucune de ces espèces n'est naturelle au sens où la classification ne sanctionne pas un découpage inscrit par avance dans la réalité mais elle reproduit le plus souvent des habitudes collectives, sociales ou esthétiques, et parfois elle les infléchit ou les bouscule.

La notion de réalisme se révèle elle-même aussi « multiple et évanescente » que celle de réalité, et l'existence des fictions en complique l'interprétation. Dans le cas des images dénotatives, le sens du réalisme oscille entre la familiarité à l'égard d'un style représentationnel et la révélation que provoque un rendu jugé plus suggestif[1]; il en découle que n'importe quel style tend à être accepté comme réaliste par accoutumance et à être supplanté lorsqu'il est jugé académique[2]. Le cas de la fiction est complexe : qu'elle soit « réaliste » dépend davantage de l'art de raconter que de ce qu'elle raconte, par contraste avec la correction, mais avant tout

1. LA 62-63. Cet aspect est particulièrement souligné dans l'article de D. Lopes, « Le réalisme iconique », trad. fr. dans *Esthétique contemporaine*, Paris, Vrin, 2005. W. J. T. Mitchell voit dans l'usage d'un « modèle binaire de changement structural » la base pour l'acceptation d'un conventionnalisme passe-partout et pour la fuite en avant dans un irréalisme iconoclaste. Loin d'être un simple fait d'accoutumance, le réalisme est pour lui une stratégie culturellement implantée dans laquelle un mode de représentation est lesté par un système de croyances. Il met en jeu une certaine forme d'assertion, l'équivalent d'un : voilà comment quelque chose se présente (« Realism, Irrealism, and Ideology : A Critique of Nelson Goodman », *The Journal of Aesthetic Education*, 1991, n°1, p. 25 *sq.*).

2. En soutenant dans son « Æsthetica in nuce » (*Juan Gris*, Paris, Folio-Gallimard, 1991) que la peinture est une écriture qui sert de reflet au monde réel, Kahnweiler s'orientait vers le même genre de conclusion mais entre autres Gombrich objecte que les tableaux cubistes restent un siècle plus tard hermétiques aux yeux d'une majorité de spectateurs.

de sa catégorisation en tant qu'objet textuel (ce qui dénote l'image ou le récit plutôt que ce qu'il dénote ou évoque). Un conte de fées n'est pas en ce sens une histoire au sujet de fées, puisque ces êtres ont la propriété de ne pas exister, mais une catégorie littéraire qui rassemble certaines descriptions-d'objets-fictifs. C'est un fait pourtant qu'une œuvre qui ne décrit rien d'existant peut donner un fort sentiment de réalité – il suffit de comparer *Le père Goriot* avec *Séraphîta*[1]. Le propre d'un roman réaliste est de décrire une situation plausible, quand bien même le héros ou les épisodes en sont inventés (il peut aussi y avoir coexistence de personnages historiques et fictifs, comme dans les romans de Dumas) alors qu'inversement une image-d'objet-fictif est en mesure de dénoter, et même de façon transparente, quelqu'un de réel (c'est le cas de certaines caricatures et de maint conte philosophique). Bref « une histoire fictionnelle est réaliste en un troisième sens, dans la mesure où il s'agit d'une histoire-d'objet-réel même si elle n'est pas une histoire qui porte sur des objets réels » (MOM 129).

Cette classification reste schématique si on ne la prolonge pas à un double point de vue. En premier lieu, on doit à Israël Scheffler[2] la notion fondamentale de *mention-sélective* qui permet d'enjamber pour ainsi dire l'hétérogénéité des noms et des images en se plaçant à la charnière des deux symbolismes et qui équivaut donc à une quasi-dénotation. Il remarque qu'un terme ne s'applique pas seulement à ce qu'il dénote mais également à ce qu'il mentionne et en particulier aux représentations parallèles de ce terme. Le mot « cheval » dénote l'animal ainsi nommé en français (mammifère équidé, etc.) et est un moyen d'identifier des images de cheval (en particulier de les légender) et réciproquement l'observation d'un portrait équestre ou d'une arrivée de tiercé permet à celui qui ne connaît pas le mot de comprendre de quel animal on parle. Tout apprentissage utilise massivement ces procédés, à plus forte raison dans le cas de fictions où les ressources de la définition ostensive sont plus réduites. « Licorne » ne dénote rien mais délimite explicitement une catégorie d'êtres et réfère par mention sélective à une classe de représentations dont l'art du Moyen

1. Si le style de Balzac tend à rester en parallèle avec le contenu, des discordances peuvent apparaître dans les deux sens : une épopée peuplée d'êtres monstrueux mais pétrie de philologie à la Tolkien, ou une vision échevelée du quotidien le plus prosaïque chez Céline.

2. *Beyond the Letter, (A Philosophical Inquiry into Ambiguity, Vagueness and Metaphor in Language)*, Londres, Routledge 1979, en particulier p. 31 *sq*.

Âge n'est pas avare et qu'il n'est pas en ma liberté de concevoir selon ma fantaisie. Loin d'encourager une fuite en avant dans l'imaginaire, le terme autorise une inférence en retour de la fiction sur les faits, via l'interaction dynamique des extensions secondaires et de l'extension primaire et la rétroaction du métaphorique sur le littéral[1].

C'est pourquoi l'ensemble des recherches précédentes trouve un point de convergence dans l'analyse que propose Goodman de la « représentation-en » qui achève sa construction de la structure de l'image et lève une ambiguïté qui passe souvent inaperçue dans les contextes courants. L'idée de base est que de nombreuses représentations non fictionnelles fonctionnent en réalité sur le même mode qu'elles, en tant qu'éléments de classification. Ceci ne concerne évidemment pas l'usage trivial de « en » lorsqu'il ajoute une simple précision supplémentaire, souvent une indication circonstancielle, facilitant l'identification de ce qui est montré ; par exemple une photographie d'un étudiant en toge et bonnet carré peut servir à dater le cliché de l'époque de l'obtention de son diplôme. Mais dans d'autres cas, « en » modifie le sens de la représentation, comme dans la charge ou le dessin satirique qui procède par télescopage entre l'identité réelle du personnage et une identité fictive dérivée le plus souvent d'une exagération grotesque d'un trait de sa physionomie ou de son caractère ; l'efficacité de la représentation exige à la fois la convenance des deux aspects et la conscience qu'ils restent distincts. Figurer Churchill *en* bouledogue, c'est mettre l'accent sur l'allure lourde et la propension à bougonner qui rapproche le vieil homme politique de l'animal qui lui prête ses traits[2]. D'autres situations sont moins explicites : *La ferme des animaux* d'Orwell est une fable politique dont tous les personnages sont des animaux ordinaires mais dont chacun endosse pour ainsi dire par procuration une personnalité humaine qui reflète un type de comportement social (le dictateur en cochon, etc.). Aucune de ces frontières n'est stable ou étanche, sauf à disposer d'un cadre idéologique contraignant[3]. Par contraste avec les

1. C. Elgin, « Les fonctions de la fiction », *Cahiers du MNAM*, n° 41, en particulier l'exemple du cow-boy et du berger, tous deux gardiens de troupeaux mais dont les connotations culturelles sont radicalement opposées.

2. L'amusant et profond album de Mulatier, Ricord et Morchoisne, *Ces animaux qui nous gouvernent*, fait un usage inventif et profond de la physiognomonie, sous forme d'insinuation zoomorphique qui ne perd jamais contact avec la personnalité supposée de l'homme politique caricaturé.

3. Ce fut peut-être le cas au XVIIe siècle en ce qui concerne la représentation politique qui a fait l'objet de nombreuses études, entre autres : L. Marin, *Le Portrait du roi*, Paris, Minuit, 1981, et J.-M. Apostolidès,

portraits royaux de Louis XIV par Rigaud, une photographie de F. Mitterrand n'introduit aucun hiatus entre la photographie d'un homme extraite de son album de famille et l'image officielle du président en exercice qui figurait dans chaque mairie[1]. Aux yeux d'une majorité de spectateurs, le *Portrait de Gertrude Stein* par Picasso n'est pas une image-de-femme, quand bien même l'on est certain qu'elle fait référence à une personne qui a existé, et en l'absence d'information, je suis dans l'impossibilité de décider si tel *Portrait d'homme* du XVIIIe siècle resté anonyme dénote effectivement quelqu'un en particulier. Avec *L'Homme à la pipe* de Picasso (1915) ou *Le Portugais* de Braque (1913), les deux perplexités s'additionnent. « Le portrait d'une jeune fille imaginaire ne "représente" une jeune fille en particulier qu'en représentant l'apparence d'une jeune fille en général » remarque F. Clémentz[2]. Dans la terminologie de Goodman, l'image en question ne représente une jeune fille que si elle est une image-de-jeune-fille plutôt que, par exemple, une image-de-rhinocéros (sauf peut-être dans une illustration destinée à la pièce de Ionesco). Mais Goodman prend soin de ne pas laisser interpréter une formule du genre : *p* représente ceci en telle chose si et seulement si *p* est une image-de-telle-chose et que *p* dénote ceci (PP 123) comme autorisant la décomposition de la représentation en composantes élémentaires, ce qui ne manquerait pas de réintroduire sournoisement un critère mimétique. La seule formule raisonnable serait de dire que « si *p* est une image-de-telle-chose et que *p représente* ceci, alors *p* représente telle chose en ceci » (PP 123)[3], laquelle n'apprend justement rien sur la notion de représentation. S'ajoutent les complications habituelles relatives à la substituabilité du représenté[4]. Goodman répond par ailleurs à R. Wollheim qu'« il y a une différence entre être une image-de-lion représentant Churchill et être une image-de-Churchill-en-lion, que cette dernière représente ou non Churchill » (PP 123-4). La première est une image ordinaire d'un lion soulignant l'affinité entre la personnalité

Le Roi-machine et *Le Prince sacrifié*, Paris, Minuit, resp. 1981 et 1985, sur les rapports entre spectacle, théâtre et politique.

1. Un champ d'étude très instructif est celui de l'iconographie officielle (bustes de Marianne, vignettes de timbres-poste, effigies de billets ou de pièces de monnaie, etc.).

2. Art. cit., p. 60.

3. « En règle générale, un objet *k* est représenté en telle-chose par une image *i* si et seulement si *i* est ou contient une image qui, en totalité, dénote *k* et est en même temps une image-de-telle-chose » (LA 54).

4. Si cela est identique à ceci, *p* représentera et dénotera cela mais non nécessairement en cela (LA 55), pas plus que l'identité entre Cicéron et Marcus Tullius permet de conclure que toute affirmation relative à l'orateur s'applique à l'époux de Terentia.

politique de Churchill et le roi des animaux; la seconde est soit une image-d'homme à tête léonine, soit une image-de-lion à face de Churchill. Dans de nombreux contextes, il y aura équivalence mais il s'agit d'un trait *circonstanciel* et contingent plutôt que d'une condition de détermination de la sorte d'image qu'elle est[1].

À l'inverse des fictions, seules les représentations-en cumulent les fonctions dénotative et classificatoire (LA 53). L'explication est qu'il n'y a pas coïncidence entre la représentation dyadique où l'image vise une réalité qui lui est externe et la dénotation qui indique simplement que son domaine d'extension n'est pas nul. Il arrive parfois que le même vocabulaire dissimule deux interprétations non équivalentes, et potentiellement conflictuelles. Goodman en donne un exemple saisissant : selon le contexte, l'image d'un cheval noir est interprétable soit couramment comme une image-de-cheval dénotant une chose noire (je reconnais un cheval dont je vois qu'il est noir), soit comme une image-de-chose noire dénotant un cheval (lorsqu'il se réduit à une petite tache noire difficile à identifier dans le lointain et dont on a des raisons de penser qu'il s'agit d'un cheval)[2] (LA 54-55) mais ce serait tout autant le cas dans un tableau qui modifie, voire désarticule son apparence[3].

référence vide → ← référence effective

<table>
<tr><td>Dénotation nulle</td><td colspan="2">Dénotation</td></tr>
<tr><td colspan="2">Classification
Représentation fictive   Représentation-en</td><td>Représentation</td></tr>
</table>

prédicat monadique → ←prédicat dyadique

1. Un cas paradoxal pourrait être celui d'un négatif photographique sur lequel un cheval noir est « représenté » *par* une tache blanche mais qui n'est ni une image-de-tache-blanche (puisque le négatif n'est pas la photographie), ni une image-de-cheval-*en*-tache-blanche (ou noire).

2. Ainsi l'anecdote sur Courbet rapportée et commentée par G. Genette, *L'Œuvre de l'art*, t. 2 *La relation esthétique*, Paris, Seuil, 1997, p. 13-14.

3. On peut penser aux chevaux rouges ou bleus de F. Marc, aux motifs stylisés du Kandinsky de la période lyrique et en premier lieu aux « décompositions » cubistes.

Rien n'empêche de redoubler l'opération de représenter-en sur des entités fictives, ce qui a pour résultat de distinguer les fictions simples des images-de-fictions qui fonctionnent pour ainsi dire au second degré (par exemple une image-de-Pickwick-en-Don-Quichotte, LA 55). Si le modificateur est un être réel, leur statut ne s'en trouve pas fondamentalement modifié : une image-de-Pickwick-en-Napoléon ne devient pas pour autant dénotative, mais elle ne manquerait pas d'affecter en retour, si peu que ce soit, la perception qu'on se fait de l'empereur.

chapitre 3
la nébuleuse exemplificationnelle

> Ce qui serait vraiment surprenant, c'est que le son *ne pût pas* suggérer la couleur, que les couleurs *ne pussent pas* donner l'idée d'une mélodie, et que le son et la couleur fussent impropres à traduire des idées (...)
> Baudelaire, Richard Wagner et « Tannhäuser » [1].

Si la dénotation s'inscrit d'avance dans une réflexion techniquement codifiée, l'expression semble au contraire le lieu d'élection d'un discours vague ou inspiré, qui doit davantage à la rhétorique de la critique d'art qu'à l'examen scrupuleux des mécanismes de la symbolisation. Souvent, elle a été perçue comme la clé du pouvoir symbolique de l'œuvre s'imposant au spectateur [2], ou comme refuge de l'allusif qui résiste à l'affirmation claire mais d'autant plus efficace, révélant le plus profond, le plus idiomatique. Ainsi Berenson défend, contre « l'état d'esprit archéologique », le point de vue des valeurs, en particulier les valeurs tactiles, « ce rayonnement qui vient du dedans et auquel atteint le contour linéaire lorsqu'il arrive à se

1. Baudelaire, *Œuvres complètes*, « Bibliothèque de la Pléiade », éd. Y. Le Dantec, rév. 1954, Paris, Gallimard, p. 1213.
2. Un bon exemple est le chapitre X, « Expression », de R. Arnheim, *Art and Visual Perception*, Berkeley, Univ. of California Press, 1957, en particulier les développements qu'il consacre à Michel-Ange (la coupole de St-Pierre et « La création d'Adam »).

réaliser complètement »[1]. L'art serait alors le monde des « sensations imaginaires » qui « n'existent que dans notre esprit, et dérivent de la possibilité qu'a l'objet de nous faire saisir sa propre entité et de nous faire vivre de sa vie »[2].

En réaction contre ces aspirations empathiques (LA 128 note 13), Bouwsma s'est efforcé de ramener l'expression sur le terrain de l'analyse linguistique, en faisant apparaître ce qu'il y a de complexité cachée dans une formule en apparence aussi anodine que « cette musique est triste »[3]. G. Sircello qui se réclame au contraire d'un horizon romantique et néo-platonicien a dénoncé sous l'appellation de « Position canonique »[4] l'approche commune à Bouwsma, Beardsley et Hospers qui, trop peu soucieuse de la différence entre œuvres d'art et objets naturels, se révèlerait inapte à donner un véritable contenu aux propriétés qu'elle dit « anthropomorphes ». Posé en ces termes, le débat sur l'expression risque de tourner très vite au dialogue de sourds et à l'invective réciproque[5].

En réalité, Bouwsma ne discute qu'une version restreinte de la thèse de l'expression, en gros celle qui consiste à se demander ce qu'appliquer des prédicats psychologiques à des êtres inanimés peut vouloir dire (*cf.* LA II, 1). Le pas décisif franchi par Goodman est la construction d'une théorie de l'*exemplification* dont l'expression n'est qu'une ramification particulière. Par ce biais, il introduit un premier quadrillage dans la nébuleuse floue de l'expression. Le gain qui en résulte est que des questions qui paraissaient d'intérêt local trouvent une contrepartie dans des secteurs parfois éloignés et l'absence de correspondant est d'ailleurs aussi instructive que l'inverse. L'exemplification n'a pas de domaine exclusif, elle intervient à des degrés variables dans à peu près toute forme d'activité ou de connaissance, bien qu'elle ait plus spécifiquement contribué à renouveler en profondeur

1. B. Berenson, *Esthétique et histoire des arts visuels*, Paris, Albin Michel, 1953, p. 80.

2. *Ibid.*, p. 83. Voir également Y. Bonnefoy, *L'Arrière-pays* (chap. 5 sur « le sentiment inconnu »), Genève, Skira, 1972, rééd. Paris, Gallimard, 2003.

3. « The Expression Theory of Art », publication originale dans le recueil *Philosophical Analysis*, M. Black (ed.), Ithaca, Cornell U. P., 1950; repris dans les anthologies *Aesthetics and Language* et *Aesthetics To-day*.

4. *Mind and Art, An Essay on the Varieties of Expression*, Princeton U. P., 1972, chap. 1, en particulier p. 16-18.

5. L'éditeur de *Aesthetics To-day*, Morris Philipson, fait lui-même preuve de peu de modération en n'hésitant pas à écrire que l'école de l'analyse linguistique est à la philosophie ce que le behaviorisme est à la psychologie et à mettre en parallèle l'article de Bouwsma avec les statistiques sexuelles de Kinsey! Ou encore qu'« il serait difficile de voir à partir de son essai s'il se réfère à quelque théorie de l'émotion plus subtile que celle de René Descartes » (Cleveland, Meridian Books, 1961, p. 143).

l'approche de questions comme le style[1], l'art non figuratif ou la modélisation. Nous en avons déjà rencontré incidemment une forme qui est rarement reconnue comme telle, la représentation-en et la représentation fictive (LA 296).

à partir de l'échantillon

Tout le monde sait ce qu'est un exemple et quelle sorte de bénéfice pédagogique on en peut retirer. Mais ce n'est là qu'un emploi particulier qui n'épuise pas l'ensemble des usages possibles et qui ne doit pas masquer l'extrême hétérogénéité des contextes ni laisser croire que la logique de l'exemplification se borne à savoir illustrer ou qu'elle s'expose d'elle-même avec transparence.

Avant tout, il faut reconnaître à l'exemplification sa pleine teneur symbolique et pour cela se garder de la confondre avec la simple instantiation. Instantier, c'est être porteur d'une propriété ou d'un trait quelconque, que celui-ci soit ou non exhibé, qu'il soit banal ou remarquable. N'importe quoi instantie en permanence une infinité de choses, autant qu'il y a en fait de façons de le qualifier, par le biais de sa forme, de sa matière, de ses fonctions, etc., en un mot, tout ce qui lui appartient à titre essentiel ou accidentel. Mais – Goodman ne cesse d'y insister (LA 86, MM 55, et ailleurs) – la possession n'a, en tant que telle, aucune portée référentielle. Un livre à la couverture rouge n'est pas, dans des circonstances ordinaires, un échantillon de rouge, il est plutôt un exemplaire de l'espèce « livre » et du titre concerné ; tout au plus la singularisation de ce trait intervient-elle à titre d'indice de son appartenance à une collection déterminée[2].

Ce qui nous induit souvent en erreur est que l'échantillon possède un usage utilitaire qui en fait le produit d'une stipulation pragmatique au service d'objectifs mercantiles. Une analyse psychosociologique préparatoire a déjà opéré la présélection des traits pertinents puisqu'il est à l'évidence sans intérêt qu'un échantillon exemplifie la totalité de ses propriétés, ce qui le

1. Comme on sait, le phénomène est malaisé à aborder en termes de théorie linguistique : voir G. G. Granger, *Essai d'une philosophie du style* (1968), rééd. O. Jacob 1988, chap. VII. En dehors de l'article de Goodman (MM chap. II), on peut consulter Genette, « Style et signification », dans *Fiction et diction*, Paris, Seuil, 1991.

2. Par exemple, lorsque la couleur de la couverture est une caractéristique essentielle de la collection, comme c'est le cas pour « Quadrige » aux P.U.F. (ancienne présentation) ou « Les cahiers rouges » chez Grasset.

rendrait alors « échantillon de rien que de lui-même » (MM 97). Il serait sans doute instructif de connaître l'origine de la forme rectangulaire avec des bords dentelés d'un échantillon de tissu chez un tailleur, mais celle-ci ne joue apparemment aucun rôle dans l'appréciation correcte du tissu ; en revanche l'orientation du motif par rapport au fragment considéré est un facteur de première importance. Dans l'exemple ci-dessous (MM 185, figure 5).

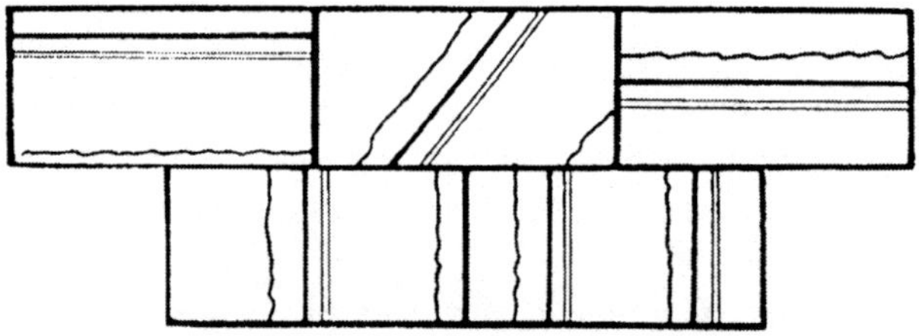

seul le dernier des cinq cas envisagés est une image correcte du tissu exemplifié, alors que tous proviennent d'un unique coupon d'étoffe. Une autre difficulté bien connue est celui de la représentativité de l'échantillon, particulièrement problématique lorsqu'il s'agit d'un ensemble complexe ou disparate composé de parties de diverses natures. Lorsque je regarde une vitrine de cinéma, comment être assuré que le choix qui est fait des photographies est conforme à l'esprit du film que je souhaite voir et non pas le résultat de motivations plus douteuses à l'adresse de telle ou telle catégorie de spectateurs ? L'usage légitime d'un échantillon n'est pas dissociable d'un ensemble de règles techniques et de traditions collectives en dehors duquel il devient indéterminé voire déviant. Elles seules nous garantissent contre les mésaventures dont est victime Mary Tricias à qui on livre une pièce d'étoffe destinée à son canapé soigneusement déchiquetée à la taille et semblance exacte des échantillons du catalogue, et un énorme gâteau au chocolat pour les cinquante invités de sa party (MM 95-96 !

Devant une œuvre d'art, on ne dispose pas d'une codification aussi serrée[1]. Certes, des conventions diverses accompagnent tout genre artistique et la

1. C'est probablement une des motivations profondes des artistes minimalistes en faveur de formes simples créant des « sensations de gestalt » (R. Morris, « Notes on Sculpture » I, *Artforum*, vol. n°6, 1966). Voir par ailleurs les remarques de J.-M. Schaeffer dans *Les Célibataires de l'art*, Paris, Gallimard, 1996, chap. IV, 4 et en particulier p. 317-318. L'interprétation du verre en papier comme déconstruction ironique de la fonction mimétique est néanmoins assez discutable ; Steinberg est plus convaincant lorsqu'il voit dans certains papiers collés (*Bouteille de soda, Journal, Verre et Violon*, Daix 528 du Moderna Museet de Stockholm) un véritable répertoire des modes iconiques de signification du papier dans un

familiarité avec le contexte iconologique et culturel joue un rôle prépondérant mais l'impact du discours critique fait autant ressortir l'appartenance de l'œuvre à une tradition que son invincible originalité [1]. Il est néanmoins exceptionnel qu'il impose des contraintes à ce niveau, pour la simple raison que la part proprement exemplificationnelle a été longtemps réduite dans la majorité des œuvres, voire écartée comme contingente ou parasite [2]. L'usage *brut* de l'exemplification en tant que dimension référentielle dominante dans un symbole ne se rencontre que dans des formes d'art récentes, quoique la frontière avec les apports métaphoriques soit en pratique presque impossible à tracer avec précision.

Certains cas semblent en apparence dénués de toute ambiguïté, par exemple une toile de Burri faite à partir de fragments lacérés de toile de sac et d'aplats violemment colorés, ou encore une *Texturologie* de Dubuffet. Chacun à leur manière, l'*Arte povera* et les « nouveaux réalistes » tournent le dos à l'illusionnisme esthétique et exploitent la force d'irruption du matériau brut ou l'accumulation de l'objet industriel [3]. Mais un *dripping* de Pollock exemplifie-t-il par voie formelle ou gestuelle ? Et où faire passer la limite qui circonscrit le « formel » (MM 94) ? Dans une œuvre abstraite, la présence d'un titre (de préférence à un numéro d'ordre ou une date) – poétique chez Fautrier, grandiloquent chez Mathieu, littéral chez Rothko (*Yellow, Blue on Orange*, 1955), avec plus rarement une connotation cosmique (*Light, Earth and Blue*, 1954) – infléchit déjà la perspective. Un symptôme paradoxal réside d'ailleurs dans la distorsion entre la factualité de ce qu'elle montre et la revendication de ce qu'elle véhicule en un sens plus indirect. Ainsi Kandinsky s'est-il réclamé d'un « tournant spirituel » et refuse de séparer l'action de la forme et de la couleur d'un « Principe de la

collage (L. Zelevansky (ed.), *Picasso and Braque. A Symposium*, New York, Museum of Modern Art, 1992, p. 258-259).

1. Stéphanie Ross a ainsi suggéré de suppléer l'analyse goodmanienne par le recours au « monde de l'art » au sens de Danto ou Dickie (« On Goodman's Query ») ; à l'égard des œuvres les plus classiques, on a pu soutenir qu'un excès d'érudition dépossède le sens de l'expérience perceptive, ainsi l'iconologie s'apparenterait-elle à un discours à l'usage des aveugles (Otto Pächt).

2. Ceci fausse quelque peu la discussion que fait Dickie de « cinq objets dantoesques » (des rectangles uniformes, chacun de 2 pieds sur 1 et d'un bleu splendide : trois peintures, un échantillon de moquette et une ouverture dans le mur qui donne sur le ciel bleu) dans « Evaluating Art », *British Journal of Aesthetics*, 25 (1), 1985, en particulier p. 10-12.

3. On pense à Arman ou à la *Vénus aux haillons* de Pistoletto.

nécessité intérieure »[1]; les expressionnistes américains et les membres de l'école du Pacifique se sont tournés vers les mystiques orientales[2].
En musique, on pense spontanément à l'emploi de bruitages et de sons d'origine électronique mais ces procédés induisent souvent une réaction en retour sur l'interprétation d'une œuvre exécutée sur instruments traditionnels[3]. Au sujet de *Pithoprakta* de Xenakis, M. Serres diagnostiquait une musique enfin « apte à parler d'elle-même, libre des traductions exécutées par ses signaux, (un) art qui a formé son langage intrinsèque, sa parole autochtone » et qui se fait la voix même des choses, la manifestation du bruit thermodynamique qui agite les molécules du disque sur lequel elle est gravée et qui est « condition de circulation de tout message » sans l'être soi-même tout à fait[4]. O. Revault d'Allonnes va plus loin encore lorsqu'il montre que la « partition » visualise par un blanc ce que l'auditeur perçoit comme lacune, poche de silence creusée dans la masse sonore par le resserrement des glissandi aux cordes, et dont l'effet est à l'opposé des nuages micro-évolutifs des premières créations de Ligeti et de la musique spectrale[5]. Lorsque Messiaen, dans *Des canyons aux étoiles* (1977), utilise un éoliphone et un géophone – à la lettre une machine à vent et une machine à sable, censées produire la sensation la plus physique du désert – il ramène sans aucun doute vers l'exemplificationnel ce qu'un compositeur romantique aurait rendu au moyen d'une instrumentation éthérée. Varèse, au sujet de ses *Déserts* (1954), doutait pourtant que la simple audition suffise à

1. Voir notamment *Du spirituel dans l'art*, chap. VI et VII, rééd. Folio, ainsi que son application dans *Point et ligne sur plan*, rééd. Folio; les *Esquisses pédagogiques* de Paul Klee, pour ne rien dire des écrits de Malévitch, ne sont pas moins révélatrices.

2. Dans sa belle étude sur *Sam Francis* (Paris, Papierski, 1992, voir en particulier p. 49 à 58), Yves Michaud rejoint ici les conclusions de McEvilley dans *Art and Discontent*. On se souviendra aussi que Newman fait une distinction entre art abstrait (puriste et décoratif) et art de l'abstrait ou utilisé de façon pure [« L'image plasmique », dans *Écrits*, Paris, Macula, 2011], même si l'exemple de Mondrian pour illustrer le premier cas est pour le moins contestable. Sol LeWitt revendique ouvertement que « L'artiste est un mystique, non un rationaliste » (« Sentences on Conceptual Art », 1969, n°1).

3. J. Girard en fait la démonstration convaincante dans le cas de la musique répétitive. Née de circonstances technologiques plus ou moins contingentes (désynchronisation de magnétophones), l'effet auditif engendré est réinventé dans une technique musicale originale (thèse de doctorat soutenue à Paris 3, *Régimes de répétabilité et musique répétitive*, M.-D. Popelard (dir.), 2008, en particulier le chapitre II, 1).

4. « Musique et bruit de fond », *Critique*, mars 1969, repris dans *Hermès II*, *L'interférence*, Paris, Minuit, 1972 (cit. p. 189).

5. « Huit mesures de *Pithoprakta* », Xenakis, *L'Arc*, 51, 1972, p. 36-40.

assurer une transmission complète[1]. La même évolution affecte en parallèle les facteurs formels. Ainsi l'acte III de *Wozzeck* est sous-tendu par une structure de variations qui récapitule une théorie ou une histoire de la musique[2]. Dans le cas paradoxal de la sonate *4'33"* de Cage, il n'est pas convaincant de dire que l'œuvre exemplifie le silence physique bien qu'elle instantie une absence totale de notes et de sons[3], mais plus juste de considérer qu'elle exemplifie un schéma formel d'œuvre qui reste vide, un peu comme un cadre de tableau privé de toile, puisqu'il est demandé à l'exécutant de marquer les limites de chaque mouvement (resp. 30", 2'23" et 1'40") et de refermer son instrument au terme de l'exécution[4]. Quant au happening, il serait l'utopie de l'exemplification pure, au risque de dissoudre dans l'ordinaire toute identité opérale de l'art.

du bon usage des étiquettes

De manière générale, pour qu'il y ait échantillon, il faut que le trait instantié fasse l'objet d'une stipulation plus ou moins explicite. C'est ce que vient rappeler la formule : « l'exemplification, c'est la possession plus la référence » (LA 87). Mais par rapport à la dénotation, la référence fonctionne dans le sens inverse, « elle remonte à partir du dénoté plutôt qu'elle ne descend vers lui » (LA 86)[5].

1. A l'opposé du désert cosmique et contemplatif de Messiaen, Varèse écrit que « "Déserts" signifie pour moi non seulement les déserts physiques, du sable, de la mer, des montagnes et de la neige, de l'espace extérieur, des rues désertes dans les villes, non seulement ces aspects dépouillés de la nature, qui évoquent la stérilité, l'éloignement, l'existence hors du temps, mais aussi ce lointain espace intérieur qu'aucun télescope ne peut atteindre, où l'homme est seul dans un monde de mystère et de solitude essentielle », ajoutant : « Je n'attends pas de la musique qu'elle transmette rien de cela à un auditeur », cité par Odile Vivier, *Varèse*, Paris, Seuil, 1973, p. 147-148.
2. P. J. Jouve et M. Fano, *Wozzeck d'Alban Berg*, Paris, Plon, 1953, rééd. 10/18, 1964.
3. Au théâtre, lorsqu'une didascalie indique qu'un personnage prononce une réplique en murmurant, il appartient à l'acteur d'exemplifier à l'aide d'une convention scénique l'acte de murmurer plutôt que de murmurer effectivement, ce qui le rendrait inaudible.
4. Daniel Charles, *Gloses sur John Cage*, Paris, 10/18, 1978, en particulier p. 103 et 261 *sq.* Comme le rappelle D. Riout, la sonate fait écho aux *White Paintings* de Rauschenberg (*La peinture monochrome*, Nîmes, Éditions J. Chambon, 1996, p. 80-81 ; rééd. Folio-Gallimard, 2006). Dans les deux cas, l'espace de l'œuvre est vacant et en réalité contaminé par l'influence de l'environnement physique (bruits ambiants, ombres portées).
5. En termes formels, Goodman réalise une « conversion » de la relation dénotative c'est-à-dire construit une relation qui intervertit l'ordre de ses termes ; voir R. Pouivet, « La reconstruction du nominalisme chez Nelson Goodman », dans J.-M. Vienne (dir.), *Philosophie analytique et histoire de la philosophie*, Paris, Vrin, 1997, p. 282-283.

La photographie d'une prairie dénote la prairie, que le cliché soit en noir et blanc ou en couleurs. Mais on ne peut pas dire que la première exemplifie la présence de vert puisque toutes les couleurs y sont rendues par des dégradés de gris, ni que la seconde exemplifie un objet monochrome. Dire en revanche que l'image *est dénotée par* « gris » ou un terme avoisinant, c'est spécifier quel prédicat convient pour décrire la photographie en noir et blanc. Alors que la dénotation relie le symbole à un contenu extrinsèque et relativement indépendant dans la limite des conventions qui s'appliquent, l'exemplification attache au symbole une caractéristique qui doit lui appartenir et être adéquate sous des conditions normales de spécification. Dire que x exemplifie A équivaut donc à asserter que x possède A et x est dénoté par A, au sens où A est l'étiquette qui singularise en contexte un trait pertinent de x. En la définissant comme *sous-relation* de la converse de la dénotation (LA 92), Goodman met toutefois l'accent sur les limites de cette réciprocité puisque le fait que A dénote x ne présuppose ni n'implique que x dénote A.

Cette dissymétrie est une raison sérieuse de rejeter l'existence d'une exemplification fictive au sens où l'on parle de dénotation fictive, car le simple fait de se servir d'une étiquette lui confère une réalité. Il est facile d'appliquer une étiquette à un être fictif (dire par exemple qu'Harpagon exemplifie « père indigne ») et d'appliquer à un être réel une étiquette qui dénote d'ordinaire une fiction (quand on qualifie un portier rébarbatif de « vrai Cerbère ») mais la nature de l'exemplification rend impossible le recours à une étiquette qui serait fictive. Alléguer le cas, c'est être victime d'une illusion linguistique naissant de l'emploi de périphrases dans lesquelles la combinaison des mots annule leur contenu, comme on le voit dans des expressions du type : « la couleur qui n'existe pas », le « Lac sans nom » (on en trouve, paraît-il, pas moins de dix-huit au Canada !), lesquelles fonctionnent en réalité comme n'importe quelle autre étiquette.

Les questions que pose le recours au langage ne s'arrêtent pas là, mais il devient impératif de différencier deux plans si l'on ne veut pas imputer à Goodman une position inconséquente. 1) Par sa volonté de réhabiliter toute la gamme des systèmes sémiotiques, il relativise la place des mots, faisant des étiquettes verbales une simple catégorie parmi d'autres. Pour désigner la couleur d'une chose, on peut mettre en balance un prédicat linguistique et un échantillon : tantôt utiliser l'inscription « rouge », tantôt présenter une marque physique de la bonne couleur (LA 93)[1] et évaluer les avantages ou inconvénients de chacun. 2) En même temps, il reconnaît au langage en tant qu'organe symbolique une fonction structurante qui dépasse le cadre de chaque medium sémiotique et forme la base de la signalisation universelle de l'humanité. Dans cette perspective, « l'orientation qui distingue l'exemplification de la dénotation semble dériver de l'organisation du langage, même lorsqu'elle concerne des symboles non verbaux » (LA 91). La fréquence de la référence multiple et de la dépendance contextuelle dans les langues discursives[2] crée nombre de complications mais le fonctionnement global de la référence n'en est pas fondamentalement affecté, du moins quant à la détermination des deux directions de base.

Par ailleurs, les scrupules nominalistes de Goodman lui imposent une interprétation de l'exemplification qui prête au langage une fonction d'étiquetage. Il peut paraître naturel de dire qu'un échantillon de tissu exemplifie la rougeur lorsque c'est la propriété de posséder cette couleur qui est le trait significatif auquel on s'intéresse[3], mais le nominaliste préférera une formulation plus conforme au type d'ontologie qu'il admet. N'ayant nulle sympathie pour les propriétés, il refusera de faire de la couleur l'élément exemplifié et lui substituera l'étiquette verbale qui la nomme, en l'occurrence ici le prédicat français « (est) rouge ». En raison de la pluralité des langues, cela ne va pas sans créer des gênes au niveau pratique mais Goodman adopte une ligne modérée qui repousse une spécification terminologique maximale tout autant que le laxisme ontologique. « Exemplifie X » doit pouvoir signifier « exemplifie *quelque* étiquette coextensive à "X" » (LA 89), à commencer par chacune de ses traductions

1. Les deux fonctions exemplificationnelle et dénotative peuvent s'additionner dans le cas particulier où le mot « rouge » se trouve écrit à l'encre rouge. Une version picturale séduisante est *Painting pleasures* (1969) de Jim Dine qui se présente comme une sorte de nuancier approximatif où chaque échantillon est accompagné du nom correspondant. En revanche, Jasper Johns joue sur une exemplification contrastive dans *False Start* (1959), chaque nom de couleur étant écrit d'une autre couleur que celle dénotée, ce qui en fait un analogue pictural du test de Stroop (LA chap. 2).

2. Dans « raisin vert », « vert » ne fonctionne pas comme un prédicat de couleur, même si les grains de raisin non mûrs sont effectivement plus verts que ceux qui sont mûrs. « Une obscure clarté » reste un oxymore, « une nuit blanche » n'en est plus un, elle est devenue aussi idiomatique qu'une « nuit bleue ».

3. C. Elgin fait remarquer (RR 73-77) que chaque solution possède ses avantages et ses inconvénients. Raisonner en termes d'extension minimise à coup sûr le risque d'échec référentiel car l'on n'est jamais en peine de trouver un ensemble non vide englobant l'élément considéré, fût-ce à titre d'unique représentant, mais « considérer que les étiquettes sont les objets de l'exemplification offre un dispositif sémantique plus sensible que de considérer que ce sont les ensembles » (p. 76).

ou de ses paraphrases correctes, la marge de variation de « quelque » étant en fait relative à des facteurs contextuels ou pragmatiques.

Les étiquettes coextensives posent un problème plus délicat. Si l'on peut qualifier à bon droit Socrate d'« animal rationnel », de « bipède sans plumes » ou de « mammifère riant » (LA 88), il est difficile de prétendre que, parce qu'il exemplifie l'une de ces expressions, il exemplifie automatiquement les autres, attendu que chacune porte sur un aspect de son être essentiellement différent. Savoir que le même individu (ou la même classe) est impliqué dans les trois cas est une chose, porter attention à la modalité descriptive sous laquelle on le saisit en est une autre, indispensable à l'appréciation correcte de ce qui est en jeu. Les étiquettes offrent une souplesse appréciable pour suivre les méandres et la variabilité de l'exemplification sans tomber dans le piège de la personnification. Si on dispose d'un traitement convenable des aspects métaphoriques, intituler une symphonie « pathétique » ou « alpine » ne pose pas en soi plus de problèmes que de mentionner qu'elle est écrite en sol mineur. L'exemplification ne réclame pas une analyse psychologique qui en décalquerait la genèse ; ce qui compte, même lorsqu'il s'agit d'un être animé, n'est pas que tel état soit ressenti mais qu'une configuration soit correctement appréhendée, au moyen de critères dont la portée est intersubjective (LA 79-80 et 116). Quant à l'idée commune que l'exemplification (et plus encore l'expression) met en jeu des qualités « abstraites »[1], il suffit de remarquer qu'une étiquette est abstraite lorsque sa dénotation est multiple (LA 90) pour s'ôter une occasion de perplexité ontologique.

Si un symbole non verbal peut exemplifier une étiquette verbale, *a fortiori* un symbole verbal est en mesure de le faire, y compris de s'auto-exemplifier. De fait, « court » est effectivement un mot court ; mais « long » étant un mot court, il ne s'exemplifie pas lui-même[2] (LA 92-3). Un symbole peut-il aussi exemplifier une étiquette non verbale ? Une fois admis qu'il existe de telles étiquettes, la principale difficulté consiste à les identifier à

1. Dans *Mind and Art*, chap. IV, Sircello évoque « des expériences dans lesquelles certaines propriétés plutôt abstraites de notre environnement ou de quelque chose dans notre environnement sont perçues de manière très vive » (par ex. le *smog* à Los Angeles ou les impressions de désert, *cf.*, p. 136 et p. 148-149). Ce genre d'exemple remonte à Bullough, « Psychical Distance as a Factor in Art and an Aesthetic Principle », *British Journal of Psychology*, 1912.

2. On pourrait se demander si ne pas s'exemplifier est ou non susceptible d'être exemplifié ; la difficulté tient uniquement à la capacité d'une étiquette qui instantie un tel trait de le symboliser par son absence (à la différence de « court » qui symbolise le fait qu'il est un mot court, « long » ne symbolise pas qu'il est un mot court) de préférence à d'autres traits.

partir d'un symbole, selon son type de manifestation. Après tout, lorsque l'instructeur de gymnastique réalise devant ses élèves l'enchaînement qu'il souhaite leur faire accomplir, il fait usage d'une sorte d'étiquette auto-exemplifiante (LA 95)[1]. En irait-il encore de même pour une peinture ou une sonate où il n'y a proprement rien à « mimer » ? C. Elgin semble le penser lorsqu'elle écrit : « Je suggère que c'est dans les symboles exemplifiants eux-mêmes qu'il faut typiquement trouver les étiquettes » (RR 78). En d'autres termes, la particularité de ces symboles est d'inclure une token-réflexivité, ou d'être indexés à l'occurrence singulière dans laquelle ils interviennent. Cela ne signifie pas néanmoins que leur efficace référentielle soit restreinte à cette occurrence. Ainsi, « une peinture ne souligne pas seulement certains de ses propres traits, mais elle augmente aussi notre aptitude à saisir d'autres exemples des formes, dispositions, couleurs, etc. qu'elle exemplifie. Nous en venons à voir les choses différemment, en réordonnant notre expérience visuelle dans les termes des catégories auxquelles l'œuvre réfère. » (*ibid.*) Il n'est pas nécessaire de postuler qu'une œuvre d'art possède la particularité ontologique d'être le « token d'un type »[2] ; il convient plutôt de mettre l'accent sur la teneur concrète des étiquettes, en particulier sur les relations d'appariement d'une étiquette avec d'autres et sur le réseau d'échos qui en résulte.

Ce cadre d'analyse offre une interprétation très appropriée pour certaines œuvres de Messiaen. Dans les présentations qu'il rédige et destinées à accompagner ses enregistrements, le compositeur n'hésite pas à écrire qu'on *entend* tel oiseau alors que ce qu'on perçoit en réalité est le son d'un piano. La séquence mélodique entendue ne dénote ni n'exemplifie littéralement le chant de la rousserolle effarvatte, mais il se trouve que l'instrument de musique produit un équivalent convaincant de ce que fait l'oiseau puisqu'il restitue le bon enchaînement des hauteurs, l'essentiel des valeurs rythmiques, voire des timbres, etc. La manière la plus simple de rendre compte de cette situation serait de dire que l'instrument réalise une paraphrase du chant de l'oiseau. Certes, l'absence de dénotation semble exclure l'usage d'une notion sémantique, mais c'est précisément l'exemplification

1. Comme beaucoup d'autres, Goodman relève le rôle spontané et déterminant que peuvent avoir les gestes d'accompagnement ou autres mouvements physiques dans la manière d'appréhender un rythme ou une danse (LA 94-95), phénomène à distinguer de la gestuelle propre à chaque chef d'orchestre.

2. J. Margolis, « The Ontological Peculiarity of Works of Art », in *Art and Philosophy*, Harvester Press, 1980, en particulier p. 20-21, avec l'exemple rebattu du *Porte-bouteille* de Duchamp.

en tant que mode référentiel qui permet de surmonter l'objection[1]. Dans le cas de Messiaen, une forme subtile d'onomatopée fonctionne sur le modèle d'une pseudo-citation musicale : le matériau instrumental se montre capable d'assumer une dénotation indirecte, en dénotant « ce que dénotent les prédicats que (les étiquettes) exemplifient » (LA 95) :

	étiquettes	exemplifient des prédicats	dénotent
par ex. :	(sons)	(rythme ternaire)	(impression d'allégresse)

Il n'est nullement besoin pour cela de supposer que la musique est imitative[2] – ce qui serait pour le moins paradoxal chez un auteur qui a contesté ce caractère dans le cas des arts visuels ! – car les étiquettes sonores fournissent à leur façon des répliques de la réalité environnante[3]. Le modeste *Réveil des oiseaux* se hausse alors jusqu'à une cosmogonie miniature, à l'échelle d'une matinée. Ainsi s'exerce le prodigieux « pouvoir des images » (et des symboles en général) par lequel elles se montrent capables, non seulement de nous retenir et de nous fasciner, mais d'élargir, de développer et de renouveler notre vision de la réalité[4].

À la différence des partitions, les textes possèdent une dimension dénotative incontournable et à la différence des peintures abstraites, il est très rare qu'on les traite en tant qu'échantillons, sinon dans des situations très particulières où ils se réduisent à une pure jaculation verbale, comme

1. Vernon Howard a suggéré qu'« on pourrait peut-être comprendre une *variation* musicale comme une paraphrase au sens où elle préserverait la référence exemplificationnelle » (MM 200 note 12) et en tenant compte de la concordance, (« On Musical Quotation », *The Monist*, n° 58, 1974).

2. Au sens où l'on a pu dire du motif de *La Poule* de Rameau (cinq croches formant un accord arpégé) qu'il reproduisait le caquètement du volatile. Sur les « phonographies », *cf.* F. Escal, *Contrepoints*, Klincksieck 1990, p. 227 *sq.* Dans l'esthétique de filiation aristotélicienne, la *mimesis* est un cadre général applicable à tous les arts, non un simple procédé ponctuel.

3. On pourrait sans doute appliquer le même genre d'analyse aux collages dadaïstes de Schwitters ou néo-dada de Rauschenberg.

4. Dans « The Power of Pictures », *The Journal of Philosophy*, 1985, p. 82, Robert Schwartz en donne une illustration convaincante à partir du portrait de Stein par Picasso. Comme corollaire à une théorie récognitionnelle de la dépiction, D. Lopes défend une conception « expansionniste » qui retrouve par d'autres voies les conclusions de Goodman (« Pictures and the Representational Mind », *The Monist*, vol. 86 n°4, 2003, en particulier p. 643 *sq.*).

chez les lettristes ou dans des textes tardifs d'Artaud. Il est certes toujours possible de mettre entre parenthèses le contenu signifié d'un poème et de se laisser porter par ses pures qualités auditives – ne retenir, dans *Amers* de Saint-John Perse, que le jeu savant des cadences, des assonances et des reprises qui miment pour ainsi dire le mouvement des vagues et des marées. Ces données formelles n'acquièrent pourtant dans le cas général leur force que par la résonance calculée de la forme et du sens, voire leur hésitation entretenue comme le voulait Valéry. Les styles les plus typés, soit dans l'emphase (Huysmans ou Lezama Lima), soit dans la minimalité (Duras ou Carver), jouent constamment de l'analogie entre contenu et expression. Que serait le pouvoir de l'écriture célinienne sans sa capacité d'exemplifier au moyen du rythme et d'une réinvention de la ponctuation? Ce qu'elle dit d'une vision sordide ou écœurée du monde resterait irrémédiablement pauvre si elle ne réussissait à faire passer dans la syntaxe et le métabolisme de la langue le genre d'affects que le danseur, l'improvisateur de jazz ou le peintre de grotesques met chacun dans son art[1]. Aussi l'usage de l'exemplification est-il toujours contaminé par les procédés expressifs qui exploitent les associations d'idées et par l'interpénétration des registres esthétiques qui accentue la puissance évocatrice d'un passage.[2]

Il subsiste néanmoins une tension entre la matérialité des symboles exemplifiants qui ramène vers « l'identification chosique »[3] et la liberté presque illimitée de mobiliser des registres disparates de prédicats, ce qui fait glisser vers l'association d'idées. Serait-on condamné à admettre l'arbitraire de toute interprétation, à moins qu'on ne fasse retour sans l'avouer vers le tact du connaisseur? L'alternative est en réalité forcée car les étiquettes pertinentes ne se présentent pas dans un chaos indifférencié, elles sont mises en relation de manière sélective avec différentes sortes de propriétés d'une œuvre. Dans plusieurs articles[4], j'ai suggéré que la

1. Voir Henri Godard, *Poétique de Céline*, Paris, Gallimard 1985, et les contributions d'André Derval et Marc Hanrez dans *le Magazine littéraire*, n°292, oct. 1991. On peut aussi rappeler l'importance que tenait la danse dans la motivation qui le pousse à écrire.

2. Ainsi, au niveau de leur organisation formelle, *Les vagues* de V. Woolf, par exemple, reposent sur un contrepoint complexe entre une série cosmique et une série romanesque diffractée dans les soliloques des personnages.

3. J.-M. Schaeffer, *Les célibataires de l'art*, Paris, Gallimard, 1996, p. 311-316.

4. « L'art de la symbolisation », *Actes du colloque international Nelson Goodman* (Pont-à Mousson 1997), *Philosophia Scientiae*, vol. 2, cahier 2; « Exemplifier », *Revue française d'études américaines*, n°86, 2000, Belin; « Invention plastique et modes de symbolisation », dans *Interfaces : texte et image*, Rennes, PUR, 2004, pour une application au cas des papiers collés cubistes.

représentation la plus simple consiste à sérier la pratique de l'exemplification en plusieurs niveaux :

Niveau prototypique	propriétés relatives à l'articité (rattachement d'une œuvre à l'univers de l'art)
Niveau générique	propriétés fonctionnelles (et modes de classification)
Niveau identificatoire	propriétés descriptives (appréhension du contenu perçu et structuration de l'œuvre)
Niveau intrinsèque	propriétés de singularisation du projet esthétique
Niveau aspectuel	propriétés relatives aux « signes attentionnels »

Le mécanisme est identique à chaque niveau, la différence réside dans le contenu mobilisé (d'ordre perceptif, formel, compositionnel, etc.) et le caractère plus ou moins local et spécifique des traits utilisés[1]. Ainsi la logique d'un papier collé cubiste joue-t-elle sur d'autres paramètres qu'une nature morte hollandaise et l'organisation d'un roman ne fournit pas le même type d'information que l'intrigue ou le style. L'historien de l'art sollicite principalement dans une image les niveaux 3 et 4 qui sont les plus essentiels pour la signification et l'intérêt artistique de l'œuvre. À chaque extrémité, on trouve d'autres modalités qui s'en éloignent tout en empiétant quelque peu sur eux : d'une part, un usage classificatoire qui n'exploite que des coordonnées propres au genre et s'interroge sur la manière dont une œuvre prise en bloc s'inscrit dans le domaine de l'art ; de l'autre, la part irréductible de singularité qui entre dans toute expérience et tend à diffracter l'œuvre en un kaléidoscope de détails ou à focaliser l'attention sur un seul point de vue. Comme le remarque en effet Jean-Marie Schaeffer, « parmi les propriétés possédées, celles qui relèvent d'une exemplification intentionnelle ne coïncident pas nécessairement avec celles que le lecteur décide de traiter attentionnellement comme signes d'exemplification »[2].

1. Cette solution me semble préférable à la proposition de Sagoff, reprise et élargie par Genette, d'un prédicat « à bien plus de deux places » (*L'Œuvre de l'art*, t. II, Paris, Seuil, 1997, p. 224).

2. J. M. Schaeffer, *Les célibataires de l'art*, *op. cit.*, p. 321. Quelques pages plus loin, il tempère quelque peu cette position par une distinction « entre attention esthétique flottante et compréhension de l'œuvre : la compréhension d'une œuvre d'art est une attention esthétique qui accepte de centrer l'attention sur les propriétés intentionnellement pertinentes de l'objet esthétique, donc sur celles qui sont constituantes de son identité opérale » (p. 343). Même mouvement chez Genette, même si on peut résister à l'idée qu'il y a changement d'objet attentionnel (*op. cit.*, p. 243).

démystifier l'expression

Le passage de l'exemplification à l'expression est en apparence très simple puisqu'il suffit d'ajouter une dimension métaphorique. N'intervient aucun mécanisme supplémentaire à proprement parler, juste un déplacement du littéral vers le figuré. Une telle formulation induit néanmoins en erreur si elle laisse croire que l'expression est un sous-ensemble particulier de l'exemplification, ce qui serait un contresens.

De prime abord, on serait en effet tenté de concevoir une sorte de processus par intégration qui se présenterait avec trois échelons principaux :

possession (vs dénotation) ...... montrer } exemplifier } exprimer
référence ....
métaphoricité................................

Or, une telle interprétation est irrecevable, bien qu'il soit exact que l'exemplification est une catégorie plus large qui subsume souvent l'expression. Elle aurait l'inconvénient de penser le métaphorique comme une irréalisation ou une déréalisation de la référence, une manière de fuite dans le gratuit ou l'inconsistant. Goodman ne cesse au contraire de rappeler que les propriétés métaphoriques ne sont pas moins effectives que les propriétés littérales (LA 100), et qu'elles s'appliquent avec la même objectivité, quand bien même elles sont plus indirectes et souvent plus difficiles à circonscrire. Il est donc impératif de concevoir le littéral et le métaphorique comme deux processus parallèles :

possession < littérale + référence = exemplification
possession < métaphorique + référence = expression

ce qui constitue la raison d'être de l'ordre des facteurs adopté par Goodman dans sa définition synthétique : « si *a* exprime *b*, alors : 1) *a* possède (ou est dénoté par) *b* ; 2) cette possession ou dénotation est métaphorique ; et 3) *a* fait référence à *b* » (LA 125).

Ce parallélisme commande un usage terminologique rarement respecté[1]. Au sens technique, un symbole ou un élément ne peut exemplifier que des propriétés qu'il possède littéralement et il n'exprime que des propriétés de

1. En permettant de se servir des termes « possession » et « exemplification » pour englober le littéral et le métaphorique (LA 116), Goodman semble tolérer lui-même une certaine latitude, mais elle n'annule pas ses prescriptions théoriques.

type métaphorique. Ceci peut apparaître trop contraignant ou au pire arbitraire mais reflète avant tout le souci de Goodman d'évaluer exactement ce qui est en jeu lorsqu'on recourt au vocabulaire de l'expression, pour mieux le distinguer d'une notion insaisissable et vague de l'expressivité. Peu de mots ont en effet un aussi fort coefficient de séduction, et aucun n'est plus capable de récupérer à son profit quelque opinion que ce soit. Il est donc nécessaire de le lester en marquant sa parenté avec des pratiques élémentaires dont il partage le squelette logique. Cela ne conduit pas à nier l'originalité d'une œuvre d'art complexe et riche de résonances multiples, comparée à un banal catalogue de papiers peints.

Un point important est que la décision de séparer le registre exemplificationnel du registre expressif – c'est-à-dire les propriétés directement instantiées de celles qui passent par une « attribution métaphorique » – n'entérine aucune différence ontique entre plusieurs espèces de prédicats, seulement une différence fonctionnelle qui tient à la relation d'un prédicat ou d'une étiquette avec un symbole. Le même prédicat peut être une fois exemplifié et une autre fois exprimé, selon la configuration symbolique particulière dans laquelle il intervient. De plus, si la musique et

la danse sont toutes deux susceptibles d'exemplifier le rythme, c'est que le rythme fait partie, dans les conditions normales d'exécution d'une pièce, des paramètres constitutifs du tissu sonore ou gestuel, alors que l'impression de solennité ou de passion qui qualifie de manière tout aussi profonde (sinon aussi spontanée) une symphonie ou un ballet doit davantage aux choix de l'interprète qu'aux prescriptions du compositeur. Mais seule la musique peut *exprimer* un mouvement et seule la danse *exprimer* des sonorités.

Les choses sont-elles toujours aussi nettes ? Il se trouve que la musique dispose d'un terme spécial pour parler du mouvement, le tempo. La musique exemplifie une notion temporelle de mouvement, par exemple à travers un *presto* ou un *rubato*, et non la sorte de mouvement spatial que comporte la gestualité, mais le premier exprime inévitablement quelque chose du second. Il est d'ailleurs trivial de distinguer la mesure interne à la musique, indiquée par une notation spéciale qui fixe la valeur de l'unité de battue (la noire à 60) ou spécifie l'amplitude de sa pulsation (*adagio*, *andante*, etc.) et l'impression d'allant, de vivacité ou de retenue perceptible lors de l'audition[1]. Il est peu probable que les deux aspects soient à l'origine indépendants, le nom des danses qui composent au XVIIIe siècle une suite instrumentale (courante, pavane, gavotte, etc.) l'indique de manière transparente, mais il n'y a pas pour autant d'équivalence toute faite entre eux. Les musiciens éprouvent par ailleurs le besoin constant de suppléer les aspects strictement notationnels (hauteur et valeur des notes, etc.) au moyen de contrastes qui tirent leur effet de nouvelles formes d'exemplification, mettant en jeu des timbres instrumentaux (dans l'*Orféo*, Monteverdi joue de la polarité du luth et de la régale pour distinguer les mondes terrestre et souterrain) ou des couleurs de voix (l'*Oratorio per la Settimana Santa* de Rossi pousse à l'extrême cette caractérisation dramatique du chant entre le céleste et l'infernal). La frontière entre exemplification et expression devient ici assez ténue, impression renforcée par l'« adaptation émotionnelle et rhétorique de la musique au texte » (E. Smither) qui est une constante de la musique baroque[2].

Goodman renvoie délibérément dos à dos la thèse qui fait du métaphorique un élément surajouté, décoratif, et la thèse qui pousse le parallélisme avec le littéral jusqu'à lui conférer une quasi autonomie. Il a besoin d'une théorie qui rende compte de la créativité réelle de la métaphore sans déborder d'un cadre extensionaliste, une théorie pas forcément raffinée dans ses détails mais capable de donner prise à une classification correcte des phénomènes. Tel est l'enjeu du *transfert*.

À partir d'un point de vue linguistique, on tient d'ordinaire la métaphore pour un indice exemplaire de la subtilité des langues naturelles, une manifestation de leur capacité à engendrer un monde *sui generis* qui dépasse la factualité quotidienne et d'où la poésie tire l'essentiel de son pouvoir. On tend alors à l'assimiler à un prestige rhétorique du discours, ou de manière critique à un fauteur d'illusion. L'effort de Davidson a consisté au contraire à ramener la métaphore vers l'application littérale – la seule qui peut à bon droit être qualifiée de vraie ou de fausse – en niant qu'il existe deux registres de signification. Il met en doute l'existence de règles sémantiques capables de l'interpréter et il fait en revanche jouer à plein les conditions

1. L'écoute de la *IXe Symphonie* de Beethoven par Toscanini donne une impression de mobilité et de célérité plus grande que celle d'une exécution de Furtwängler, quand bien même il peut n'y avoir qu'une différence minime dans la durée physique des deux enregistrements.

2. Voir en particulier Jean-François Labie, *William Christie : sonate baroque*, Aix-en-Provence, Éditions Alinéa, 1989, notamment la troisième partie.

pragmatiques, y compris l'implicitation au sens de Grice[1]. Goodman objecte à cette approche que « l'usage métaphorique du langage diffère de manières significatives de l'usage littéral mais il n'est pas moins compréhensible, pas plus abstrus, d'orientation pas moins pratique, et pas plus indépendant de la vérité et de la fausseté que son usage littéral » (MOM 71). Pour assumer pleinement sa dimension de vision inventive et y voir plus qu'une simple irisation de surface, il réclame de mieux prendre en compte la dynamique cognitive de la métaphore, son pouvoir heuristique, l'emploi qu'elle fait des analogies[2] ou des variations, son audace dans la reformulation de ce qu'on sait par rapport à ce qu'on cherche, etc., à rebours d'une veine allégorique. Son approche rejoint l'analyse interactionniste défendue par Max Black dans son article manifeste de 1954, « Metaphor »[3], avec laquelle elle partage le refus de s'en tenir à des schémas à base de substitution et de comparaison.

Le point central est que la métaphore combine un aspect de nouveauté et un aspect de filiation. Un terme totalement inédit, un néologisme, n'est pas une métaphore car il lui manque un usage préexistant. Lorsqu'un terme a plusieurs usages littéraux indépendants (ainsi « fraise » qui dénote un fruit, un col, une lésion de la peau, voire un instrument de dentiste), il n'y a pas davantage métaphore mais on s'expose à l'ambiguïté si chaque parcours n'est pas clairement identifié. La métaphore n'apparaît que lorsqu'il y a *réorientation* de l'usage littéral vers un autre usage qui s'en détache tout en y faisant allusion. Plutôt que d'un simple prolongement, il s'agit d'un conflit interne partiellement irrésolu ; l'usage métaphorique renouvelle ce qu'on savait mais il a dû bousculer des certitudes et des habitudes qui n'étaient

1. « Ce que signifient les métaphores », dans *Enquêtes sur la vérité et l'interprétation*, essai 17, trad. fr. P. Engel, Nîmes, Éditions J. Chambon, 1984. Pour Davidson, l'erreur courante est que « nous imaginons qu'il y a un contenu à saisir quand en fait nous sommes en permanence en train de nous concentrer sur ce que la métaphore nous fait remarquer » (p. 374), son effet sur nous. Il tend à minimiser ses divergences : « pour l'essentiel je ne suis pas en désaccord avec Max Black, Nelson Goodman [...] quand ils analysent ce que la métaphore est capable de réaliser, à cette nuance près qu'elle en réalise à mon sens plus encore, et que ce qui vient en plus est de nature différente » (*ibid.*, p. 351), alors que Goodmann les accentue en parlant de « travail au noir » de la métaphore (MOM 72-77).

2. La dignité épistémologique des métaphores est soulignée dans le cas important des emprunts de vocabulaire entre sciences, par exemple entre biologie et politique, ou mécanique et médecine (voir J. Schlanger, *Les Métaphores de l'organisme*, Paris, Vrin, 1971, et M. Tibon-Cornillot, *Les Corps transfigurés*, Paris, Seuil, 1992), voire entre science et poétique dans le cas de Bachelard. Ils conjuguent économie de pensée et sens de la découverte.

3. L'article est réédité dans Max Black, *Models and Metaphors*, Ithaca, Cornell U. P., 1962, et dans J. Margolis (dir.), *Philosophy Looks at the Arts*, Philadelphia, Temple U. P., 3e éd., 1987.

plus discutées. Il n'en résulte pas d'arbitraire pour autant car l'ouverture de nouvelles perspectives retient quelque chose de la structure de départ. Goodman s'offre le luxe d'accumuler les métaphores qui décrivent la métaphore : « une idylle entre un prédicat qui a un passé et un objet qui cède tout en protestant » (LA 101), « un remariage heureux et revitalisant, même s'il y a bigamie » (LA 103), etc. L'insistance sur l'aventure au sens galant est signe qu'une métaphore comporte une part de complicité plus ou moins intime et que celle-ci ne peut s'établir qu'en infraction à un ordre trop strict et banal encore que légal. La métaphore équivaut à « une attraction qui surmonte une résistance » (LA 101), elle est « manquement et déférence envers ce qui précède » (*ibid.* 103)[1].

La notion goodmanienne de transfert se place plus précisément à l'intersection de deux déplacements dont les effets se cumulent l'un l'autre :

1) De singulier à pluriel

Au lieu de ne mettre en jeu qu'une étiquette isolée, la métaphore engage un *schème*, c'est-à-dire un ensemble d'étiquettes alternatives ou complémentaires qui catégorise un domaine. Dans un exemple aussi concret et objectif que les couleurs, on vérifie que les découpages du spectre opérés par chaque langue ne coïncident pas et que les besoins terminologiques de chaque discipline ne sont pas corrélés[2]. La totalité des extensions ou des parcours[3] en constitue le *règne*[4]. Le propre d'une métaphore est alors de comporter « une migration de concepts, une aliénation de catégories » (LA 104) qui redistribue la configuration initiale. En interférant entre elles, les applications ne peuvent manquer de restructurer leur univers de référence, ce qui ne se produirait guère si chaque application fonctionnait indépendamment des autres. C'est pourquoi Goodman va jusqu'à parler d'erreur catégorielle

1. Une conception apparentée qui articule fonction novatrice et fonction conservatrice a été défendue dans le cas de l'invention intellectuelle et du « déplacement de concepts » par D. A. Schon, *Invention and the Evolution of Ideas*, London, Tavistock Pub., 1963.

2. L'étude de Berlin et Kay, *Basic Color Terms : Their Universality and Evolution* (Berkeley, Univ. of California Press, 1969) permet de corriger par une perspectiviste évolutionniste l'impression disparate que peut donner la description des systèmes linguistiques pris isolément.

3. C'est la traduction que propose Blanché pour « range », très appropriée pour souligner l'aspect dynamique de la métaphore (cf. *Introduction à la logique contemporaine*, Paris, A. Colin 1968, note 1 p. 136).

4. Ce vocabulaire, tissé de métaphores, est un héritage de SA. La terminologie fortement imagée de Goodman dans ce livre d'inspiration formelle (*clan*, *fief*, *baronnie*, etc.) demanderait à coup sûr une étude spéciale.

au sens de Ryle mais calculée, contrôlée, et mise au service d'une exploration inédite.

2) D'application passe-partout à constitution originale

Si la projection de routine est une prudente navigation qui suit des itinéraires éprouvés, la métaphore s'apparente plutôt à une expédition loin des rivages connus. Certains cas restent tributaires des lignes de transport existantes et ne surprennent guère ; tels sont les tropes dont Fontanier en son temps dressa un catalogue célèbre[1]. D'autres s'engagent dans des cheminements plus complexes. Sans avoir pour objectif de jeter les bases d'une classification générale, Goodman fournit quelques brèves esquisses (LA 105-108) qui laissent deviner la pluralité des parcours possibles, entre un règne d'origine, un règne d'attache et un règne de transfert, par bifurcation, par dédoublement et même réappropriation dans le domaine de départ. La métaphore ne *reflète* pas une réalité préexistante, même remaniée ou ravivée, elle fabrique une réalité dans la mesure où « l'application d'une étiquette (imagée, verbale, etc.) *engendre* une classification aussi souvent qu'elle en enregistre une » (LA 57). Même la simple comparaison « *fait ressembler* l'image à la personne en repérant un certain trait commun » (LA 108), elle modifie le poids des facteurs pour être en mesure d'accéder à d'autres espaces de structuration.

	élément de catégorisation	domaine d'application littéral	métaphorique
singulier	étiquette (*label*)	parcours PROJECTION	(*range*) [ambiguité]
pluriel	schème (*shema*)	règne DE ROUTINE	(*realm*) TRANSFERT

Encore une fois, ces distinctions (que le tableau tend à rigidifier) n'impliquent nullement que la frontière entre littéral et métaphorique soit tout à fait étanche ou invariable ; elles mettent plutôt l'accent sur les

1. Cet ouvrage a été réédité par Gérard Genette sous le titre *Les Figures du discours*, Paris, Flammarion, 1968. Goodman s'en tient à quelques illustrations très schématiques (LA II, 8).

possibilités que recèle le second niveau. Mais si la vocation de toute métaphore est de transgresser son règne de départ, son destin ultime est de se défraîchir (LA 111) ou de s'évaporer (LA 103). Elle tend alors à devenir indiscernable d'une vérité triviale. La réussite de la métaphore est paradoxalement ce qui la tue, au point qu'il est tentant de voir dans le littéral une concrétion d'anciennes métaphores qui se sont progressivement solidifiées et dont on a perdu de vue l'origine[1].

Le moindre symbole a une texture riche et une histoire souterraine. Il croise des parcours adjacents, et sa lecture s'enrichit de sa proximité ou de ses contrastes avec d'autres symboles avoisinants qui aident à réveiller des forces cachées. Un Picasso de la « période bleue » dénote en général une scène misérabiliste (infirmes, prostituées en loques, etc.); l'image exemplifie le prédicat « bleu » et exprime un sentiment de tristesse ou de désolation, d'une tonalité irréductible à celle d'un Rouault ou d'un Gruber. À l'évidence, ce qui est exprimé est cohérent avec les qualités de l'image (il n'y aurait aucune chance qu'un tableau aux couleurs vives véhicule la même impression) mais le choix littéral de la couleur ne suffit pas non plus : une peinture bleue de Monory extraite des *Opéras glacés*, *Summer Open with Mediterranean Blue* (1974) de Motherwell, une toile de la série des *Blue Balls* de Sam Francis, ou encore *Naissance de Vénus* (1989) d'Olivier Debré, pour ne rien dire du bleu électrique et incandescent du portrait d'*Arman* de Klein[2], ne produisent pas le même effet. Chacune, quoique divergeant des autres et du tableau de Picasso, contribue en définitive à nous les faire regarder un peu différemment[3].

équivocité de l'expression ?

On a régulièrement reproché à Goodman de pratiquer une analyse « réductrice » de l'expression qui viderait la notion de sa substance la plus originale, sans toujours mesurer que l'objection serait bien plus appropriée

1. LA 100, 107-8. En plus des références de Goodman à Cassirer, on pourrait aussi mentionner Rousseau qui, dans l'*Essai sur l'origine des langues* (chap. 3) va jusqu'à inverser la relation habituelle entre sens propre et sens figuré.

2. Je laisse intentionnellement de côté le cas des monochromes, ceux de Klein lui-même, ceux de Brice Marden ou Mangold, s'il en existe de bleus.

3. Comme y inciteront Gombrich (*L'Art et l'illusion, Psychologie de la représentation picturale*, Paris, Gallimard, 1971, chap. XI) et Walton (« Catégories de l'art », trad. fr. dans G. Genette [dir.], *Esthétique et poétique*), la différence d'interprétation dans une œuvre ne demande pas qu'on voie autre chose mais qu'on dispose d'un autre arrière-plan ou de comparaisons différentes.

pour ses adversaires formalistes[1]. Il convient de toute manière de faire sa part à la sensibilité de l'époque et à une éventuelle réaction contre un excès d'épanchement propre à l'âge romantique ou symboliste ; ainsi Christopher Hogwood plaide-t-il contre une tradition de « surinterprétation » qui parasite l'œuvre en lui imposant une expressivité intempestive. Mais le reproche de fond demeure, autour de la polyvalence du jeu symbolique et du mécanisme réel de l'exemplification.

Jules Vuillemin est un de ceux qui a formulé ce type d'objection avec le plus de netteté[2]. Le point de départ de son argumentation est la mise en évidence d'une dissymétrie entre le fonctionnement des mots et celui d'autres étiquettes, relativement à l'acte d'exemplifier en général. En effet une chose quelconque qui, normalement, n'est pas un symbole, ne peut exemplifier un prédicat que parce que le mot qui la désigne a reçu par une stipulation d'usage la fonction de dénoter cette chose. Le signe linguistique étant conventionnel, l'exemplification le devient également ; tant qu'il est question de langage, l'arbitraire saussurien (ou immotivation) a pour effet de coupler exemplification et dénotation.

En va-t-il de même avec l'échantillon matériel ? Étant donné que celui-ci exemplifie une propriété sensible inhérente à son être physique (ou l'étiquette correspondante), l'exemplification se présente comme plus « littérale » et plus directe en ce sens que « l'exemplifiant est le symbole-échantillon » lui-même dont la règle d'association est l'immédiate « communauté du symbole et du symbolisé » (p. 82). Dans des cas de ce genre (qui pourraient aller jusqu'au marché muet où le vendeur montrerait un échantillon du produit à l'acheteur sans faire usage d'aucun mot), non seulement la dénotation n'intervient pas mais de fait elle n'existe pas. Conclusion de Vuillemin : « Nous devons distinguer l'exemplification comme sous-relation de la dénotation, qui est une fonction linguistique et conventionnelle, et l'exemplification comme relation de participation, qui est une fonction ostensive. La première exemplifie un symbole dans un objet, la seconde un objet dans un symbole » (*ibid.*). L'explication est donc au mieux partielle et doit alors être supplémentée, et au pire inadéquate

1. PP 126-127 en réponse à B. Boretz et aux formalistes ; dans « Nelson Goodman's *Languages of Art* from a Musical Point of View », Boretz récuse pour sa part cette assimilation au formalisme (C. Elgin, *The Philosophy of NG*, vol. 3, 1997, p. 547 note 1).

2. Compte rendu de *LA*, dans *L'Âge de la Science*, vol. III, n°1, en particulier p. 80-84.

pour le second cas, limitant la portée du résultat obtenu[1]. Goodman semble être dans une certaine mesure conscient de l'objection, lorsqu'il fait de l'exemplification le quatrième symptôme de l'esthétique, et le seul qui n'est pas proprement sémiotique.

Margolis s'interroge lui aussi sur l'exemplarité de l'échantillon comme processus symbolique élémentaire. Il ne conteste pas que « les échantillons exemplifient les propriétés qu'ils possèdent [et qu'] en conséquence, ils symbolisent et réfèrent »[2] mais il fait remarquer que rien n'étant un échantillon en soi, on peut *choisir* de ne pas traiter quelque chose comme un échantillon. Il en découle que « Goodman n'explique jamais *quand* les choses exemplifient » (*ibid.*) et qu'il est encore plus incapable de justifier « pourquoi nous traitons *toujours* les œuvres d'art en échantillons de leurs propres propriétés » (*ibid.*) et non pas autrement[3]. Ne pas apporter de réponse nette aux questions Quand y a-t-il quoi? et Qu'est-ce qu'il y a quand? fait douter qu'on soit quitte envers une théorie de la symbolisation[4] qu'elle conduit même à une sorte d'impasse puisque, comme le montre H. Jensen, l'esprit de la théorie exige d'interpréter la référence comme renvoi à une propriété distincte et séparable de l'œuvre et non simplement à ce que l'œuvre est, ce qui menace ultimement l'interchangeabilité des approches physicaliste et phénoménaliste[5].

Goodman croit se tirer d'affaire en remplaçant la question « Qu'est-ce que l'art? » par « Quand y a-t-il art? ». Margolis ne veut voir dans ce déplacement qu'une tentative détournée de récupérer l'essentialisme qu'il subodore dans FFF et LA[6], comme si la présence du contexte et des

1. La régression vers l'ostension pure (LA 127 note 5) et le comportement attentionnel est une tendance propre à nombre de théories esthétiques. La raison d'en faire reproche à Goodman est qu'il se dote d'un arsenal conceptuel destiné à le libérer de ce genre de difficultés. Que le résultat soit atteint reste à cet égard douteux.

2. J. Margolis, *Art and Philosophy*, Hassocks, Sussex, The Harvester Press, 1980, p. 99 (voir aussi chap. 1, p. 12-14).

3. Dickie semble lui adresser un reproche similaire lorsqu'il met en doute que Goodman ait effectivement établi que le « quelque chose » qui distingue les propriétés esthétiquement importantes d'une œuvre de celles qui ne le sont pas réside dans l'exemplification, sans référence à un contexte d'usage, et sans intervention d'aucune valeur additionnelle (« Evaluating Art », *British Journal of Aesthetics*, 25 (1), 1985, p. 12).

4. J. Margolis, « What is When? When is What? Two Questions for Nelson Goodman », n° spécial, *Aesthetics and Worldmaking*, *The Journal of Aesthetics and Art Criticism*, 39, 1981.

5. H. Jensen, « Exemplification in Nelson Goodman's Aesthetic Theory », *The Journal of Aesthetics and Art Criticism* vol. 32, n°1, 1973, en particulier, p. 48 et 50.

6. En l'interprétant cette fois en termes de « fonctions essentielles ».

concomitants, la part d'implicite et d'évolutif dans l'expérience d'une œuvre ou d'un objet jouaient un rôle mineur. C'est sous-estimer que Goodman tend à subordonner l'identité des traits à l'établissement d'une relation significative : « Être-un-échantillon-de, ou exemplifier, est un peu quelque chose comme une relation du type être-un-ami ; ce qui distingue mes amis n'est pas une simple propriété ou même un faisceau de propriétés identifiables, mais d'être, pour un moment, en relation d'amitié avec moi » (MM 97). Dans ces conditions, mieux vaut s'arrêter sur les différences de statut qui s'appliquent successivement ou sélectivement à une entité donnée que de s'entêter à rechercher une définition ou une essence de l'art. Un rocher au bord du chemin ne symbolise d'ordinaire rien ; le randonneur s'en sert de point d'appui ou s'agace de sa présence inopportune sur le sentier. Si on le transporte dans une vitrine de géologie, il *devient* un échantillon de granit qui exemplifie les propriétés typiques de son faciès ou quelque singularité morphologique ; dans un cristal de quartz fumé ou fantôme, le coefficient esthétique prend le pas sur l'identité chimique (dioxyde de silicium). Au chaos de Montpellier-le-Vieux, un esprit imaginatif diagnostique des formes pétrifiées et un adepte du *land-art* pourrait rêver d'une action sur la spatialité environnante. Il semble n'y avoir (presque) rien de commun entre ces multiples attitudes, bien que chacune d'elle fasse un usage sensé et pertinent – du convenu au plus exploratoire – des mêmes données.

L'art comporte souvent une articulation de modalités élémentaires susceptible de diverses réalisations, et parfois il se réduit à l'une d'entre elles. Ce qui le caractérise tient moins à l'acquisition ou à la révélation d'une propriété spéciale qu'à sa manière de relayer le parcours liant les symboles à leurs usages présymboliques. Et si nous avons l'impression que tel tableau est un chef-d'œuvre intemporel, c'est que nous sommes à notre insu accoutumés à postuler l'évidence de certaines conditions (il suffit de quelques coups de sonde historiques pour s'assurer de ce qu'il y a d'approximatif ou de fragile dans pareille certitude), ce qui rend à rebours scandaleuse toute situation qui affaiblit la fonction symbolique et à plus forte raison tend à l'annuler[1]. Ne serait-ce pas, soupçonne R. Rochlitz,

1. « Un tableau de Rembrandt cesserait de fonctionner comme œuvre d'art si l'on s'en servait pour boucher une vitre cassée ou pour s'abriter » (WW 90). Voir les articles aux titres éloquents d'Alan Nagel, « "Or as a Blanket" : Some Comments and Questions on Exemplification », *Journal of Aesthetics and Art Criticism*, 39 (1981) et Gérard Genette, « Peut-on boucher une fenêtre avec un Rembrandt ? »,

revenir alors subrepticement vers « une esthétique du connaisseur averti » – ce spectateur à la « réceptivité anormalement développée » mais au « talent platonique » et inaccompli selon la description de Friedländer[1] – dans la mesure où Goodman « fait abstraction des raisons pour lesquelles quelque chose comme l'art existe » ?[2] Un esprit chagrin ne manquerait pas d'ajouter qu'en dépit de son peu d'appétence pour l'axiologie, Goodman s'en tient le plus souvent à des exemples qui appartiennent à ce que la tradition nous a légué de moins problématique. Refuser de se prononcer sur des critères d'évaluation esthétique reviendrait alors paradoxalement à cautionner la fonction de l'expert.

La question sous-jacente vers laquelle convergent la plupart des objections précédentes porte en définitive sur la relation que l'expression entretient avec le monde de la vie ; dans quelle mesure posséder (de manière caractéristique) des propriétés expressives a-t-il à voir avec exemplifier ? Traditionnellement, on attache à une œuvre des « qualités personnelles » révélatrices de la psychologie ou des intentions de l'artiste. Ceci interdit d'assimiler les œuvres d'art à des objets ordinaires, mais seule l'affirmation perverse qu'elles sont des êtres physiques conduit à interpréter ces propriétés comme résultant d'un processus de transfert de propriétés. Margolis défend contre Goodman la thèse qu'« il est parfaitement possible qu'une œuvre d'art exhibe une qualité expressive d'une sorte conventionnelle sans remplir une fonction linguistique ou pseudo-linguistique en le faisant. Par exemple, un pas de danse peut exhiber une certaine langueur romantique typique (peut, puisque "langueur romantique" est une propriété intentionnelle, *exprimer* la langueur) sans *représenter*, sans *faire référence à*, sans *exemplifier* ou *symboliser* une telle langueur »[3]. L'exemplification apparaît donc comme un intermédiaire superflu qui pervertit la compréhension de l'« incarnation » (*embodiment*) culturelle. Elle n'a même pas l'avantage d'apporter une solution plus économique, et Goodman fait par ailleurs l'impasse sur l'expérience perceptive. Il semble dès lors difficile d'échapper à la conclusion que la justification goodmanienne

Libération, 6 septembre 1990 (le cas est à peine forcé : on a effectivement découvert un Van Gogh utilisé pour clore un poulailler !). Le cas de la dérision intentionnelle ou ludique doit bien sûr être traité à part.

1. *De l'art et du connaisseur*, Paris, Livre de poche série Art, p. 170.

2. Rochlitz, « Logique cognitive et logique esthétique », *Cahiers du Musée National d'Art Moderne*, n°41, 1992, p. 69 ; voir aussi p. 71.

3. J. Margolis, *Art and Philosophy*, Hassocks, Sussex, The Harvester Press, p. 96-97. Une position apparentée est défendue par S. Langer dans *Feeling and Form*, rééd. Prentice Hall, 1977, et remonte au moins à Santayana.

est circulaire : une fois posé que les œuvres d'art fonctionnent symboliquement, il faut bien inventer l'exemplification pour démontrer que les propriétés qu'elles possèdent le sont en vertu de la fonction symbolique requise[1]. L'adoption de la thèse de l'expression métaphorique n'est qu'un sous-produit du traitement extensionnel de l'art et de son cadre physicaliste ; le moyen le plus sûr de s'en débarrasser est d'adhérer au paradigme concurrent qui considère l'œuvre d'art comme une « entité culturellement émergente »[2].

Vuillemin partage le même type de soupçon car son argument sur le dédoublement de l'exemplification se répercute aussitôt sur le plan de l'expression, où il correspond d'ailleurs assez bien à deux usages familiers du mot « image » : d'un côté l'image verbale ou poétique qui « tire profit de ce que l'expression-dénotante a d'universel et de convenu » en vertu de l'action de règles linguistiques[3], de l'autre l'image qu'on pourrait dire « sensorielle » parce qu'elle doit exprimer dans le médium propre à une technique artistique la relation de participation entre un symbole et des données sensibles relevant le cas échéant d'autres catégories. Qu'on pense à la déclaration de Picasso pour qui la difficulté est de « peindre l'acidité d'un citron »[4]. Sartre va jusqu'à écrire que « si je mange un gâteau rose, le goût en est rose ... je mange rose comme je vois sucré »[5].

Tout se passe donc comme si Goodman se faisait une conception trop sommaire ou trop étroite de ce qui caractérise l'expressivité mise en jeu dans l'expression artistique. Une explication sémiotique par combinaison d'étiquettes ne saurait rendre compte de la « transitivité de l'exemplification » qui doit faire passer du visuel au gustatif dans l'expression « jaune-acide ». Certes une image ne peut contenir littéralement des sons ou des

1. Les passages les plus explicites figurent p. 14 et 182.

2. J. Margolis, *Art and Philosophy*, *op. cit.*, chap. 2, p. 24. Dans « The Eclipse and Recovery of Analytic Aesthetics », il se plaint de l'impossibilité de « tirer de l'œuvre de Goodman une idée claire de la manière dont l'esthétique analytique pourrait relever le défi des courants anti-analytiques » (in R. Shusterman, *Analytic Aesthetics*, Oxford, Blackwell, 1989, p. 178). Incidemment, Goodman remarque que la philosophie analytique a beaucoup évolué ; des « chamailleries localisées » ont remplacé « la bataille des dieux et des géants », cette gigantomachie qu'évoque Platon (*Sophiste*, 246a) après Hésiode ; le renoncement à « des descriptions complètes et finales de la signification » n'invalide nullement l'idée d'une connaissance symbolique (EC 91).

3. Il est cependant peu probable que cette caractérisation convienne à l'analyse bachelardienne de l'image poétique, telle qu'elle est thématisée dans la conclusion de *L'Air et les songes*, Paris, Corti, 1943 et l'introduction de *La poétique de la rêverie*, Paris, P.U.F., 1960.

4. J. Vuillemin, *L'Âge de la Science*, vol. III, n°1, p. 83.

5. J.-P. Sartre, *L'Etre et le Néant*, Paris, Gallimard, 1943, p. 707.

saveurs mais Goodman remarque que ce type de frontière « est comblé sans même y penser dans le langage quotidien » (MM 85), témoin les deux modalités sous lesquelles nous nous servons du langage, l'oral et l'écrit[1]. Des énonciations et des inscriptions d'une même expression *E* sont au même titre des occurrences de *E* et des répliques de *E*, quand bien même elles diffèrent dans leur apparence, puisque les unes sont des sons et les autres des marques graphiques qu'on doit d'abord identifier visuellement. Cela n'empêche personne de noter par écrit des paroles entendues et de jouer de toutes les nuances auditives d'une phrase. La seule véritable complication est que les symboles iconiques n'ont pas avec leurs homologues acoustiques ou gustatifs de relation constante (*ibid.*) mais l'examen des langages de substitution à l'usage des aveugles ou des sourds-muets aiderait à expliciter ce point. L'étude des contextes intermodaux qui dépassent la portée d'un unique registre sensoriel est encore trop embryonnaire pour qu'on soit parfaitement en mesure d'appréhender toutes leurs promesses[2].

L'enjeu ultime de la critique porte sur le rôle des émotions dans l'activité artistique. « Leur instabilité et leur versatilité font qu'elles ne peuvent devenir des matériaux symboliques et il en va de même pour les qualités sensibles dans la mesure où elles sont pénétrées d'affectivité. Connaître cet univers comme réglé, s'exercer à le dominer en le jouant, et goûter comme un plaisir propre cette domination et cette clarté produites dans le désordre et dans l'obscurité, telle paraît être l'une des fonctions principales de l'art » écrit Vuillemin[3]. Est-ce que cela a pour conséquence qu'elles sont inaptes à fonctionner cognitivement ? La réponse viendra sans doute moins d'une décision philosophique que d'un surcroît d'information empirique, en provenance de recherches menées à la croisée des sciences humaines et des sciences cognitives, et de plus en plus des programmes de neuroesthétique[4].

1. « La musique non dénotationnelle opère de manière semblable [à la peinture abstraite] avec les propriétés auditives, mais non avec les propriétés auditives exclusivement ; car ce que nous entendons peut exemplifier des propriétés de ce que nous voyons » (MOM 86).

2. Voir principalement MM III, 4 et 5 ainsi que RPAS IV.

3. J. Vuillemin, art. cit., p. 84. L'idée de « vertu esthétique » développée par Pouivet (*Le réalisme esthétique*, Paris, P.U.F., 2006, chap. 4) en constitue une reformulation moderne mais elle ne présuppose nullement la maîtrise d'un répertoire prédéterminé.

4. Parmi bien d'autres : J. D. Vincent, *Biologie des passions*, Paris, O. Jacob, 1986 ; J. Ninio, *L'empreinte des sens*, O. Jacob, 1989 ; R. Vigouroux, *La Fabrique du beau*, Paris, O. Jacob, 1992, S. Zeki, *Inner Vision. An*

La conviction de Goodman est que trop longtemps la prévalence de la beauté et de ses corollaires a exercé une action néfaste et hypnotique sur le discours en matière d'art. Il insinue que l'insistance mise sur l'excellence dans l'art n'aura été qu'une façon impure de dissimuler le défaut d'excellence de l'esthétique (PP 121, LA 304). Il en va d'ailleurs de l'art comme de n'importe quelle autre activité, la majorité de ses productions a toutes chances d'être médiocre, et la quête de la beauté est loin de représenter la préoccupation majeure des artistes. Pour autant, il serait à coup sûr absurde de répudier tout recours à ces notions, car elles sont indispensables à titre de *moyens* d'appoint dont l'on dispose en face d'une œuvre[1]. Déclarer que « l'excellence esthétique » ne se distingue pas de « l'excellence cognitive de la symbolisation en général » (LA 301) par quelque attribut surnuméraire, et qu'elle n'est qu'une des « excellences cognitives de toutes sortes » (RPAS 152) ne condamne pas à tout mettre sur le même plan. Si la seule chose dont on est sûr est que « l'excellence générale qu'on vient d'esquisser ne devient esthétique que lorsque ce sont des objets esthétiques qui en font preuve » (LA 302) on n'a certes pas avancé beaucoup, et l'on reste tributaire d'un hypothétique critère esthétique, ou plus modestement de symptômes esthétiques, moyennant une pondération appropriée des facteurs et des contextes. C'est pourquoi il ne se lasse pas de batailler contre les lieux communs qui placent en exclusion réciproque le cognitif et l'émotif; le bénéfice majeur de la symbolisation passe par l'affirmation que « *les expériences esthétiques peuvent être à la fois cognitives et affectives* » (EC 88). Les émotions ne se rapportent pas à une excellence déjà éprouvée qu'elles couronneraient à la manière d'un éphémère trophée[2], elles contribuent à la rendre explicite (MOM 7); dans cette mesure, « la torpeur émotionnelle invalide aussi sûrement sinon aussi complètement que la cécité ou la

Exploration of Art and the Brain, Oxford University Press, 1999; R. Solso, *Cognition and the Visual Arts*, MIT Press, 1994; J.-P. Changeux, *Du vrai, du beau, du bien*, Paris, O. Jacob, 2008.

1. « Loin que les jugements portant sur des caractéristiques spécifiquement esthétiques soient de simples moyens en vue d'une appréciation ultime, ce sont les jugements de valeur qui sont souvent de simples moyens pour discerner des caractéristiques spécifiques » (PP 120). De même, LA 304. Ainsi l'histoire et la critique échangent leurs fins et leurs moyens : « là où l'historien utilise sa saisie du style pour identifier un tableau comme étant de Rembrandt, ou un poème comme dû à Hopkins, le critique utilise l'identification de l'auteur comme une étape du processus qui cherche à discerner les propriétés de l'œuvre de Rembrandt, ou de celle de Hopkins » (MM 64-65).

2. « Les sentiments évoqués par une œuvre n'ont pas en eux-mêmes d'intérêt esthétique; ce sont des modalités, des moyens de la compréhension. Les émotions raffinées, les perceptions fines ont une valeur esthétique parce qu'elles nous rendent capables de discerner, de distinguer des aspects subtilement signifiants d'une œuvre. » (EC 88); ce qui rejoint LA 293-294.

surdité » (LA 290). Encore faut-il prendre en compte toute la gamme des affects et ne pas la réduire par avance à l'admiration et à l'amour (MOM 7, LA 288-9) comme le subjectiviste a tendance à le faire[1].

Goodman ne conteste pas que l'émotion engendre une satisfaction, mais à rebours qu'une satisfaction (fût-elle spéciale) soit requise à titre de condition préliminaire. Lui faire le reproche d'« anesthésier » l'expérience esthétique, c'est ne pas prêter une attention suffisante à deux formules qui se répondent l'une l'autre symétriquement. La première apporte la précision qu'« en soutenant que l'expérience esthétique est cognitive, je ne l'identifie en aucune façon avec le conceptuel, le discursif, le linguistique » (MOM 84). Est cognitif non pas ce qui relève de tel secteur spécialisé, cérébral ou technique, mais tout ce qui contribue à affiner l'usage de nos capacités[2], « de la discrimination perceptuelle en passant par la reconnaissance de formes et les aperçus émotifs jusqu'à l'inférence logique » (*ibid.*). La seconde précision est qu'à la différence des théories, les langages sont ainsi faits que le savoir qu'on en a est partiel (MOM 95) et qu'il n'est nécessaire de maîtriser qu'une fraction des énoncés et des termes qu'il contient pour un usage correct. Les symboles représentationnels n'y échappent pas non plus, en dépit des mécanismes récognitionnels et des routines perceptives. La cognition apparaît alors de plus en plus comme une épreuve toute en finesse et pour ainsi dire en saveur, une *mètis* instruite, soucieuse de rigueur autant que de plaisir. Il faut prendre Goodman au pied de la lettre lorsqu'il écrit que « bien loin de vouloir désensibiliser l'expérience esthétique, je veux sensibiliser la cognition » (MOM 8)[3]. Tel est le défi de la troisième phase de reconception de la philosophie (RPAS 164), élaborer des concepts propres à intégrer une vision plurisymbolique avec la capacité corrélative de maîtriser les ajustements appropriés – d'une version à un monde, d'un monde à une version, d'une version à d'autres versions, congruentes ou non (MM 189) – et de sensibiliser la valeur de chaque paramètre.

1. À ses yeux, c'est le non cognitiviste qui, par sa méfiance obstinée envers l'acte de comprendre, se trouve acculé à un dilemme intenable et ruineux : ou bien conclure que l'interprétation n'apporte aucune compréhension, ou bien que la compréhension qu'elle fournit ne contribue en rien à l'expérience esthétique de l'œuvre (EC 82-84).

2. « Discerner qu'une œuvre est attendrie et douce est tout autant pour moi une affaire cognitive que de percevoir qu'elle reflète des aspects de notre temps » (MOM 85, à propos de jugements sur Dubuffet).

3. En réponse à J. Ackerman. Voir mon article « Enjeu cognitif et/ou théorie cognitive », dans S. Darsel et R. Pouivet (dir.), *Ce que l'art nous apprend*, Rennes, PUR, 2008.

C'est toute l'évaluation du sensible qui est remise en chantier, repensée à partir de référentiels qui ne s'y réduisent pas. Il n'en ressort ni appauvri, ni inconnaissable mais un monde ouvert, plus structuré et plus profond qu'on ne l'avait imaginé, plus surprenant aussi au-delà des évidences naturelles. Opposer la connaissance et le plaisir relève d'une conception trop unilatérale de la science et de l'art. Imputer sans nuances à Goodman un « primat de la dénotation » dans le domaine artistique est tout aussi excessif puisque le propre de l'exemplification est de développer une attention centrée sur le symbole lui-même, sa non-transparence plutôt que son usage conventionnalisé. Comme la variation, elle met en jeu une dimension théorique et une réponse expérimentale. L'illustration la plus significative est à chercher dans les spectacles multimédia écrits et produits par Goodman. *Hockey Seen* (1972)[1], *Rabbit, Run* (1973) et les *Variations (sur les Ménines)* (1985) ne constituent pas de simples curiosités à mettre au compte d'une personnalité imaginative ou atypique. On dirait volontiers que ces productions constituent trois « performances » philosophiques qui sont un complément nécessaire de *LA*, non pas une application justement mais une forme de recréation poïétique où l'on passe du monde de l'analyse conceptuelle et des définitions à la concrétisation d'un programme interprétatif original (RPAS 83). Tout se passe en fin de compte comme s'il y avait deux visages contrastés et néanmoins connexes dans la pensée de Goodman : tant que l'exemplification est envisagée comme relation logique, elle semble limitée, délicate à interpréter, et nourrit le soupçon de banaliser le fonctionnement de l'art ; prise en revanche dans le contexte d'une œuvre ou d'une situation, c'est la vitalité de l'art qui lui confère son sens et sa portée véritable. Faire remarquer cela n'annule pas les réticences des philosophes ni ne légitime le pouvoir des artistes ; le déplacement d'accent minimise au moins les risques de malentendu.

1. Créée à Harvard, cette réalisation a fait l'objet d'une exposition au Haggerty Museum of Art de Marquette University, Milwaukee, du 28 septembre 2006 au 14 janvier 2007, à l'occasion de la réunion annuelle de l'ASA. Voir également MOM 193.

chapitre 4
théorie de la notation

> Les compositeurs combinent des notes. C'est tout. Comment et en quoi les choses de ce monde s'impriment sur la musique, ce n'est pas à eux de le dire.
>
> Igor Stravinsky, *Dialogues*[1]

À elle seule, la théorie de la notation occupe un bon tiers de *Langages de l'art*. On y reconnaît d'emblée le penchant de Goodman pour l'analyse patiente, technique, constructive qu'il pratique depuis ses premiers travaux. Pourtant, dans l'économie de sa recherche, on ne dira pas forcément que c'est le moment le plus décisif. Il est significatif qu'elle soit introduite de manière plutôt circonstancielle comme « une tâche » fastidieuse imposée par l'existence des contrefaçons qui mettent en péril l'identification des œuvres (LA III, 5). Cela ne lui retire cependant rien de son intérêt ni de sa portée, car il convient aussi de remarquer que l'élaboration conceptuelle du chapitre IV de *LA* – qui traite les notations en tant que produit d'une axiomatique adéquate[2], et les confronte à d'autres systèmes pratiques – prend place entre le chapitre qui s'apparente le plus au traitement d'une question d'esthétique au sens habituel du terme et celui qui jette les bases d'une classification sémiotique des arts centrée sur leurs particularités opératoires.

1. Cité par A. Boucourechliev, *Igor Stravinsky*, Fayard, 1982, p. 281.

2. Goodman autorise même ses lecteurs qui seraient rebelles à la logique à escamoter ces passages (LA 28 et LA 209 note 2).

Il ne faut pas oublier non plus que ces questions n'ont émergé que tardivement dans les recherches de Goodman. En effet, dans l'article de 1953, « On Some Differences about Meaning » (PP V, 3) qui complète celui de 1949 cité plus haut, il tirait de la possibilité de rendre compte de la différence de signification sans faire intervenir rien d'autre que des objets physiques la conséquence qu'il n'existe rien de tel qu'une dépiction pure, ou plutôt qu'il est vain d'espérer séparer rigoureusement l'élément représentationnel de l'élément conventionnel dans un symbole (PP 232). La description équivalant à une façon d'« imager » au moyen de mots (*word-picturing*), on passe sans solution de continuité du tableau réaliste au croquis puis à la peinture semi-abstraite ou stylisée, au diagramme, au signe idéographique et enfin au mot[1]. Certes, on ne peut contester que la nature morte la plus minutieuse comporte une part de schématisation ainsi que des artifices de présentation[2] et, à l'inverse, on a pu soutenir qu'une description verbale, prise en tant que séquence d'inscriptions, reste tributaire d'une forme picturale[3]. *Langages de l'art* contribue à réfuter sur ce terrain aussi l'illusion réaliste : « par accoutumance jamais une description ne deviendra une dépiction. Les noms français les plus ordinaires ne sont pas devenus des images » (LA 65)[4]. La voie est en tout cas ouverte pour la recherche de critères de notationalité capables de caractériser fonctionnellement n'importe quel ensemble symbolique et non pas seulement de décrire des ressemblances et des contrastes entre des marques diverses[5].

1. Certaines hypothèses sur les origines de l'écriture chinoise pourraient même fournir des arguments.
2. Svetlana Alpers en propose une illustration saisissante sur l'exemple de W. Kalf (mise en scène du citron avec la volute déroulée de son écorce, etc.), *L'Art de dépeindre*, Paris, Gallimard, 1991.
3. Toutes les formes de cratylisme le vérifient peu ou prou, à commencer par la conception de Wittgenstein que l'ordre des mots peut refléter la juxtaposition des objets correspondants, défendue dans les *Carnets 1914-1916*, Paris, Gallimard, 1971, p. 32-33.
4. De même LA 273-274.
5. Remarque importante : la perte de crédit des théories sémiotiques a eu pour conséquence de faire apparaître la construction goodmanienne comme le fossile d'une époque révolue. Quelques tentatives de renouvellement ont néanmoins été faites qui combinent une critique de la conceptualisation de Goodman et une reconception de son projet ; c'est en particulier le cas de la théorie représentationnelle de la notation de J. Dilworth (« A Refutation of Goodman's Type/ Token Theory of Notation », *Dialectica*, vol. 57 n°3, 2003) et de la théorie des propriétés syntaxiquement pertinentes de J. Kulvicki (*On Images : Their Structure and Content*, Clarendon Press, Oxford, 2006).

étude métathéorique des ensembles notationnels

L'orientation générale de la théorie commande de choisir comme unité de base un élément aussi neutre que possible qu'on appellera une marque. Dans la terminologie de Goodman, une marque subsume toute forme d'inscription matérielle ou de réalisation orale d'inscriptions linguistiques ou musicales (LA 169). La construction adopte comme principe directeur la distinction logique usuelle entre propriétés syntaxiques (spécification des relations entre marques et entre marques et caractères, règles de concaténation, etc.) et sémantiques (mise en relation de la structure syntaxique avec un domaine d'application ou d'interprétation). Elle utilise l'appareil conceptuel du calcul des classes (appartenance ou non d'une marque à un ensemble) sans d'ailleurs adopter son symbolisme, et non celui du calcul des individus développé dans *La structure de l'apparence*, moins familier et qui ne présenterait pas d'avantage déterminant dans un contexte neutralisé sur un plan épistémologique. Ce programme peut se décrire en trois étapes :

(A) Définition de caractères par sélection des aspects qui sont constitutifs du point de vue notationnel.

Intuitivement la condition pour qu'un groupe de marques relève d'un seul et même caractère est que toutes les propriétés contingentes de ces marques n'affectent pas leur fonctionnement sémiotique[1]. Dans les langages discursifs par exemple, les variantes d'écriture ou de typographie ne modifient pas l'identité des signes ni leur fonction au sein de la phrase, ce qui n'empêche pas de préférer pour tel dessein particulier un texte imprimé en Bodoni plutôt qu'en Garamond, ou d'apprécier une graphie soignée. La ressemblance extérieure des marques n'a même pas une importance décisive, puisqu'une inscription peut faire partie d'un caractère alors qu'elle est topologiquement équivalente à une marque d'un autre caractère (PP 439) :

B   B   O

1. « Tout symbolisme est partiel, ou encore abstrait » écrit Jean Nicod, *op. cit.*, p. 114, qui ajoute immédiatement : « Dans tout symbole, l'aspect qui symbolise quelque chose s'accompagne d'autres aspects qui ne symbolisent rien, et dont l'esprit le dégage. Dans les lettres de l'alphabet, la forme seule est symbolique du son : la couleur de l'encre, la dimension des traits ne veulent rien dire. L'ordre des mots à l'intérieur d'une ligne symbolise un ordre analogue des sons. Par contre, l'ordre des mots placés verticalement les uns sous les autres est un accident dû au format, et ne symbolise rien ».

Il est cependant indispensable de prévoir des règles de décision suffisamment explicites en face de cas ambigus ou indéterminés, tels le «d» à mi-chemin du «*a*» et du «*d*» (LA 174-5) ou le « A » intermédiaire entre un «*A*» et un «*H*» (RR 98-100).
Ce genre d'exemple illustre parfaitement à quel point la notion de réplique diffère de celle de copie. Aucun degré de similarité n'est exigé (LA 209 note 3), à plus forte raison l'idée d'une duplication qui les rendrait indiscernables par simple élimination d'aspects parasitaires. Il ne faut donc pas se laisser abuser par l'expression goodmanienne de « copie vraie » (LA 169); elle ne connote pas une ressemblance qui se hausserait jusqu'à l'indiscernable mais repose uniquement sur une définition *univoque* des caractères. En termes plus techniques, la *réplication* syntactique est une relation d'équivalence qui assure l'indifférence-de-caractère entre marques ou, sous forme plus ramassée, leur *C-indifférence*. Elle en vérifie les trois propriétés mathématiques : réflexivité (pour toute marque *m*, *m* appartient au même caractère que *m*), symétrie (si *m* appartient au même caractère que *m*', *m*'appartient au même caractère que *m*) et transitivité (si *m* appartient au même caractère que *m*'et *m*'au même caractère que *m*", *m* appartient au

même caractère que *m*", ce qui permet d'affirmer que toute réplique de *m* est une réplique d'une réplique … de *m*, quel que soit le nombre d'intermédiaires.) Chaque caractère forme une classe d'équivalence, élément d'une partition de l'univers des marques; ainsi une lettre, dans une langue à alphabet, est une classe d'équivalence prise dans la liste des caractères qui sont reconnus. On pourrait dire que, sous ces conditions, les marques sont équivalentes ou échangeables *salva littera*.
Le choix des caractères est en lui-même indifférent bien qu'interviennent le plus souvent des considérations de commodité. Dans les langues alphabétiques, il est naturel de choisir la lettre (ou le signe de la notation phonétique internationale) mais le japonais fait usage de syllabaires[1], et aucun argument de fond ne pourrait disqualifier le choix de tout syntagme approprié. L'augmentation du nombre de caractères ou la complication de la règle de combinaison se paierait en revanche par la lourdeur ou par l'instabilité du système.

(B) La seconde étape consiste à sélectionner les réquisits syntaxiques aptes à garantir la C-indifférence entre marques.

1. Les *hiragana* et les *katakana* comprenant chacun 60 signes syllabiques, qui sont utilisés conjointement avec environ 3000 *kanji* d'origine chinoise.

Il en va d'une notation comme de n'importe quel système formalisable ; elle doit vérifier sur le plan syntaxique des conditions contraignantes de formation d'énoncés sans lesquelles le choix des axiomes serait vain. Les deux réquisits goodmaniens jouent respectivement le rôle de la consistance et de la complétude ou de la décidabilité (la distinction entre ces notions est secondaire pour le dessein présent) dans les systèmes formels.

Le réquisit de *disjointure* stipule « qu'aucune marque ne peut appartenir à plus d'un caractère » (LA 170) ou, ce qui en est un corollaire, que « des marques dont on juge correctement qu'elles sont co-membres d'un caractère seront toujours des copies vraies les unes des autres » (LA 172) tandis qu'aucune ne le sera avec un non-membre[1]. Cette condition assure la non-contradiction du système sans laquelle il comporterait inévitablement des occasions de déstructuration. En effet, si une marque indéterminée pouvait appartenir à deux caractères, ou bien l'équivalence syntaxique serait abolie, ou bien cela entraînerait la fusion des deux caractères, appauvrissant *de facto* l'alphabet. La disjointure est donc essentielle à la stabilité du système, mais elle ne se confond pas avec une discrétude physique des caractères[2] ; on peut admettre des caractères qui se chevauchent ou qui s'incluent, tant que la notation les traite comme des caractères distincts.

L'autre réquisit porte sur l'*articulation* ou différenciation finie. Il impose une condition récursive en vertu de laquelle on doit pouvoir décider en un nombre fini d'étapes si une marque donnée appartient ou non à un caractère. La présentation de Goodman pourrait laisser croire de prime abord qu'il s'agit d'un simple prolongement du réquisit précédent, fixant la résolution maximale de l'appareil d'analyse, et fournissant un test théorique décisif, là où des procédures empiriques ne donnent pas de résultat concluant. Ceci reviendrait à incriminer des facteurs d'ordre technologique comme la fiabilité des méthodes reprographiques, etc., ce qui est évidemment très loin de compte. En réalité, les deux réquisits sont indépendants au sens où chacun peut être satisfait sans l'autre[3], mais ils sont

1. Goodman rappelle qu'il s'agit en fait de la notion carnapienne de classe d'abstraction (d'une relation d'équivalence), voir LA 209-210 note 4.

2. De même qu'un individu n'est atomique que relativement aux variables du plus bas degré dans le système, un caractère n'est discret que dans le cadre d'une notation donnée, *cf.* LA IV, 3 et en particulier LA 211 note 8.

3. Un exemple d'ensemble disjoint non différencié est le schéma de classification de tirets pour lequel toute différence de longueur compte comme différence de caractère (LA 174), un exemple d'ensemble différencié non disjoint celui dans lequel toutes les inscriptions sont différentes mais où deux caractères possèdent une inscription quelconque en commun (*ibid.*).

complémentaires puisqu'aucun des deux isolément n'est en mesure d'assurer un résultat satisfaisant et fiable du point de vue notationnel. Un ensemble disjoint qui serait non différencié – c'est-à-dire dense au sens algébrique – perdrait aussitôt le bénéfice de cet avantage puisque la multiplicité des caractères serait un handicap insurmontable à toute vérification d'appartenance des marques, et inversement sans disjointure la différeniation tourne court[1]. En toute rigueur d'ailleurs, la densité est une condition plus forte que l'indifférenciation puisqu'elle présuppose qu'il existe, entre deux éléments quelconques, une infinité d'éléments intermédiaires ; dans la pratique la différence n'est toutefois pas si grande, les ensembles symboliques ayant tendance à se polariser selon des couples d'extrêmes.

Une notation rend un système décidable au sens des logiciens : non seulement on ne peut y admettre une formule et sa négation mais on doit pouvoir préciser laquelle est effectivement recevable. Appliqué à une marque, le réquisit énonce donc que, pour toute marque m disjointe, et pour tout couple de caractères C_1 et C_2, il est possible de déterminer soit que m n'appartient pas à C_1, soit que m n'appartient pas à C_2.

La notion de différenciation se concrétise immédiatement lorsqu'on compare une phrase et une image – par exemple un dessin au graphisme très nerveux, disons une lithographie de Carzou. Rien n'interdirait de choisir comme caractère un segment de droite mesurant exactement dix centimètres. On cherche alors à vérifier si une marque donnée appartient ou non à ce caractère. L'usage d'un double-décimètre laisse une approximation suffisante pour qu'on ne sache décider si le segment mesure 10 cm ou 9,9 cm ; un instrument plus précis ne fait que repousser l'incertitude sur la décimale suivante. Quel que soit le degré de précision atteint, l'attribution de la marque à un unique caractère est douteuse et en conséquence l'image n'est pas notationnelle. Imputer ce défaut de notationalité à une complexité intrinsèque de l'image est à côté de la question ; il n'y a aucune différence de ce point de vue entre le *Carré blanc sur fond blanc* de Malevitch et le tableau impressionniste le plus foisonnant. Le nombre des caractères n'est pas non plus déterminant ; un ensemble qui ne possèderait que deux caractères pourrait néanmoins être partout indifférencié si l'on ne sait pas classer correctement ces marques (c'est le cas chaque fois qu'on se donne une condition du type : supérieur *vs* inférieur à k) alors que l'infinité du

1. Ainsi l'ensemble $\mathbb{R}$ des réels peut être mis en bijection avec l'intervalle]0,1[.

nombre des caractères ne compromet pas la notationalité comme on le vérifie sans peine avec la notation fractionnaire arabe[1].

(C) La dernière étape est d'associer aux réquisits syntaxiques leurs homologues sémantiques.

En effet, à la différence du formalisme qui peut se contenter de saisir des traits structuraux, l'approche de l'œuvre d'art en tant que symbole inclut obligatoirement son fonctionnement référentiel. Or, l'ensemble des réquisits syntaxiques n'engendre qu'un *schéma* notationnel, alors qu'un *système* notationnel au sens strict doit être également structuré sur le plan sémantique, c'est-à-dire être ce que Goodman appelle une partition[2]. Le point central concerne la relation entre les caractères et leurs extensions ou, dans le cadre de la reformulation discutée dans *LA III*, leurs classes-de-concordance. Si le rapport de concordance est variable, autrement dit si les éléments dénotés ne sont pas de manière constante les images des mêmes caractères, il est impossible d'éviter l'ambiguïté ; il se produit alors le même genre de déficit qu'engendre l'absence de réplication au niveau syntaxique, et la notation ne peut fonctionner de façon effective.

Il est facile de prévoir que les mêmes contraintes qu'on a rencontrées sur le plan syntaxique valent aussi sur le plan sémantique. Deux réquisits supplémentaires sont donc à retenir : la disjointure et la différenciation finie des classes-de-concordance. Ce qui est en cause maintenant, c'est l'unicité de la chaîne menant d'un caractère (en fait de l'une de ses marques) à un concordant qui concorde à son tour avec d'autres marques, et ainsi de suite. Les réquisits sémantiques garantissent qu'on n'aboutira jamais à des classes-de-concordance qui s'incluent ou s'intersectent (voir les figures 9 et 10, dans LA 185-6) et, dans la mesure du possible, que des carac-tères différents auront toujours des classes-de-concordance différentes (il est en fait très difficile d'éliminer totalement la redondance, violation mineure de la notationalité que même la notation musicale standard ne parvient pas à éviter, LA 187 et 221).

1. En tant que telle, cette notation est différenciée, mais cela n'implique évidemment pas que toute mesure arithmétique le soit *ipso facto* (LA 210 note 5) car les quantités mesurées sont des nombres ou des grandeurs et non plus des symboles.

2. La partition musicale ordinaire n'est qu'une approximation de ce qui est ici exigé. L'usage du terme est en fait suffisamment technique pour qu'il devienne utile de rebaptiser la notion goodmanienne en *partition**. C'est du moins la suggestion judicieuse de J. Girard dans sa thèse soutenue en 2008 à Paris 3, *Régimes de répétabilité et musique répétitive*, M.-D. Popelard (dir.), p. 117-132. Voir par ailleurs la dernière partie de ce chapitre.

L'ensemble des réquisits fixe des conditions extrêmement fortes que fort peu de candidats à la notationalité sont capables de satisfaire. Si l'on parvient tant bien que mal à doter un ensemble d'une syntaxe adéquate, l'organisation stricte des concordants est une affaire beaucoup plus délicate puisqu'elle engage en fin de compte la structuration d'aspects de la réalité elle-même. Avant d'envisager quelques cas significatifs, un premier bilan s'impose, présenté sous forme d'un tableau qui fait ressortir, d'une part le parallélisme des séries syntaxique et sémantique, d'autre part la stratification épistémologique qui mène en descendant du niveau le plus descriptif jusqu'au plus décisionnel.

	Réquisits	
	syntaxiques	sémantiques
Identité opératoire	EQUIVALENCE réplication (C-indifférence entre marques)	3 EQUIVALENCE non-ambiguité (invariance du rapport de concordance)
Structure notationnelle	1 DISJOINTURE des caractères	4 DISJOINTURE des classes de concordance
Critère de décidabilité	2 DIFFERENCIATION FINIE des caractères (articulation)	5 DIFFERENCIATION FINIE des classes de concordance
	schéma notationnel	
	système notationnel	système notationnel

typologie des ensembles symboliques

L'élaboration des réquisits notationnels résumée ci-dessus forme la pierre de touche d'un classement des variétés symboliques de base et, par voie de conséquence, d'une classification fonctionnelle des arts. C'est dire d'emblée qu'on ne saurait attendre de Goodman ni une déduction de l'essence métaphysique et « historiale » de l'art à la manière de Hegel, ni une structuration des arts sur la base de « sensibles propres » à la Souriau (ligne, lumière, mouvement, etc.)[1]. Son approche se démarque des leurs, autant en ce qui touche l'arrière-plan philosophique que l'identification des signes eux-mêmes, puisqu'il privilégie délibérément les relations *intersymboliques* au détriment d'une qualité *sui generis* attachée à chaque médium artistique. Ainsi un collage cubiste ou pop-art peut inclure des fragments de journal ou d'objets sans cesser de fonctionner comme une image (y compris lorsqu'on ne néglige pas des inscriptions comme « vieux marc » ou « un coup de thé » dans les œuvres éponymes de Picasso) alors qu'une page calligraphiée demeure un texte, en dépit de sa valeur décorative ou suggestive, aussi longtemps qu'on la prend pour un document porteur de sens. Les développements suivants renvoient à des cas relativement « purs », sans éluder cependant l'attraction que chaque espèce exerce sur ses voisines et l'interaction qui peut en résulter.

Faisant mienne la conviction de Peirce que « les énoncés abstraits sont sans valeur dans le raisonnement s'ils ne nous aident pas à construire des diagrammes »[2], et pour rendre hommage à un des textes peu nombreux qui en défend la dignité théorique, je fais le choix d'une présentation imagée où un même schéma de base (figurant les deux dimensions syntaxique et sémantique par des axes de coordonnées vertical et horizontal dans un repère cartésien orthogonal) est décliné selon plusieurs types de contextes d'usage. Le paramètre le plus significatif est en effet la différenciation qui permet la mise en opposition polaire de la densité et de l'articulation. Les quatre quadrants ainsi définis délimitent l'espace de représentation des variétés symboliques et ils en épuisent la somme des combinaisons. Pour une première vue d'ensemble, une simple aire grisée claire – et plus sombre pour l'addition des deux différenciations – peut suffire :

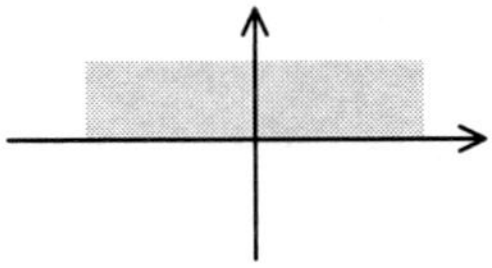

Schéma notationnel

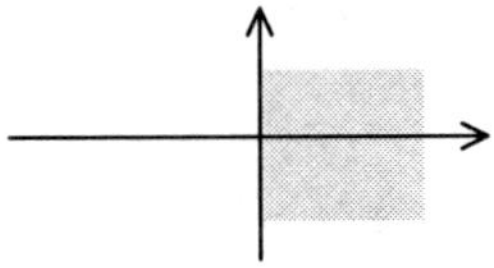

[différenciation sémantique]

1. E. Souriau, *La Correspondance des arts*, Paris, Flammarion, 1947, avec la célèbre roue (p. 126).
2. C. S. Peirce, *Collected Papers*, 4.127, C. Hartshorne, P. Weiss (ed.), Cambridge, Mass., Harvard University Press, 1931-1935.

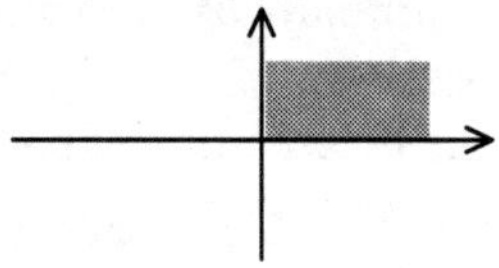

Système notationnel

On vérifie sans peine qu'un système est notationnel s'il combine une double structuration syntaxique et sémantique. La première suffit au formaliste mais elle ne fournit aucun principe d'interprétation. Et la seconde n'apporte un avantage que si l'on ne perd pas la première.
Ce diagramme ayant une portée tout à fait générale, il convient aussitôt de le spécifier de plusieurs manières afin de mieux prendre en charge la diversité des vocabulaires et des problématiques qui viennent s'y superposer. Les trois suivantes démarquent de près les analyses goodmaniennes, tout en ouvrant la voie à d'autres considérations qui en relativisent certains aspects.

paradigme technologique

L'histoire récente des technologies informationnelles illustre avec netteté la distinction de deux sortes de méthodologies et d'appareillages : analogiques et digitaux (ou numériques)[1]. Goodman remarque que ces termes usuels sont assez trompeurs si on se fie à leur étymologie (LA 195) mais il reste vrai que l'analogique a partie liée avec une variation continue de ses variables alors que le digital passe par une computation binaire. L'histoire récente a montré que, soit en informatique, soit dans l'enregistrement des sons, et encore plus dans le domaine immense des images de synthèse, les méthodes numériques ont irrésistiblement pris le pas sur les procédures analogiques. En dehors des implications techniques proprement dites, la théorie des symboles a certainement beaucoup à apprendre de considérations de ce genre.
L'idée simple de Goodman est que le digital n'est rien d'autre que la traduction opératoire de la différenciation[2]. Numériser un système, c'est le doter de propriétés syntaxiques et sémantiques discrètes en convertissant l'information source par le biais d'un codage approprié. Le digital et

1. L'anglais se sert du couple *analogical / digital*. En français, c'est analogique / numérique qui a finalement prévalu lors du passage du domaine technique au langage ordinaire. Mais l'origine des deux termes est homologue.

2. Pour discuter la portée de l'interprétation de Goodman en ce qui concerne le digital, voir les remarques de F. Varenne, *Qu'est-ce que l'informatique ?*, Paris, Vrin, 2009, p. 73-77.

l'analogique sont donc l'antithèse l'un de l'autre puisque ce dernier est doublement dense quant à ses marques et ses classes-de-concordance, alors que le premier ne l'est sur aucun des deux plans. Mais cette opposition est au moins autant une question d'usage que de structure physique, comme en témoigne la montre à cadran gradué qui autorise deux modes de lecture : ou bien apprécier la distance absolue de l'aiguille d'avec la graduation la plus proche (il y a corrélation bicontinue entre le déplacement de l'aiguille et la quantité de temps écoulé), ou bien repérer l'intervalle entre deux graduations consécutives où se situe l'aiguille, sa position exacte cessant alors d'être significative. Une telle montre à aiguilles est équivalente à une montre à affichage numérique, ce qu'illustre le cas des horloges à aiguille « sauteuse » qui étaient autrefois fréquentes dans les bâtiments publics.

Il est toujours possible de passer d'un pôle à l'autre, moyennant quelques précautions. Un ensemble analogique évolue vers le digital par effacement d'éléments, mais si l'on se contente de supprimer au hasard des caractères, on a toutes chances d'engendrer de l'ambiguïté (insuffisamment de caractères dénotants pour un univers sémantique qui reste dense) et si on se borne à effacer des classes-de-concordance, on engendre une redondance plus ou moins importante (excès de caractères vacants ou coextensifs) ; seule l'action conjuguée sur les deux dimensions (symbolisée par la diagonale) garantit une solution équilibrée. Les mêmes considérations s'appliquent *mutatis mutandis* au cheminement inverse, par supplémentation d'éléments [1], puisque la densification sémiotique se paye le plus souvent par du gaspillage sur le plan syntaxique et par une inadéquation sémantique. Le couplage des variations syntaxiques et sémantiques semble donc une condition *sine qua non* d'efficace opératoire.

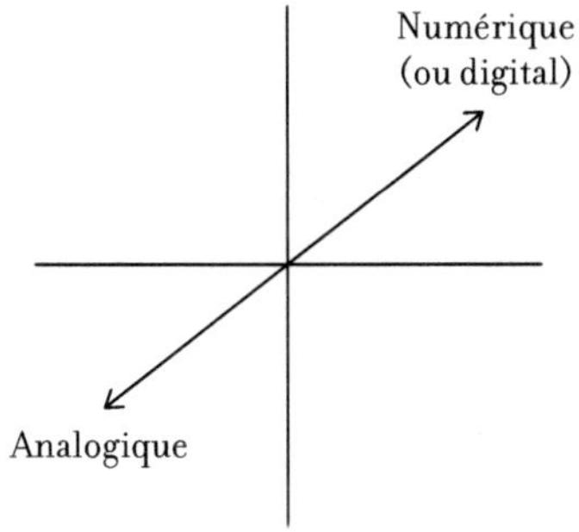

1. Goodman consacre par ailleurs toute une section (LA IV, 9) à réinterpréter la pratique inductive et ses modalités à travers le processus de supplémentation.

Il convient en outre de remarquer que « "digital" et "analogique" s'appliquent non pas aux symboles isolés mais aux schémas symboliques » (RPAS 127). Il serait en conséquence erroné de conclure qu'un portrait constitué de points (ou d'autres marques) plus ou moins denses, affiché sur un écran d'ordinateur ou tiré sur une imprimante, cesse *ipso facto* d'être une image. Car tout schéma digital est lui-même inclus dans de nombreux schémas analogiques, comme l'illustre l'exemple très simple d'un jeu de cartes fictif : chaque carte est constituée à partir d'une grille fine dont les carrés élémentaires sont exclusivement blancs ou noirs ; lorsqu'on remplit chaque case, on obtient des motifs tels que des lettres, des chiffres ou une multitude de formes quelconques ; tous les caractères étant différenciés, le schéma est digital. Si l'on décide maintenant d'ajouter d'autres cartes qui admettent toutes les nuances intermédiaires de gris, ce nouvel ensemble qui inclut le précédent sera évidemment analogique. Les propriétés constitutives du sous-ensemble importent moins que la manière de mener à bien l'opération de sélection. Ceci corrobore l'affirmation que « rien n'est intrinsèquement une représentation ; avoir statut de représentation est relatif à un système symbolique » (LA 270 et 274) mais la ligne de partage qui distingue le pictural du verbal se révèle en fin de compte moins facile à repérer que Goodman ne l'avait d'abord pensé[1]. Il n'est pas non plus difficile de concevoir des situations qui mettent en échec la distinction numérique / analogique (LA 198, PP 83), même si Goodman maintient que les deux notions sont exclusives l'une de l'autre, chaque fois que l'identité d'une œuvre est établie.

L'existence du couple analogique/ digital a elle-même été questionnée et selon des perspectives opposées. Certains tendent à tout ramener vers le pôle analogique, par volonté de préserver le maximum d'information[2] ; d'autres retravaillent la distinction plus finement en tenant compte de la dimension « multi-digitale » ou non des grandeurs représentées par les nombres[3] ; d'autres enfin privilégient l'invention d'algorithmes capables de modéliser une réalité aussi diversifiée qu'on veut, jusqu'à l'illusionnisme

1. Dans « Representation Re-Presented », *RPAS* VIII (voir not p. 121 et 129-131), Goodman revendique une approche plus locale entre telle et telle variété de symboles et non plus une approche globale entre une catégorie de symboles et toutes les autres. Dans cette perspective, partir de la comparaison entre une police bit-map et une police vectorielle en DAO est plus fructueux que d'opposer un dessin traditionnel à une phrase.

2. J. Haugeland, « Analog and Analog », *Philosophical Topics*, 12, 1981, republié dans *Having Thought : Essays in the Metaphysics of Mind*, Cambridge, Mass., The Harvester Press, 1998.

3. D. Lewis, « Analog and Digital », *Noûs*, vol. 5 n°3, 1971.

(images de synthèse à base de fractales)[1]. Ces débats ont un retentissement considérable dans des secteurs comme la reconnaissance automatisée des formes en intelligence artificielle et robotique. Un autre domaine essentiel est le statut des images mentales en psychologie cognitive[2], en particulier à travers la controverse entre pictorialistes et descriptionalistes. Les premiers présupposent que les états mentaux utilisent un véritable medium iconique (Kosslyn)[3] tandis que leurs adversaires raisonnent en termes de purs contenus propositionnels (Pylyshyn). Ainsi, dans le cas d'une figure gauche de Shepard, ceux-ci en appellent à une déduction à partir de quelques positions identifiées par les sommets, alors que les pictorialistes font intervenir une rotation mentale continue[4].

paradigme logico-linguistique

LANGAGES

discursif	notationnel
représentationnel	[pseudo-notationnel]

NON-LANGAGES

La distinction entre langages et non-langages est plus familière. Tous les langages sont structurés, à un niveau combinatoire (séquence des lettres ou des notes) et grammatical (ordre des mots, enchaînement des phrases ou des motifs). Mais si la dissymétrie syntaxique est claire, la dissymétrie sémantique pose des questions plus délicates, selon que la structure syntaxique est ordonnée ou dense. Étant donné qu'une notation stricte présuppose non seulement un alphabet (liste close de caractères

1. B. Mandelbrot, *Les objets fractals*, Paris, Flammarion, 4e éd., 1995.

2. Fidèle à sa stratégie d'économie ontologique et conceptuelle, Goodman ne voit dans le terme d'« image mentale » qu'une formulation commode qui ne désigne pas une réalité neurophysiologique ou fonctionnelle (RPAS chap. V) : « nous pouvons parler de manière sensée (*significantly*) au sujet des images mentales mais il n'en existe aucune » (p. 85). Il leur applique en fait le même traitement qu'aux fictions.

3. Kosslyn établit par exemple que le « temps de parcours mental », dans l'exploration d'une île imaginaire (observée pendant un court intervalle puis dissimulée) varie de façon linéaire avec la distance des points considérés sur la carte. Voir *Image and Mind*, Harvard University Press, 1980 et « Les Images mentales », *La Recherche*, n° 108, fév. 1980, en particulier p. 161.

4. Pour un survol synthétique, on peut consulter P. Engel, *États d'esprit*, Alinéa, 1992, chapitre 6.

soigneusement définis) mais encore une loi de corrélation transparente avec des classes-de-concordance elles-mêmes différenciées[1], le domaine des langages notationnels est en fait extraordinairement restreint et se limite en pratique à des situations où la référence est interprétable sur le mode d'une « réalisation » conforme[2]. Aucun usage dénotatif ordinaire ne serait en mesure de garantir ce fonctionnement, ce qui exclut la totalité des textes si on les prend dans l'acception courante. Elle n'interdit cependant pas d'imaginer des constructions *ad hoc*, même si leur intérêt est principalement théorique.

Par ailleurs, c'est un fait qu'un ensemble syntaxiquement dense et sémantiquement articulé n'offre qu'une solution bâtarde et instable qui a peu de chances de se maintenir en pratique car tout se passe comme si l'absence de structure syntaxique rend vain l'effort d'articulation sémantique. Il est certes toujours possible de doter les concordants d'un ensemble de propriétés ordinales adéquates, mais on aboutira la plupart du temps à une énorme redondance puisque de nombreux caractères se projetteront dans la même classe ou resteront sans concordants. Même si la redondance est en elle-même une violation mineure lorsqu'elle est pour ainsi dire

canalisée par la syntaxe, plus le contraste entre les dimensions syntaxique et sémantique s'accuse et plus la lecture devient aléatoire ou se trouve dépendante de directives externes. La meilleure dénomination qu'on pourrait donner d'un tel ensemble est qu'il est *pseudo-notationnel*, dans la mesure où son échec reflète les priorités constitutives de la notationalité[3].

À quoi ressemblerait un symbolisme de cette sorte que Goodman appelle un « système représentationnel anormal » (LA 311 note 1) ? Tout simplement à une sorte de graphique inversé. Ce qui différencie un schéma graphique d'une image ordinaire est qu'on est autorisé à négliger dans son cas nombre de traits immédiats, de variantes ou de détails qui ne jouent aucun rôle structural (LA 273-4) ; ils peuvent améliorer la présentation ou la lisibilité

1. Ces conditions sont les seules propres à garantir qu'en partant d'une marque ou d'un concordant et par itération quelconque à l'intérieur du système, on ne débouchera jamais sur une situation ambiguë.

2 .Voir les schémas p. 64 et 67 ci-dessus.

3. L'existence d'une règle de corrélation appropriée l'emporte en effet sur le découpage en classes car elle seule assure la cohérence fonctionnelle. Il est facile de concevoir un ensemble syntaxiquement et sémantiquement dense bien que ses constituants soient différenciés, par exemple en choisissant comme caractères des classes de tirets mesurant m/n centimètres avec comme concordant « le nombre entier avec lequel le m/n en question est mis en corrélation dans une ordination complète particulière des rationnels » (LA 312, note 7, et LA 194) ; le recours à la numérotation ne rend pas le fonctionnement de cet ensemble différencié.

du message mais ils n'ajoutent rien au contenu transmis. L'ambiguïté qui devrait résulter de cette restriction, conformément à l'analyse ci-dessus, est de fait annulée par la présence d'une légende qui fournit les directives nécessaires, faisant de l'interprétation une opération de déchiffrement dirigé. Dans un schéma pseudo-notationnel, la restriction n'est pas syntaxique mais sémantique; il en résulte que rien dans l'aspect physique de l'image ne peut être écarté mais le fait de noter ces caractéristiques n'apporte aucune information pertinente supplémentaire pour interpréter les marques. Aussi est-on dans la position paradoxale de combiner l'extrême sensibilité du diagramme analogique avec un univers de concordants rigidement structuré, sans qu'une règle de sélection soit en mesure de contrôler la correspondance (on se trouve dans le même cas de figure qu'avec le compteur de pièces à face non graduée de LA 194). Vrai et pseudo diagrammes peuvent bien être indifférenciables dans leur apparence phénoménale, les règles de lecture qu'ils réclament ne sont pas compatibles et aboutissent à un résultat opposé : l'une rend efficace la schématisation formelle, l'autre la condamne à l'insignifiance. Occasion de rappeler que « quelle que soit la forme précise qu'elle prenne, la désambiguïté s'accompagne toujours d'une formalisation syntaxique »[1], laquelle peut néanmoins tolérer une dose d'indétermination partielle à condition qu'elle soit utilisée sur des bases positives, et intégrée au schéma définitionnel[2].

À ce point, il devient intéressant de confronter l'analyse goodmanienne avec une approche mathématique fondée sur le langage des structures, comme celle que propose Scheurer dont l'objectif avoué est d'explorer de nouveaux espaces morphologiques aptes à répondre aux besoins notationnels accrus des sciences modernes. D'un point de vue algébrique, le langage présente une structure de monoïde définie sur un alphabet (la liste des lettres complétée des signes de ponctuation et apparentés), avec pour loi interne la concaténation linéaire et pour élément neutre le blanc qui sépare les séquences de signes[3]. À partir de là, on peut envisager deux types d'extension structurale : l'une par enrichissement de l'alphabet (passage du

1. P. Scheurer, *Révolutions de la science et permanence du réel*, Paris, P.U.F., 1979, p. 58.

2. C'est ce qui se passe avec un langage différentiel traduisant sous forme qualitative, mais aussi quantitative, une information lumineuse (Scheurer, p. 323-325). Le recours à une logique probabilitaire irait sans doute dans le même sens.

3. Ceci n'est qu'une approximation car il faut tenir compte de contraintes liées aux combinaisons morphémiques (consonnes et voyelles), grammaticales, etc., ainsi qu'à la longueur admissible des séquences et messages. À la différence des entiers naturels, le langage verbal ne dispose pas de symétrique ; il ne possède donc pas une structure de groupe.

fini à l'infini), l'autre par introduction de dimensions supplémentaires de combinaison. Le résultat est un tableau des quatre « mathiques » fondamentales :

	Nombre de signes		
	fini	infini	
	1 logomathique	2 rhéomatique	une dimension
	3 stéréologomathique	4 stéréorhéomathique	plusieurs

Quelques illustrations courantes :
1) Langues (naturelles ou formalisées), mélodie
2) Instruments à cordes, générateurs de fréquence
3) Code génétique, réglettes Cuisenaire, notation chimique développée, idéographie
4) Image (dessin, photographie, etc.), sculpture.

Ce rapide examen fait ressortir qu'il n'y a pas d'incompatibilité flagrante avec la théorie goodmanienne de la notationalité, une fois reconnu qu'il ne s'agit pas des mêmes modalités techniques (la dimensionnalité par exemple joue un rôle très secondaire chez Goodman). Cela ne veut pas dire que leurs orientations convergent ; le mathématicien met le formalisme au service d'une exploration de langues possibles tandis que l'arrière-plan pragmatiste du philosophe américain infléchit son analyse vers la comparaison de systèmes existants et de ce qui les sépare de systèmes théoriquement concevables qu'aucune tradition n'a validés. Sur le plan des principes organisationnels, la divergence est néanmoins patente, Scheurer s'en tenant à l'aspect morphologique au détriment du niveau sémantique. C'est particulièrement sensible lorsqu'on touche au rôle effectif de l'infini. Un seul exemple servira de transition vers un questionnement esthétique, celui de la mélodie en tant que séquence de notes (éventuellement compliquée d'ornements, d'appogiatures, etc.), support d'une « phrase » musicale à exécuter sur un instrument. Goodman et Scheurer seraient d'accord pour dire que le choix de l'instrument n'est pas indifférent : jouée au piano, elle possède la même structure que ce qui est noté sur la partition[1], en raison de

1. Dans la mesure où l'ensemble des traits stylistiques comme un jeu *legato* ou *staccato*, le choix du tempo, l'usage du *rubato*, etc. sont sans incidence sur le plan notationnel.

la segmentation du clavier mais au prix d'une redondance limitée inhérente à tout instrument dit « tempéré »[1]; cela cesse d'être vrai si on la joue au violon où chaque note est réalisée par variation de la longueur de la corde sur la touche non pourvue de frettes[2]. Scheurer rapproche l'instrument à cordes, le synthétiseur et l'image, en raison de la commune continuité du support sémiotique et sensoriel alors que pour Goodman seuls les deux derniers sont homologues mais non les deux premiers, en raison de l'existence de la notation standard. L'infinité du nombre des signes n'est pas en soi un obstacle à une approche notationnelle, pas plus que leur caractère discret ne la garantit à coup sûr, la manière de spécifier les caractères fait la différence.

paradigme esthétique

Abordée en termes de théorie symbolique, la classification des arts réclame avant tout un concept adéquat de la notion d'« œuvre ». Son étymologie la rattache au travail, à une activité productrice d'un résultat tout à la fois extérieur à l'agent et doté de qualités propres qui l'individualisent et en font un objet de séduction esthétique[3]. En tant que symbole, l'œuvre relève d'un mode de fonctionnement dont il importe de repérer les modalités précises. C'est le caractère qui constitue le moment charnière entre l'architecture sémiotique et l'opérativité symbolique, celui où le recours à la notation change tout à la fois de niveau et de portée : dans le premier cas, un caractère est une classe d'équivalence pour les marques, l'unité composante qui garantit la capacité d'une œuvre d'être structurée ; dans le second, il est le schéma de l'œuvre qui lui assure une classe de concordance unique. Dans l'un et l'autre cas, il y a donc restriction drastique par rapport à l'éventail des constructions envisageables. Seules des œuvres d'un certain type sont analysables en caractères et parmi celles-ci il s'en faut que toutes aient statut de caractère dans une notation. À la lettre, seule « une partition est

1. Vers la fin du XVIIe siècle, Werckmeister propose de diviser l'octave en douze parties égales, en établissant un tempérament égal par identification d'une note diésée et de la note supérieure bémolisée (distinctes acoustiquement d'un comma), ce qui ouvre la voie à l'harmonie tonale ramiste et au développement des instruments à clavier ; en conséquence do$^{\#}$ et ré$^{\flat}$ sont coextensifs mais aussi do^{x}, ré et mi$^{\flat\flat}$ ainsi que toutes les combinaisons faisant intervenir l'armure de clé ou des altérations ponctuelles, etc. (LA 221).

2. Ceci pose bien entendu le problème difficile des transcriptions (LA 244-5) qui se complique éventuellement du cas des instruments transpositeurs.

3. La référence fondatrice est bien sûr Aristote, *Ethique à Nicomaque*, VI, 2, 1139b avec l'opposition entre *praxis* et *poïesis*, avec ses corollaires en VI, 4 et 5.

un caractère dans un système notationnel » (LA 217) puisque la coextensivité des exécutions est la marque concrète de l'équivalence sémantique. Est-ce à dire qu'il faille exclure l'existence d'œuvres graphiques ou littéraires qui sont forcément en défaut sur ce plan? Il serait pour le moins paradoxal de choisir un usage du mot « œuvre » si contraire aux attentes du sens commun et des besoins de la réflexion sur les arts. En fait, la formulation précédente prête à caution car deux vocabulaires hétérogènes (logique et esthétique) viennent se contaminer de manière inextricable en multipliant les occasions d'incompréhension.

Pour clarifier les choses, il est impératif de séparer nettement deux problèmes : l'un est la possibilité technique de concevoir, pour quelque type d'œuvre que ce soit, une classification sur le modèle notationnel, l'autre concerne la relation entre l'œuvre concrète et sa définition.

1) Rien n'empêche dans l'absolu de concevoir une notation vérifiant tous les réquisits qu'on souhaite et de l'appliquer à n'importe quelle forme artistique. Ainsi à la question de savoir si c'est envisageable pour les peintures, Goodman déclare qu'« on peut répondre par un *oui* sans hésitation mais trivial » (LA 233) et que les objections courantes (du type défaut de reproductions parfaites, unicité d'exemple dans chaque classe, besoin d'information extérieure, etc.) sont sur ce point dénuées de pertinence. Pour s'en persuader, il suffit de remarquer que le mouvement offre au moins autant d'imprécision et de subtilités que l'image (LA 250) et que cela n'a pas empêché le développement d'une notation chorégraphique rigoureuse et performante, témoin la *Labanotation* étudiée en *LA* V 8[1]. Une notation n'est pas une description du Réel qui en condenserait la substance la plus intime mais un moyen de fixer ce qui n'est pas contingent dans la comparaison entre plusieurs exécutions, un peu comme un diagramme floral retient d'une fleur les seules propriétés significatives pour la botanique, sans s'attacher à des particularités qui émerveillent le rêveur mais ne sont d'aucun intérêt pour le scientifique[2].

1. F. Pouillaude (*Le désœuvrement chorégraphique : étude sur la notion d'œuvre en danse*, Paris, Vrin, 2009) rappelle néanmoins que son impact dans la transmission des œuvres est resté marginal et que peu de danseurs sont capables de l'utiliser avec profit. « La danse, au sein de ce modèle diachronique [correspondant à l'analyse goodmanienne], semble fonctionner comme l'exemple parfait d'un art qui se serait arrêté en cours de mutation » (p. 249) et elle pose plutôt le problème d'un « art allographique dépourvu de notation » (p. 260).

2. Il n'y a bien sûr aucune raison de penser que ces propriétés ont à voir avec leur importance descriptive, leur visibilité ou à l'inverse leur dissimulation.

Une classe de concordants ne devient pas une œuvre par la simple décision d'en faire un caractère dans un système notationnel (LA 236), cette condition nécessaire n'est pas encore suffisante. En témoigne le recours à un procédé de numérisation qui tire profit du caractère ordonné de la notation arabe pour découper des classes disjointes et différenciées[1]. Une définition ainsi conçue serait conforme à la notationalité et indépendante des circonstances de production; elle resterait pourtant *nominale* tant qu'une stipulation reconnue ne vient pas la sanctionner (LA 232); son statut est comparable à celui d'un néologisme dont l'application est arbitraire si un prototype n'en guide pas l'usage. Ce pourrait même être une responsabilité spéciale de l'esthéticien : décrire un usage, peut-être inédit, de l'expression « œuvre d'art » et montrer qu'il est raisonnable à la lumière des conséquences et des implications sociales qui accompagnent ce qu'on attend de l'art en une époque et un lieu donnés. Les conditions historiques jouent aussi leur rôle, qu'on pense à la codification progressive de la notion de ballet, qui est passé de l'univers de la fête au registre du spectacle. Il n'est pas inconcevable que cela se produise aussi dans les ateliers de sculpteurs qui, comme Rodin, ne pratiquent que le modelage mais surveillent étroitement le travail de leurs praticiens et signent les copies que ceux-ci taillent[2]. L'effectivité d'une classification de type notationnel repose sur deux conditions indépendantes et complémentaires : d'une part un test notationnel discriminant, d'autre part la reconnaissance d'une pratique classificatoire validée par une tradition culturelle bien que toujours révisable puisqu'elle opère par voie inductive à partir de classes-échantillons. Une telle conjonction fait défaut pour la peinture, au sens où il n'existe pas dans son cas de système qui satisfasse simultanément à cette double contrainte. Concernant des tableaux, on peut fournir soit des définitions réelles qui, à partir de la connaissance qu'on a de leur origine et de leur auteur, permettent de les identifier au sein du musée universel, soit des définitions strictement nominales dans un inventaire – tel serait le « musée calculique » et ses métalangages, cher à F. Dagognet[3] – mais non pas des définitions qui soient à la fois réelles et indépendantes de tout procès de

1. Telle est la classification décimale des bibliothécaires (LA 233). Certains peintres intitulent leurs œuvres à l'aide d'un numéro qui comprend l'année, l'ordre d'achèvement, etc. Voir MOM 139.

2. De manière générale, « la sculpture de fonte est comparable à l'estampe tandis que la sculpture de taille est comparable à la peinture » (LA 153); la relation du maître avec son fondeur ou avec l'élève qui dégrossit ou polit un marbre peut néanmoins donner lieu à des variantes considérables.

3. *Mémoire pour l'avenir*, Paris, Vrin, 1979, chap. IV et *Le Musée sans fin*, Seyssel, Champ Vallon, 1984.

production, autrement dit les seules qui rempliraient authentiquement leur objectif de notations (LA 237).
Le même genre d'interrogation se pose encore plus directement au sujet de nouvelles formes d'expression artistique assurant une définition univoque de l'œuvre et le cas échéant sa réplicabilité indéfinie. Telle était l'ambition de « l'abécédaire de la forme-couleur » prôné par Vasarely qui lui permet de construire un tableau à partir d'une grille codée, et aujourd'hui la réalité banale de la synthèse numérique d'images par ordinateur. A. Moles s'est fait l'avocat d'une esthétique informationnelle dans laquelle de « futurs ingénieurs en émotions » (*sic*) auraient pour tâche de sélectionner les protocoles optimaux d'un « art permutationnel »[1]. Si pareille tendance devait s'imposer un jour, elle entraînerait inévitablement une redéfinition de l'œuvre picturale qui ne manquerait pas de redistribuer plus ou moins profondément l'héritage artistique que nous avons reçu.

2) Quelle est la localisation exacte de l'œuvre, compte tenu des caractéristiques notationnelles propres à chaque variété d'art ?
La partition au sens goodmanien (ou partition*) représente l'unique cas où la notationalité est logiquement consistante ; c'est parce qu'elle est un caractère univoquement interprétable, c'est-à-dire un caractère qui a pour concordants une classe d'exécutions strictement déterminée, que la partition est en mesure de *définir* une œuvre. Elle est une prescription efficace d'événements sonores, et en tant que telle, elle n'est donc pas encore une œuvre[2], même pour celui qui est capable de la déchiffrer à vue. Toutefois le fait que l'exécution intègre des éléments qui débordent la notationalité a pour corollaire d'autoriser la pluralité d'exécutions concordantes, et en conséquence le caractère inépuisable de l'interprétation musicale. À l'extrême opposé, le défaut de notationalité de l'image la rend inapte à définir une œuvre (LA 232) ; mais elle en est une, en qualité d'objet autographique, ce que Goodman nomme une *esquisse*. D'une esquisse, on ne peut théoriquement rien négliger, bien qu'on puisse postuler des degrés au sein même de son indifférenciation sémiotique ; Barthes semble le présup-

1. A. Moles, *Art et ordinateur*, Paris, Blusson, 1971. Voir aussi P. Lévy, *La Machine univers* (création, cognition et culture informatique), Paris, La découverte, 1987 et *De la programmation considérée comme un des beaux-arts*, Paris, La découverte, 1992.

2. Seule une lecture superficielle ou malveillante a parfois accusé Goodman de défendre cette idée (voir sa réplique agacée à Arnheim, PP 140 ; et MOM 85). Dans *The Work of Music and the Problem of its Identity*, London, Macmillan, 1986, Roman Ingarden consacre de nombreux développements à la relation entre partition et exécutions, envisagée à travers le couple *schéma / profil*.

poser spontanément lorsqu'il oppose « la photographie, message sans code, au dessin, qui, même dénoté, est un message codé », dans la mesure où « la "facture" d'un dessin constitue déjà une connotation » [1].

Les textes fournissent à coup sûr le cas le plus embarrassant. Par ses propriétés syntaxiques (identité orthographique des unités lexicales), le texte est rigoureusement identifiable et la notion de faux littéral est ici dénuée de sens. Mais on a vu qu'il ne constituerait une partition qu'à la condition improbable d'être interprété comme moyen de prescrire une séquence de sons. C'est d'une certaine manière ce qui se passe lorsqu'un script de théâtre sert de base à une représentation. Même dans ce cas favorable, il s'en faut de beaucoup que la mise en scène se réduise à une transcription acoustique correcte des mots. Si on laisse de côté les textes purement informatifs (mode d'emploi d'un appareil ménager ou rapport de gendarmerie), la richesse textuelle réside dans la possibilité d'user de toutes les ressources de la langue pour traduire et imaginer la réalité. Le script est certes en défaut par rapport à la partition mais c'est de ce défaut qu'il tire son intérêt et sa valeur littéraires : car l'œuvre *est* le texte dans toutes les dimensions de sa performance langagière, entre autres ses registres exemplificationnels et ses multiples couches de sédimentation [2].

D'où une dissymétrie caractéristique : si les traits visuels qui n'affectent pas l'exécution restent étrangers à l'œuvre musicale classique, les caractéristiques graphiques, du simple lignage aux expériences typographiques de Mallarmé ou de Cummings, sont partie intégrante du poème. Pour des raisons apparentées, Goodman soutient qu'un poème jamais récité ni à voix haute, ni même lu en silence possède néanmoins un exemple effectif alors que ce n'est pas le cas d'une chanson jamais chantée, quand bien même il existe une copie exacte de sa partition (PP 130).

La relation entre les trois catégories d'objets esthétiques et la notion d'œuvre peut se résumer ainsi : « une partition musicale fonctionne dans une notation et définit une œuvre ; une esquisse ou image ne fonctionne pas dans une notation mais est elle-même une œuvre ; et un script littéraire à la

1. « Rhétorique de l'image », *Communications*, 1964, rééd. *L'Obvie et l'obtus (Essais critiques III)*, Paris, Seuil, 1982 [Points-Seuil, p. 34-36]. Mais Barthes ne traite ici que de l'image publicitaire et s'appuie sur un concept assez vague de l'analogique.

2. D'où l'intérêt irremplaçable de la critique génétique. Voir P.-M. de Biasi, « Vers une science de la littérature. L'analyse des manuscrits et la genèse de l'œuvre », *Encyclopédia Universalis*, *Symposium*, p. 466-476.

fois fonctionne dans une notation et est lui-même une œuvre. Donc dans les différents arts une œuvre est différemment localisée. » (LA 249) :

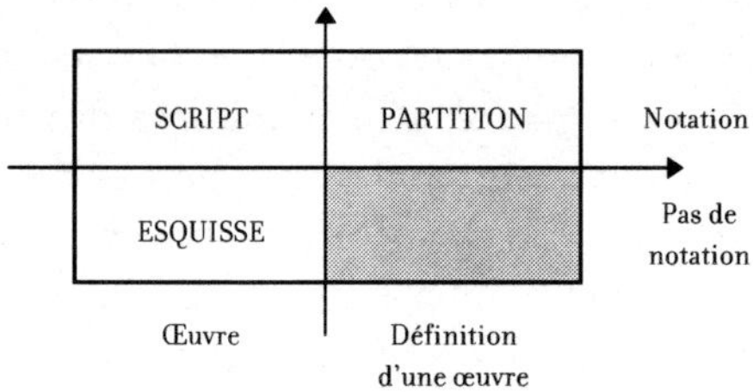

déplacements intersémiotiques

Tracer des frontières nettes a toujours pour résultat – Goodman en est le premier conscient – d'attirer l'attention sur les zones mitoyennes où abondent les cas difficiles à traiter. S'il est assez naturel d'inclure les sémiographies de Masson ou de Jean Cortot et les dessins de Cy Twombly dans les esquisses, en dépit de la place qu'y tient l'écriture, l'exemple de Michaux dans *Misérable miracle* est plus délicat puisqu'un des effets de la mescaline est de décomposer par un mouvement vibratoire et compulsif l'ordonnancement régulier de l'acte d'écrire[1]. Et que dire de Peter Handke quand il évoque « la puissante danse-trait-écriture-image-objet de Cézanne » ?[2] Pourrait-on aller jusqu'à contester la légitimité d'une distinction entre l'écrit et le pictural ? On concède facilement que dans la perspective de l'analyse idéologique menée par W. J. T. Mitchell sur le partage texte / peinture[3], Goodman est l'auteur qui donne le moins prise à une stratégie déconstructionniste puisque l'effort de clarification conceptuelle a précisément pour tâche de neutraliser les importations clandestines. Seul son projet, en raison de l'exclusion délibérée du sujet, du contexte et de l'évaluation, se prêterait à un questionnement de nature idéologique. Jan Baetens n'est pas convaincu pour autant que les définitions goodmaniennes soient indemnes de présupposés, dans la mesure où la caractérisation de la

1. H. Michaux, *Misérable miracle. La mescaline*, Paris, Gallimard, 1972, (rééd. Poésie-Gallimard, 1990) notamment les planches insérées entre les pages 54 et 55). Quelques exemples, d'orientation totalement différente, figurent dans M. Thevoz, *Détournement d'écriture*, Paris, Minuit, 1989, avec Dubuffet et l'art brut (Soutter, Tschirtner, etc.).

2. P. Handke, *La Leçon de la Sainte-Victoire*, Paris, Folio-Gallimard, p. 117.

3. W. J. T. Mitchell, *Iconology (Image, Text, Ideology)*, Chicago U. P., 1986, en particulier partie II, section 2.

notion de texte postule une conception particulière du signe fondée sur « la méconnaissance du caractère *non aléatoire* de la matérialité scripturaire du signe »[1]. Par le biais d'une problématique de la trace, le texte se révèle « susceptible d'être contaminé par des processus autographiques », et en sens inverse la tentative d'artistes conceptuels de vendre des schémas et des esquisses, laissant au client le soin de réaliser l'œuvre n'ébranle-t-elle pas la netteté des lignes de partage instituées par Goodman, y compris peut-être la frontière entre l'original et le faux? K. Pillow pose explicitement la question au sujet des *Wall Drawings* de Sol LeWitt qui déjouent ses efforts de classification[2].

Face à ces interrogations, le meilleur usage à faire de la typologie goodmanienne est d'y voir une structure tripolaire qui fixe un cadre d'analyse et dont l'intérêt réside au moins autant dans les directions évolutives qu'elle suggère entre pôles qu'à l'identité de chacun pris en lui-même.

La musique est sans aucun doute le pôle le plus sensible, en raison des conséquences paradoxales pour le musicologue qui découlent de la notion technique de partition*. Goodman reconnaît lui-même que l'objection la plus constante et la plus horrifiée qu'on lui ait faite porte sur l'affirmation qu'« une exécution contenant une seule fausse note échoue à se qualifier comme exemple authentique de l'œuvre en question » (PP 135), quels que soient par ailleurs les mérites de l'interprétation[3]. À ce compte, il serait interdit de dire qu'Horowitz a joué la *Fantaisie en do majeur* de Bach le 9 mai 1965 à Carnegie Hall puisque son récital commençait par une fausse note; et inversement l'interprétation d'une sonate de Mozart par Glen Gould qui restitue tous les aspects notationnels mais fait le choix d'un tempo déconcertant se qualifierait sans difficulté! N. Wolterstorff trouve dans ces conclusions inacceptables le symptôme d'un échec patent de la

1. J. Baetens, « Autographe/allographe. (À propos d'une distinction de Nelson Goodman) », *Revue philosophique de Louvain*, t. 86, 4e série n°69, 1988. Pour lui, c'est la non équivalence entre script et texte (au sens de Barthes et Derrida) qui est en cause.

2. K. Pillow, « Did Goodman's Distinction Survive LeWitt? », *The Journal of Aesthetics and Art Criticism*, vol. 61 n°4, 2003. Voir également mon ouvrage, *Sur le problème de Borges*, Paris, Éditions Kimé, 1999, chap. 5.

3. Il peut même se trouver que la note incriminée améliore l'œuvre originale. Un exemple presque cocasse que j'emprunte à David Blum, *L'Art du quatuor à cordes*, Arles, Actes Sud, 1991 : dans son analyse du *14e Quatuor* de Beethoven, le violoncelliste David Soyer (du quatuor Guarneri) qualifie une note de géniale … alors qu'on a découvert depuis qu'il s'agissait d'une faute d'édition!

théorie sous-jacente, prisonnière d'une utopie qui la condamne à l'insignifiance esthétique[1].

La réponse de Goodman consiste d'abord à rappeler que la motivation profonde d'une théorie est d'être un modèle (LA 206-7), non pas un reflet. « Bien que [les définitions] dérivent de la pratique, elles en sont des idéalisations rarement réalisées de façon effective » (PP 135). Loin d'être un vice rédhibitoire, il s'agit d'un bénéfice attendu de toute conceptualisation, y compris lorsqu'on traite des notions les plus abstraites comme « triangle » puisque personne n'a jamais vu de lignes sans épaisseur ni de longueur indéterminée. Le fait de convenir qu'il est déraisonnable de prétendre imposer au discours quotidien les exigences strictes de la scientificité – ce qui commanderait par exemple de proscrire « d'appeler une baleine un poisson, la Terre une sphère, ou un Blanc un humain rose-grisâtre » (LA 226) – n'empêche pas de soutenir qu'il est risqué de faire entrer dans la théorie des approximations dont les effets se cumulent. Du simple fait de la transitivité de l'identité, l'acceptation en apparence anodine qu'on peut tolérer une exécution entachée d'*une* seule fausse note a en effet pour conséquence inéluctable que toutes les exécutions, quelles qu'elles soient, sont de la même œuvre. Sans jamais mettre en jeu plus d'une note d'écart, on passerait sans solution de continuité d'une symphonie à une chansonnette (*ibid.*)[2]. Urmson a certes beau jeu de rétorquer que « autant que je sache, il n'y a personne qui, utilisant les mots "partition" et "exécution" conformément à l'usage ordinaire, se soit trouvé en train de se demander s'il écoutait la cinquième symphonie de Beethoven ou "Trois souris aveugles" »[3]. Goodman n'en disconviendrait sans doute pas mais il demande de maintenir une distinction de principe entre ce qui relève de la discrimination sensorielle et ce qui a valeur définitionnelle. Dans le premier cas, il va de soi que « des différences minimes dans la *perception* [je souligne] peuvent avoir un poids énorme » (LA 143)[4], quand

1. N. Wolterstorff, *Works and Worlds of Art*, Oxford, Clarendon Press, 1980, en particulier p. 98-105. L'auteur s'en prend surtout au « ballet en zig-zag » qui sous-tend la préservation de l'identité transitive et qu'il qualifie de feu-follet (p. 105). L'ouvrage contient par ailleurs une critique intéressante de la conception goodmanienne de la représentation, menée depuis une thèse mimétique (en particulier chap. 2, X et 6, II et XIV).

2. L'argument est strictement parallèle à LA IV, 5; voir les figures 9 et 10 (p. 185-186).

3. « The Methods of Aesthetics », *in* R. Shusterman (ed.), *Analytic Aesthetics*, Oxford, Blackwell, 1989, p. 25.

4. Pour cette raison « un dommage physique grossier subi par une fresque peut avoir moins de conséquences qu'une petite retouche pleine de suffisance » (LA 243).

bien même « seule une oreille bien entraînée peut repérer les différences réelles de son qui distinguent une bonne exécution d'une médiocre » (*ibid.*). En revanche, c'est l'existence d'une notation musicale standard qui importe du point de vue sémiotique, avec les conditions de littéralité qu'elle impose quant à la conception ou à l'appréhension légitime de l'œuvre[1]. Goodman sait parfaitement qu'aucun musicien ne suit à la lettre les prescriptions de la théorie de la notation. Il ne prétend pas régenter la pratique musicologique (LA 161 note 13), encore moins réformer les pratiques quotidiennes ; il se borne à faire valoir quelles implications s'attachent à son statut allographique.

L'inconvénient d'adopter une approche aussi fortement centrée sur le dispositif particulier qu'est la partition est de laisser de côté non seulement la majeure partie de la musique non occidentale, souvent de tradition orale, et de la musique européenne pré-tonale, mais de multiples aspects dans la pratique musicale courante[2]. Goodman fait une concession en traitant le langage musical comme une somme de sous-systèmes qui ne requièrent pas exactement le même degré de précision notationnelle[3]. De nombreux compositeurs contemporains se sont d'ailleurs émancipés de la portée et recourent à des partitions graphiques[4] ou font un emploi délibéré du hasard[5]. Comme il arrive souvent, l'évolution s'est faite en réalité dans deux directions contraires :

– l'improvisation ramène de la partition vers le script,
– la musique électronique transforme la partition en esquisse

L'improvisation inaugure en effet un sens de l'œuvre « ouverte » qui redonne à l'interprète sa fonction prééminente[6]. Celle-ci n'a à vrai dire

1. Lorsque c'est nécessaire (existence de la redondance), Goodman sait faire la différence entre préservation de l'œuvre et préservation de la partition (LA 219).

2. B. Boretz rappelle qu'une partition spécifie une information relative à des catégories de *qualia* et aux seuils quantitatifs qui ont une valeur fonctionnelle (« Nelson Goodman's *Languages of Art* from a Musical Point of View », in *The Philosophy of NG*, vol. 3, p. 543).

3. L'invention du métronome (vers 1816) a sans conteste permis de donner plus d'objectivité à la notion de rythme que l'indication verbale de tempo. Mais le recours à la basse chiffrée (LA 223) ou à l'usage de la grille harmonique dans le jazz posent d'autres questions.

4. Quelques exemples : *Labyrinthos* de Logothétis et *Dans la nuit des temps* de Miereanu, cités par I. Stoïanova, *Geste-texte-musique*, Paris, 10/18, 1978, p. 190-201 ; et « Notations-graphismes », *Musique en jeu* n°13, Paris, Seuil, nov. 1973.

5. Cage a utilisé entre autres la répartition des étoiles sur la voûte céleste pour établir les hauteurs ou les durées de notes d'une œuvre.

6. Voire au public, comme dans l'opéra *Votre Faust* de Pousseur et Butor, dans lequel les spectateurs décident eux-mêmes des séquences qui seront jouées et de leur enchaînement.

jamais été absente comme le rappelle l'anecdote célèbre de Bach improvisant au clavecin la fugue de *L'Offrande musicale* sur le thème fourni par Frédéric II. Mais la liberté formelle était de fait restreinte par les lois du développement thématique et la maîtrise du contrepoint[1]. Ce n'est plus le cas dans le jazz où l'instrumentiste dispose d'une marge plus grande de liberté à travers un canevas d'accords, ou encore pour les musiques fortement typées qui réclament de l'interprète une disponibilité et une implication totales (on peut penser aux œuvres si singulières de Scelsi). Tout à l'opposé, la musique électro-acoustique abolit l'idée d'exécution; l'œuvre devient un « objet sonore » unique, à base de sons d'origine électronique ou naturelle manipulés en studio, et enregistré une fois pour toutes. Si l'œuvre jouée au concert a pour analogue une pièce représentée scéniquement, la musique électronique est plutôt comparable au film qui reste invariable d'une projection à l'autre[2]. La rapidité de l'évolution technologique, en particulier à travers les ressources de traitement informatique en temps réel, tend cependant à faire voler en éclats la notion de telles frontières.

Indépendamment cette fois de l'horizon musical, la relation entre le script et l'esquisse ne se réduit pas à un simple contraste syntaxique. Dans l'espace culturel, chacun est travaillé par l'influence de l'autre. On peut toujours admirer un texte soigneusement écrit, y voir un objet d'appréciation esthétique; Ben a exposé à l'inverse des œuvres qui se présentent comme une inscription banale, écrite à la main. Certaines civilisations, arabe et chinoise en particulier, ont élevé l'acte d'écrire à la hauteur d'un art *sui generis* et poussé très loin la vertu graphique des mots[3]. La calligraphie a pour prolongement la peinture à l'encre japonaise *(sumi-e)* qui entend se passer du concours de la couleur et « écrire » le monde au pinceau. Quant à la graphologie, elle appréhende l'écrit comme un symptôme individuel, révélateur de la personnalité profonde et de mouvements secrets.

1. La musique est le seul art où l'improvisation a donné lieu à une forme spécifique de récital (qu'on pense à Pierre Cochereau à l'orgue) et qui est sans véritable équivalent dans les arts plastiques, sinon peut-être la performance de Picasso devant la caméra de Clouzot.

2. Comme pour la photographie se pose la question des *duplicata*. Concernant les problèmes que soulève la pratique de l'enregistrement, voir Paul Hernadi, « Reconceiving Notation and Performance », *The Journal of Aesthetic Education*, 25, printemps 1991, p. 52-55.

3. Quelques belles reproductions dans Etiemble, *L'Écriture*, Paris, Idées-Gallimard, 1973 et surtout H. Massoudy, *Calligraphie arabe vivante*, Paris, Flammarion 1986; voir aussi, pour la Chine, F. Verdier, C. Javary et J. Dars, *L'unique trait de pinceau*, Paris, Albin Michel, 2001.

L'existence des phénomènes stylistiques est à elle seule l'indice qu'une œuvre comporte une part non négligeable de « redondance ». On peut n'y voir qu'une irisation de surface, ou une signature diffuse mais quelques auteurs ont fait l'hypothèse d'authentiques systèmes stylistiques apparentés à des langages, c'est-à-dire dotés d'un composant syntaxique et sémantique lui offrant des potentialités symboliques et notamment expressives originales[1]. Rares sont en revanche ceux qui ont entrepris de thématiser un langage figuratif, dans un sens non métaphorique. Kahnweiler semble être celui qui s'est avancé le plus loin dans cette voie, dans son *Aesthetica in nuce* à propos du cubisme[2]. Sa conviction est que « la peinture est une écriture qui crée des signes »[3] et que cela seul l'arrache à la tentation ornementale et décorative, qui est le péché de l'art abstrait. Quoi qu'on pense du fondement théorique de l'entreprise (une genèse plurielle de l'écriture scindée en une lignée formative et une lignée pragmatique, qui se développent à leur tour en écritures idéographique et phonétique), l'application qu'il en fait à l'œuvre de Juan Gris est subtile autant sur un plan sémiotique qu'esthétique[4].

Par ce biais, l'image se rapproche du texte. Mais que se passe-t-il si l'on dispose d'un algorithme permettant de coder avec précision chaque point ou pixel d'une image ? C'est ce que réalisent couramment les logiciels graphiques qui génèrent des images à partir de matrices de nombres. Une image de cette sorte n'est pas une esquisse, elle a le statut de diagramme hautement sophistiqué et de maille très fine, voire de script que la somme des progrès technologiques rend de plus en plus indiscernable physiquement d'une image analogique et accessible à travers des interfaces tout à fait inédites (images 3D interactives, palettes graphiques, environnement virtuel et « gant de données », etc.). La leçon qui s'impose est que la numérisation a remporté sa plus éclatante victoire dans le domaine qui semblait

1. C'est le cas de G. Hellman dans « System Symbols and Artistic Styles » (in *The Philosophy of NG*, vol. 3, p. 283). On peut penser que Kandinsky avait en vue quelque chose de cette sorte quand il reprend à son compte « l'idée de Goethe selon laquelle la peinture doit trouver sa basse continue » (*Du Spirituel dans l'art*, Paris, Folio-Gallimard, p. 114).

2. *Juan Gris, sa vie, son œuvre, ses écrits*, Paris, Gallimard, 1946, rééd. Folio, qui reprend des analyses de *Weg zum Kubismus*.

3. *Mes Galeries et mes peintres* (entretiens avec F. Crémieux), Paris, Idées-Gallimard, 1961, p. 86. Pour une critique, E. H. Gombrich, « Voir la nature, voir les peintures », *Cahiers du Musée National d'Art Moderne* n° 24, Art de voir, art de décrire II, 1988, p. 31.

4. Plus ambitieuse mais d'interprétation nettement plus floue est l'« Esquisse d'une embryologie des signes » (1951) de Georges Mathieu (*De la Révolte à la renaissance*, Paris, Idées-Gallimard, 1972).

le moins favorable, sinon le plus inaccessible. Par un paradoxe saisissant, la notationalité de type goodmanien qui exclut l'image au sens ordinaire devient la méthodologie naturelle de l'infographie[1].

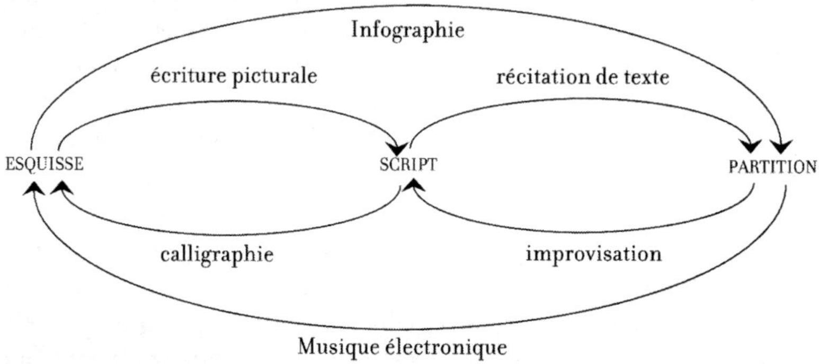

Interprétation de quelques trajets remarquables :

1) l'écriture picturale se présente comme une schématisation graphique qui

a été un rêve constant de nombreux peintres (dont Kandinsky) ;

2) la récitation de texte pratique l'exercice de lecture à la manière d'une exécution musicale, comme s'il était une partition ;

3) la calligraphie joue de toutes les valeurs ornementales qui sont propres à l'acte d'écriture et de mise en page ;

4) l'improvisation repose sur l'affirmation de la liberté d'expression ou du moins celle d'enchaîner des séquences (dans l'interprétation d'un standard de jazz) ;

5) l'infographie calcule une image pixellisée et reproductible qui est capable de mimer les traits perceptifs d'une esquisse tout en ayant statut de partition iconique ;

6) la musique électronique supprime l'exécution d'une œuvre au profit de la diffusion d'un objet sonore original et non modifiable[2].

1. Sur l'art numérique, voir E. Couchot, *Images. De l'optique au numérique, Hermès, 1988*; *La technologie dans l'art. De la photographie à la réalité virtuelle*, Nîmes, Éditions J. Chambon, 1998.

2. Le statut autographique de l'œuvre-enregistrement (musique non exécutée sur instruments mais créée une fois pour toutes en studio et rediffusée à volonté, à la manière d'un film) est confirmé par J.-O. Girard, tant en ce qui concerne la musique électronique savante que la musique rock (*op. cit.*, p. 190-203 ; voir également R. Pouivet, *Philosophie du Rock*, Paris, P.U.F., 2010, p. 60).

Walter Benjamin est l'un des premiers à s'être posé la question de « l'œuvre d'art à l'époque de sa reproductibilité technique »[1] et cela bien avant que les technologies informatiques ne se généralisent. Si son essai mérite aujourd'hui de retenir encore l'attention, c'est qu'il a deviné obscurément que le processus de mécanisation dont le film était pour lui le prototype engageait de manière irréversible le destin de l'art. Selon les passages, la tonalité varie : presque nostalgique quand il évoque la perte de l'*aura*[2], cette expérience privilégiée et irremplaçable du contact avec l'œuvre originale, elle est par contraste tendue sans relâche vers les promesses politiques d'un nouvel état social, quand bien même celui-ci porte en lui l'avènement de la violence et de la guerre comme point culminant de l'esthétique. Plus personne – en dehors de sectes utopistes – ne se hasarderait aujourd'hui à donner une lecture politique prospective de l'envahissement de la société par le multimédia, en dehors d'une description de ses effets espérés ou redoutés. La focalisation s'est portée en revanche sur l'appropriation conceptuelle de la technique et la circulation généralisée de l'information sous forme binarisée et quasi inusable : sons, textes, images, réunis sous le même support ou accessibles à partir du même réseau n'ouvrent pas seulement la possibilité de nouvelles formes d'art mais transforment en profondeur la signification de la notion d'art.

Le fait que l'image codée devienne partition et rejoigne ce qui lui était jusque-là le plus étranger n'est pas seulement un événement sémiotique car il aboutit à une mutation ontologique. N'est-ce pas avouer que nous avons osé braver l'interdit platonicien et iconoclaste en dotant l'image d'une réalité autonome et même d'un mode de production indépendant de tout intermédiaire photonique, comme c'était encore le cas dans la photographie ?[3]. En cela, nous sommes la première civilisation qui puisse revendiquer légitimement l'épithète de non platonicienne, puisqu'elle se révèle pour la première fois capable d'assumer un nominalisme iconique consé-

1. Il existe plusieurs versions de ce texte ; deux sont données dans le recueil des *Œuvres III*, trad. fr. M. de Gandillac, R. Rochlitz et P. Rusch, Paris, Folio-Gallimard 2000 ; la version originale en français est incluse dans J.-M. Monnoyer (éd.), *Ecrits français*, Paris, Gallimard, 1991.

2. Goodman se contente – en français ! –d'un « aura-voir » jubilatoire et dévastateur (*Cahiers du Musée National d'Art Moderne* n°41, p. 12). Il multiple les signes d'agacement : « bon débarras » (WW 147) ainsi que les formules subtilement perverses qui transforment un semblant d'acquiescement en coup de griffe imparable.

3. Pour des analyses pionnières, à la fois techniques et philosophiques, voir Philippe Quéau, *Eloge de la simulation, de la vie des langages à la synthèse des images*, Seyssel, Champ Vallon, 1986. La littérature récente est pléthorique.

quent et de jouer positivement avec les simulacres. Au-delà du « parricide » parménidien[1] qui concédait une réalité au non-être, la révolution imagique remplace la représentation par la simulation et fait des apparences la marque universelle d'une néo-réalité qui n'a pour limite que notre puissance calculatoire. Dans ce contexte, la notationalité est davantage qu'une technique symbolique ou plutôt, comme la logique l'a découvert naguère pour son compte, elle ne va pas sans d'importantes implications ontologiques. Il n'est finalement pas si surprenant que l'art et l'esthétique soient le lieu par excellence de leur manifestation. Par ce biais privilégié, Goodman touche au cœur de notre modernité sans quitter les rives de la philosophie.

1. Platon, *Le Sophiste*, en particulier 236-242 et 257 *sq*.

chapitre 5
le travail de la référence

> Loin d'être un réflexe "purement optique", non médiatisé, le fait artistique est un "jeu des perles de verre" sémiotique d'une complexité infinie et faisant intervenir des niveaux et des directions de signification multiples et variés, avec des régressions à l'infini dans les relations qu'ils entretiennent.
> Th. McEvilley[1]

La perception qu'on a d'un auteur est toujours tributaire des cadres conceptuels propres à son contexte de réception. Avec leur appareil de définitions et de propriétés syntaxiques, les chapitres de *Langages de l'art* dédiés à la notation peuvent facilement donner l'illusion d'une construction sémiologique, qui ne manquerait pas alors d'apparaître peu naturelle et plutôt retorse. À plus forte raison, une expression comme « théorie des images-langage » est un nœud d'ambiguïtés, si elle laisse croire que la linguistique est la discipline pilote. Parce que le structuralisme a occupé – et tout particulièrement en France – une position dominante, il est prudent de maintenir la distinction terminologique entre « sémiotique » et « sémiologique » qui a au moins le mérite de respecter la double filiation historique et conceptuelle d'une réflexion menée à partir du signe. Le repérage de ce déplacement méthodologique conditionne à son tour une meilleure prise en compte des symptômes de l'art et des cheminements référentiels.

1. Th. McEvilley, *Art, contenu et mécontentement. La théorie de l'art et la fin de l'histoire*, trad. fr. C. Bounay, Nîmes, Éditions J. Chambon, 1994, p. 79.

du langage à l'image

De Peirce à Saussure, le gouffre peut paraître infranchissable, tant l'inspiration dominante de chacun va à l'encontre de celle de l'autre. Le philosophe américain privilégie la continuité de la sémiose, au risque de diluer à l'infini le signe dans l'univers[1], alors que la méthode structurale du linguiste genevois repose sur la détermination d'unités constitutives et de règles combinatoires qui sont des outils d'objectivation du monde[2]. Appuyé sur le rêve d'une science universelle des signes, vecteur de la pensée, le structuralisme s'est développé vers des champs d'application nombreux et féconds, mais prisonnier d'une thèse d'intransitivité du discours, il était condamné à évoluer vers le formalisme. La recherche sémiotique qui partage avec lui l'usage du binarisme et la prééminence de la syntaxe s'est au contraire efforcée de multiplier les points de contact entre l'élaboration symbolique et le monde dont elle émerge. Qu'elle construise ou décrive, elle vise en priorité des relations extralinguistiques et elle se montre plus ouverte aux effets d'ordre pragmatique, aux interactions entre systèmes et à la reconnaissance d'une valeur actionnelle du langage qui tend à supplanter sa fonction représentative[3].

L'image, mode d'expression asystématique au sens de Buyssens puisque dénuée d'éléments discrets répétables d'exemple à exemple[4], a constitué un défi redoutable pour l'approche post-saussurienne, ne serait-ce qu'en raison de la difficulté de fixer le niveau le plus pertinent de sa lexicalisation : celui d'objets-signes d'emblée iconisés ou celui résultant d'un processus compositionnel qui lui assure une spatialité, voire une narrativité, spécifique[5]. Aussitôt reconnu par exemple que « le savoir sémiologique ne peut être actuellement qu'une copie du savoir linguistique », Roland

1. E. Benveniste, « Sémiologie de la langue », *Problèmes de linguistique générale* II, Paris, Gallimard, chap. 3 en particulier p. 43-50. Voir également M. Dascal, *La Sémiologie de Leibniz*, Paris, Aubier, 1978, chap. 1, et Cl. Tiercelin, *La Pensée-signe*, Nîmes, Éditions J. Chambon, 1993.

2. Une tentative comme « l'humanistique » de Morris, bien ancrée dans la réalité psychosociale et ouverte sur la diversité des types possibles de discours, représenterait probablement une option médiane.

3. Une manifestation importante est l'émergence d'une logique illocutionnaire qui a contribué à miner les bases du fondationnalisme, mais Goodman se montre assez réservé à son égard.

4. E. Buyssens, *La Communication et l'articulation linguistique*, Paris, P.U.F., 1967.

5. Le cinéma semble ici en avance sur la peinture, et l'image publicitaire sur l'image artistique, comme en témoignent par exemple : C. Metz, *Essais sur la signification au cinéma*, Paris, Klincksieck, 1968 ; G. Péninou, *Intelligence de la publicité*, Paris, R. Laffont, 1972 ; Porcher, *Introduction à une sémiotique des images*, Paris, Didier, 1976.

Barthes s'empressait de « réserver » le cas de l'image dont la substance de l'expression serait pour ainsi dire trop transparente pour qu'une véritable fonction-signe s'institue[1]. Benveniste observe néanmoins qu'un tableau présente souvent des « scènes figurées [qui] sont la transposition iconique de récits et de paraboles ; elles reproduisent une verbalisation initiale ». Dans ces conditions « le véritable problème sémiologique, qui à notre connaissance n'a pas encore été posé, serait de rechercher COMMENT s'effectue cette transposition d'une énonciation verbale en une représentation iconique, quelles sont les correspondances possibles d'un système à un autre et dans quelle mesure cette confrontation se laisserait poursuivre jusqu'à la détermination de correspondances entre SIGNES distincts »[2]. Il ne suffit pas en effet de constater des homologies partielles entre des systèmes hétérogènes[3] pour que soit mené à bien le programme d'une étude sémiologique, encore faut-il prendre en compte la relation spécifique d'*interprétance* et la capacité de « modelage sémiotique » exercé par la langue, du fait de sa double signifiance (reconnaissance des signes et compréhension du discours qui en résulte)[4]. Louis Marin a buté à son tour sur l'aporie d'un « signe iconique » et présente modestement ses études comme des « tentatives pour contourner les difficultés peut-être insurmontables que les définitions du linguiste dressent légitimement sur la voie de la sémiologie du visible »[5], et il les a dépassées en élevant la pratique de la description iconographique à la hauteur d'un art inégalé[6].

1. *Eléments de sémiologie* (1964), rééd. Paris, Médiations, p. 81 et p. 113 note 1.
2. E. Benvéniste, *op. cit.*, p. 59 note 1 (à propos du répertoire iconique médiéval).
3. Elles sont de fait assez plausibles pour ce qui touche à l'iconographie des saints ou à la distribution spatiale de la fresque dans l'art religieux de Byzance ou du haut Moyen Âge.
4. Benveniste tient pour acquis qu'« une chose au moins est sûre : aucune sémiologie du son, de la couleur, de l'image ne se formulera en sons, en couleurs, en images. Toute sémiologie d'un système non linguistique doit emprunter le truchement de la langue, ne peut exister que par et dans la sémiologie de la langue » (*ibid.* p. 60). R. Passeron prend le contrepied de cette affirmation et défend l'idée que « la linguistique se fait dans une langue. La meilleure sémiologie se fait par les signes dont elle s'occupe. Si l'on veut de l'analogie, en voilà : la sémiologie du pictural, on en peut écrire ou parler mais, pour la faire vraiment, il faut peindre » (*Revue d'esthétique*, 1976, 1, p. 70), alléguant la tentative peu connue de Madeleine Rousseau (répondre à une enquête sur la peinture moderne au moyen de dessins).
5. L. Marin, *Études sémiologiques. Écritures, peintures*, Paris, Klincksieck, 1972, p. 9. Je laisse évidemment de côté la question de la double articulation appliquée à la genèse d'une œuvre, en particulier lorsque Lévi-Strauss la traite comme un montage d'unités élaborées isolément (des exemples classiques sont ceux de Poussin, Proust ou Seurat), *Regarder, écouter, lire*, Paris, Plon, 1993, en particulier p. 10-11 et 13.
6. En particulier *De la Représentation*, Paris, Seuil-Gallimard, 1994 et ses deux ouvrages posthumes sur les maîtres du XVIIe siècle, *Sublime Poussin*, Paris, Seuil, 1995 et *Philippe de Champaigne ou la présence cachée*, Paris, Hazan, 1995.

Or, un fait remarquable qui commande l'analyse goodmanienne des symboles – W. J. T. Mitchell y insiste à juste raison[1] – est qu'il ne commence pas par le langage mais par l'image, en consacrant le premier chapitre de *Langages de l'art* à une analyse de la représentation. Il prend donc doublement le contrepied du « linguistic turn », en traitant des symboles iconiques eux-mêmes et non de propositions relatives aux images, et de la sémiologie continentale puisque d'avance l'image ne vérifie aucun des réquisits notationnels. Elle n'est pas non plus l'occasion d'un déchiffrement iconographique s'appuyant sur le repérage de motifs emblématiques (celui de l'apparition analysé par Panofsky ou le thème du nuage chez Damisch)[2] ou la contribution des éléments non mimétiques (tels que surface, cadre, taille, contours, etc.) à sa capacité signifiante[3].
À rebours des sémiologues, Goodman part de l'image en annulant son statut d'objet. L'image n'est pas à décrire au moyen de symboles appropriés, elle est elle-même un symbole en relation avec le monde. Il en découle une condamnation sans appel de l'iconisme naïf et une indifférence envers ce qui procède du modèle linguistique. Son problème n'est pas la conquête de l'objectivité descriptive, quelque chose comme le « niveau neutre » illustré en musique dans l'approche taxinomique de Ruwet ou Molino[4] ni le passage de l'« étique » à l'« émique » au sein de chaque sémie, mais la question de savoir se situer dans une configuration qui les déborde toutes. C'est pourquoi il revendique « une étude comparative neutre qui peut révéler bien des choses non seulement sur les relations entre les différents arts, mais aussi sur les parentés et les contrastes entre arts et sciences, et sur toutes les façons dont les différents symboles participent au développement de la connaissance » (RPAS 31). Ceci revient à adopter à l'égard des symboles un point de vue comparable à ce qu'était la relation d'appariement (*matching*) entre qualités[5]. La recherche de différences intersymboliques présuppose leur proximité fonctionnelle, en exploitant des traits du plus bas niveau possible. L'image est un symbole parmi d'autres mais, une fois

1. « Realism, Irrealism, and Ideology : A Critique of Nelson Goodman », *The Journal of Aesthetic Education*, 25 (1), 1991, p. 25.

2. E. Panofsky, *Essais d'iconologie*, chap. 1, trad. fr. B. Teyssèdre, Paris, Gallimard, 1967 ; H. Damisch, *Théorie du nuage*, Paris, Seuil, 1972 ; M. Schapiro, *Les mots et les images*, trad. fr. P. Alferi, Paris, Macula, 2000.

3. Voir par exemple M. Schapiro, « Sur quelques problèmes de sémiotique de l'art visuel : champ et véhicule dans les signes iconiques », dans *Style, artiste, société*, Paris, Gallimard, 1982.

4. Voir J. J. Nattiez, *Fondements d'une sémiologie de la musique*, 3e partie, Paris, UGE 10/18, 1975.

5. SA IX, 2, même s'il ne s'agit plus du tout du même contexte (système des apparences).

ramenée aux mécanismes élémentaires de la compétence symbolique, elle offre une autre base de départ que les systèmes linguistiques assujettis à une loi sémantique de compositionalité ; elle est à la fois plus primitive puisqu'une marque, illisible en tant que signe, est interprétable comme tracé ou linéament, et moins déterminée en raison de la forte contextualité perceptive et culturelle des règles qui s'appliquent. Ce qui est obstacle pour le sémiologue ou le défenseur d'une autonomie des significations peut se révéler un atout pour l'explorateur des symboles-mondes.

Dans ses recherches d'épistémologie pratique, Jean-Claude Gardin a suggéré que l'outil le plus approprié à une élucidation des objets symboliques (par excellence les textes mais d'autres aussi sans doute) était une logique de champ, sur le modèle de la *field-related logic* développée par Toulmin ou de la « logique naturelle » de Grize. Il reproche à la théorie goodmanienne de la projection d'être trop indifférente aux « chaînes d'opération singulières qui actualisent la relation en question [celle d'inférence] dans des constructions scientifiques particulières »[1]. Néanmoins, par rapport à *Faits, fictions et prédictions*, la réflexion sur l'art ouvre des perspectives plus fines qui viennent corriger l'apparente rigidité du mécanisme de la confirmation inductive. De plus, si Hacking a raison de penser qu'une leçon essentielle de l'énigme des émeraudes « vleues » est de montrer que classification et généralisation vont de pair (les prédicats insolites sont ceux à partir desquels on ne sait pas faire d'anticipations)[2], le fait d'utiliser plusieurs bases symboliques non équivalentes doit avoir pour résultat d'affiner le diagnostic des problèmes au sein de chacune. Ainsi, le propre d'un système notationnel (sémantiquement structuré) est, par rapport au langage discursif, d'évacuer les aléas de la projectibilité : dans la notation musicale, la différence entre une « espèce naturelle » et une « collection artificielle » perd son sens (LA 242) car les décisions à prendre en face de caractères coextensifs non synonymes[3] relèvent de décisions inhérentes aux règles d'usage des signes. En écho inversé à la phrase de Carnap que « les métaphysiciens sont des musiciens sans talent

1. J.-C. Gardin, *Le Calcul et la raison, essais sur la formalisation du discours savant*, Paris, Éditions de l'EHESS, 1991, p. 73 ; voir aussi p. 170-172.

2. I. Hacking, *Le plus pur nominalisme. L'énigme de Goodman : « vleu » et usages de « vleu »*, trad. fr. R. Pouivet, Combas, Éditions de l'éclat, 1993, en particulier p. 110-120.

3. Du fait de la redondance, deux signes sur la partition tels que do dièse et ré bémol se projettent dans la même classe de concordance ou correspondent au même son, mais la présence d'une armure de clé ou l'introduction d'un bécarre les affecte à des classes différentes.

musical »[1], Goodman donne donc à « certains philosophes » le conseil salutaire « d'arrêter d'écrire et de se mettre à composer » (LA 245) !
La situation de l'image est à l'opposé (les philosophes n'ont donc rien à espérer de se lancer dans la peinture...), mais son indifférenciation syntaxique suggère une stratégie différente, celle de décomposer ce mixte impur d'« image » en ses fonctions élémentaires : la dépiction ordinaire, la représentation-en et la représentation fictive. Savoir que telle image dénote *X* n'apporte pas la même information et n'oriente pas vers le même type de questionnement que de savoir qu'elle est une image-(de-)*X* (LA 56). Cela reste encore très éloigné de la relation concrète qu'on entretient avec les images et justifierait l'idée d'une distance impossible à combler entre l'intuition naïve et les efforts de spécification. Tout ce qu'on peut espérer en la matière est d'accéder à « un usage approprié pour certains termes sérieusement maltraités » (LA 297). Mais le déficit notationnel de l'image constitue aussi la meilleure incitation à être attentif à chaque modalité du symbole jusqu'à ce que « en devenant familier (...) il se trouve incorporé au matériel de base en vue d'une exploration plus poussée » (LA 303) qui exerce un effet en retour sur la compréhension de ces symboles et d'autres.

N'est-ce pas retrouver la motivation profonde de toute enquête esthétique, qui se place au carrefour de « ce que nous devinons à partir d'un symbole et apprenons par son intermédiaire » (*ibid.*) et de ce qui en résulte pour lui ? Démarche qu'on peut dire proprement abductive en ce qu'elle procède par voie d'hypothèse et sans connaître par avance sous quelle règle subsumer ses observations. Goodman se démarque principalement de l'esthétique philosophique[2] en ne cherchant pas à exploiter ce processus dans une perspective anthropologique ou psychosociologique ; il y voit plutôt l'occasion d'appréhender des symptômes de l'esthétique dont la fonction consiste à nous alerter sur les transactions dont les symboles sont en permanence l'objet et qui constituent les marqueurs sémiotiques de la sensibilité aux œuvres.

1. « Le dépassement de la métaphysique par l'analyse logique du langage », dans *Manifeste du Cercle de Vienne et autres écrits*, A. Soulez (éd.), Paris, P.U.F., 1985 ; 2e éd. Paris, Vrin, 2010, p. 169. On peut douter que Goodman se satisfasse de dire qu'un sentiment moniste de la vie s'exprimerait par la musique de Mozart, un sentiment « dualiste-héroïque » par celle de Beethoven.
2. Très significativement, il avoue se sentir mal à l'aise qu'on soit tenté de prendre ses réflexions pour « un début de définition de ce qu'on appelle souvent, pour tout embrouiller, la "beauté" » (LA 304), ce qui n'interdit pas pour autant de confronter sa démarche à celle des esthéticiens.

la leçon des symptômes

Pour comprendre quel rôle jouent les symptômes, il n'est pas inutile de replacer l'approche goodmanienne dans le contexte de la thématisation esthétique depuis les années 50. La démarche de base a longtemps consisté à se donner un vocabulaire plus ou moins spécifique contenant la liste des principaux prédicats utilisables pour parler des œuvres et à déterminer quelles conditions devait remplir une œuvre pour qu'il soit légitime de lui appliquer tel prédicat. Le choix des critères et celui de la terminologie marchaient de pair, l'un guidant ou rectifiant l'autre selon les besoins. La publication posthume des *Recherches philosophiques* (1953) de Wittgenstein allait cependant exercer une influence à la fois profonde et en quelque manière dissolvante sur toute problématique de ce type, analytique comprise, comme l'illustrent entre autres les articles largement diffusés et commentés de Paul Ziff et Morris Weitz[1].

Une de leurs thèses centrales est que le recours à l'outil conceptuel qu'est la définition est inadapté au type de tâche menée dans la sphère esthétique. D'une part, il se révèle illusoire en pratique, en raison de l'extraordinaire variabilité des objets et des interprétations entrant dans l'univers des arts ainsi que de l'absence de commensuration directe entre eux; d'autre part et surtout, il repose sur une mécompréhension radicale de la logique du terme « art ». Pour Wittgenstein, en effet, on ne peut émettre d'énoncés sensés sur une question sans connaître les règles qui gouvernent la formation des concepts et des objets concernés. Or il existe des concepts dits « ouverts » *(open-ended)* pour lesquels il est impossible d'énumérer une liste de conditions nécessaires et suffisantes (*i.e.* une définition), ce qui ne les empêche pourtant pas de s'inscrire dans un réseau ordonné de ressemblances. L'exemple devenu canonique est celui des jeux dont il existe d'innombrables formes qui partagent quelques traits en commun mais dont aucune ne possède la totalité des caractéristiques qui appartiennent à chaque variété, un peu comme les membres d'une même famille présentent souvent une physionomie voisine sans qu'elle exclue des divergences, physiques ou psychologiques, aussi accusées qu'on le voudra. Lorsqu'un esthéticien sélectionne, parfois dogmatiquement, certaines propriétés auxquelles il confère une valeur identificatoire privilégiée, par exemple la présence

1. P. Ziff, « The Task of Defining a Work of Art », *The Philosophical Review*, LXIII, 1953 et M. Weitz, « The Role of Theory in Aesthetics », *Journal of Aesthetics and Art Criticism*, XV, 1956. (trad. fr. dans l'anthologie de D. Lories, *Philosophie analytique et esthétique*, Paris, Klincksieck, 2004).

d'une « forme significative » chez Bell, on passe en réalité d'un sens descriptif à un sens évaluatif de ce qu'est une œuvre d'art. Sont énoncées de pures « définitions honorifiques », autrement dit des stipulations critiques déguisées au moyen desquelles le discours sur l'œuvre assume subrepticement le défaut de critères objectifs. Une théorie artistique qui voudrait emprunter la forme de la définition n'est en réalité tout simplement pas en mesure de satisfaire à ses contraintes spécifiques – le corollaire étant l'abondance des polémiques et de la littérature de manifeste – et elle s'illusionne sur ses véritables objectifs.

Une telle analyse a suscité en retour de multiples critiques. On peut laisser de côté celles relatives à la légitimité de l'usage que fait Weitz des références wittgensteiniennes et s'en tenir aux arguments liés à la nature d'un concept ouvert. Dickie conteste que la conclusion de Weitz sur l'« ouverture » du concept d'art soit logiquement dérivable des prémisses qu'il adopte. En effet, les seules indications présentes dans son article portent sur les « sous-concepts » de l'art, à savoir les ensembles de phénomènes qu'il comprend, regroupés en catégories. Or, l'argument implicite de la « généralisation » en vertu duquel ce qui est vrai d'un sous-concept pourrait être étendu à un autre ne va nullement de soi. Et quand bien même on l'accepterait, cela ne suffit pas encore à donner le droit de passer du niveau des sous-concepts, ou espèces, au genre qui les englobe. Car formellement rien n'interdit qu'on ait une relation du type « genre fermé / espèce ouverte »[1], tout comme en analyse il est possible de construire un ensemble possédant une propriété qu'aucun de ses sous-ensembles ne vérifie.

Mandelbaum remarque néanmoins que le caractère non clos d'un concept n'est pas une propriété intrinsèque de ce qui est analysé mais plutôt le résultat assez contingent d'une méthode de description donnée[2]. Or, tant Weitz que Wittgenstein ne prennent en compte que les modalités « exhibées » ou « exposées », celles qui font l'objet d'une présentation explicite. Si l'on élargit au contraire le champ des propriétés utilisables dans une comparaison et qu'on en admet qui sortent du cadre perceptif direct, il cesse d'être évident qu'on ne découvrira pas une caractéristique applicable à tous les exemples considérés et qui pourrait devenir le germe ou le noyau d'une définition plus élaborée. Alléguer l'impossibilité d'une définition,

1. G. Dickie, *Art and the Aesthetic : an Institutional Analysis*, Ithaca, Cornell University Press, 1974, p. 22 *sq*.

2. M. Mandelbaum, « Family Resemblances and Generalization Concerning the Arts », *American Philosophical Quaterly*, II, 1965.

c'est en ce cas confondre les insuffisances momentanées dans la recherche d'une explication avec l'inconcevabilité d'en trouver une.

Goodman n'attend pas grand chose de ce côté-là, et rappelle par ailleurs à Weitz que c'est une caractéristique triviale de tous les concepts ordinaires que d'être ouverts. Loin d'être une propriété intéressante qui distinguerait certains concepts d'autres, c'est l'indice naturel et déplaisant de l'état *préscientifique* des concepts en général et ce qui rend nécessaire la tâche de clarification et de rectification propre à l'analyse philosophique. Les conceptions précédentes ont en fait le tort de raisonner en termes de critères, de conditions définitionnelles, alors qu'il serait peut-être plus fructueux de mettre à jour des *symptômes*. Contrairement à un critère, un symptôme est dénué de valeur explicative [1]. Il possède en revanche une forte valeur séméiologique; par exemple le médecin diagnostique la maladie en constatant ses signes caractéristiques. Cela ne suppose pas qu'il dispose d'une description exhaustive mais qu'il ait à sa disposition une sélection suffisante d'indices fiables. Pour être exacte, une carte n'a pas non plus besoin de mentionner le moindre brin d'herbe mais elle doit en revanche intégrer les paramètres significatifs du paysage. De même, le diagnostic ne s'améliore pas systématiquement lorsqu'on ajoute des observations quelconques; après tout un diphtérique peut ne pas avoir la totalité des symptômes énumérés dans le dictionnaire médical ou présenter quelques signes atypiques.

Ce qu'on attend d'un symptôme est d'orienter ou d'aiguiser l'attention; il n'est ni une définition au rabais, ni une généralité passe-partout, et encore moins un moyen de commémoration (MM 102). Il répond à un problème récognitionnel, non pas à un problème d'évaluation qui supposerait de jauger la qualité de contenus. Certes, Goodman ne fait aucune difficulté pour reconnaître tout ce que sa démarche comporte en elle-même de tâtonnements [2], au point d'écrire que les symptômes sont à l'égard d'une caractérisation plus adéquate de l'esthétique « dans une relation qui est à peu près celle de lignes tracées dans la boue comparées au plan du chef de

1. Wittgenstein se sert d'un exemple explicite : si, devant un malade atteint d'angine, on répond à la question « Pourquoi dites-vous que cet homme souffre d'angine? » par la justification : « son sang contient le bacille x », on énonce un critère alors que si l'on dit : « sa gorge est irritée », on interprète un symptôme (*Le Cahier bleu et le Cahier brun*, trad. fr. M. Goldberg et J. Sackur, Paris, Gallimard, 1996, p. 67).

2. À commencer par la simple genèse de la liste des symptômes : énoncée en LA 295-6, révisée en MM 101-102 et commentée en MOM IV, 6.

chantier » (MOM 137-8). Il laisse même entendre à Mia Gosselin que c'est une pure question de construction, un obstacle technique, qui empêche d'aller plus loin (*ibid.* 198). Mais si la recherche de symptômes a quelque chose d'inachevé dans la perspective d'une théorisation idéale et sans doute largement illusoire de l'art, cette position d'attente ne signifie en rien résignation. Car l'information apportée par les symptômes n'a rien de provisoire, elle est dans son ordre complète. Comment le comprendre ?

En premier lieu, il est tout simplement erroné de penser que « les symptômes fournissent un moyen de mesurer à quel degré un symbole ou une fonction est esthétique ; posséder plus de symptômes n'est pas être plus esthétique » (MOM 137). Goodman s'en tient à la formule que les symptômes sont « *conjonctivement* suffisants et *disjonctivement* nécessaires » (LA 297). Il n'est pas vraisemblable en effet qu'un symbole soit en mesure de les exhiber tous (en ce sens la conjonction n'est pas nécessaire), bien qu'inversement l'absence de trop d'entre eux soit une raison forte de lui contester le titre d'esthétique. Le fait de recourir à une suite de disjonctions [*a* ou *b* ou *c* etc.] ne sous-entend pas que chaque terme est dénué de force et qu'il a fallu pallier cette carence en intégrant d'autres alternatives[1]. Il marque seulement que chacun d'eux est autonome en ce qu'il capte « des traits significatifs du concept présystématique » (PP 134). De plus, une dimension évolutive est susceptible d'entrer dans la sélection des symptômes, tant au niveau de la constitution de la liste que de l'interprétation exacte de chacun d'eux.

En second lieu, l'affirmation décisive est que « les symptômes de l'esthétique ne sont pas des marques de mérite » (LA 298). La distinction esthétique / non esthétique est en tant que telle neutre vis-à-vis de la question de la valeur (artistique ou marchande) et indépendante de la considération de l'intention de l'auteur ou des effets de l'œuvre sur le récepteur. Non pas que ces aspects soient en eux-mêmes négligeables ou dénués de pertinence, mais parce qu'il semble avantageux de séparer ce qui concerne le fonctionnement sémiotique de ce qui relève d'un acte d'appréhension sensible ou d'un processus de communication sociale. Si l'on fait abstraction de l'axiologie, la délimitation objective de ce qui est esthétique est alors renvoyée vers la pratique et les activités qui régulent l'expérience

1. C'est en revanche l'impression que donne W. Tatarkiewicz, (*A History of Six Ideas*, Nijhoff, 1980) lorsqu'il propose un schéma de définition disjonctif ; de même les adeptes d'une conception de l'art comme *cluster* (B. Gaut, « "Art" as a Cluster Concept », *in* N. Carroll (ed.), *Theories of Art Today*, Madison, University of Wisconsin Press, 2000.

des objets et des œuvres. C'est sur cette base que Kennick entendait rejeter le besoin d'une définition expresse au profit de considérants pragmatiques, à commencer par le simple usage des termes liés à l'art dans la langue du locuteur[1]. Prenant au sérieux les « effets de contexte », Yves Michaud a suggéré qu'« il y a des régions d'objectivité qui sont le résultat de l'interaction des opinions »[2], et qui engendrent une sorte de spectateur idéal capable de jouer de toutes les variables psychosociologiques et institutionnelles qui structurent le champ artistique à un moment donné[3]. Faute de cela, on en est réduit à tenir la relation entre l'art et l'esthétique pour accidentelle et à s'en remettre à une vision conditionaliste : le régime esthétique deviendrait par nécessité attentionnel[4] c'est-à-dire relatif à la contingence, voire à l'arbitraire des modalités de réception, banales ou imprévisibles, d'un individualisme dérégulé.

Conforté par le caractère objectif des catégories sémiotiques, Goodman fait le pari qu'elles fournissent le point d'appui le plus adéquat pour identifier des symptômes. De même qu'un médecin accorde en général plus d'importance aux relevés constatables d'un électrocardiogramme qu'aux sensations alléguées par le patient, celui qui prend l'art comme objet d'étude doit attendre davantage des propriétés fonctionnelles des œuvres transparaissant dans leurs usages symboliques que de ce que peut comporter d'allusif ou de rigide l'impression du simple observateur[5]. Prétendre qu'il s'agit

1. W. E. Kennick, « Does Traditional Aesthetics Rest on a Mistake? », *Mind*, LXVII, 1958. Un argument très simple et contesté est de dire qu'une personne incapable de donner une définition satisfaisante de ce qu'est une œuvre d'art serait néanmoins capable de trier (avec des chances raisonnables de succès), parmi des objets de toutes sortes accumulés dans un hangar, ceux qui sont ou non des œuvres d'art.

2. Y. Michaud, « Esthétique et arts visuels contemporains : dé-définition des œuvres et analyse », *Études phénoménologiques*, n° 5-6, 1987, p. 151. À ses yeux, « le recours à la notion de contexte a l'avantage considérable de permettre d'échapper aux faux problèmes de la pluralité et du conflit des interprétations » (*id* p. 146).

3. Ainsi les *Nymphéas* de Monet qui passent pour un symptôme retardataire de « délectation impressionniste » face au cubisme et à Matisse prennent un sens avant-gardiste avec l'émergence de la peinture abstraite (*id* p. 151-152), comme Greenberg est contraint de l'avouer (*Art et culture*, trad. fr. A. Hindry, Paris, Macula, 1988, p. 240-242).

4. J'emprunte cette terminologie à G. Genette, *Fiction et diction*, Paris, Seuil, 1991, en particulier p. 14-15 et 26-30, à propos de la poétique. Genette ne reconnaît à ce régime qu'un rôle marginal et correcteur par rapport à la tradition essentialiste et ses catégories qu'il qualifie de rhématiques. Sa position semble avoir sensiblement évolué dans *L'Œuvre de l'art* II.

5. R. Rochlitz objecte que la comparaison est trompeuse parce qu'« à la différence du médecin, le théoricien des symboles n'a pas d'accès *privilégié* aux œuvres d'art ... il ne peut parler que de ses "impressions", à savoir que de ce que son attention faillible lui révèle » (*L'Art au banc d'essai. Esthétique et critique*, Paris, Gallimard, 1998, p. 133). Elle le serait assurément beaucoup plus dans une version phénoménaliste. Une théorie symbolique à base sémiotique rejette l'idée d'accès privilégié, elle a à faire

d'une tentative pour faire de l'esthétique une science est un reproche doublement infondé en ce qu'il se méprend sur le pouvoir des symptômes et qu'il cantonne l'esthétique à sa seule phase préliminaire. En réalité, le fait de réduire l'ambiguïté initiale est inapte à supprimer les problèmes inhérents à l'usage que l'on fait de ces données, en quoi consiste justement la responsabilité de l'esthétique. Les symptômes ne mettent pas un point final à une enquête déjà tracée, ils ouvrent au contraire un espace de questionnement qui ne cesse de relancer l'effort de compréhension. Aussi Goodman ne coupe-t-il jamais les propriétés physico-phénoménales de tous les mécanismes référentiels sans lesquels l'art perdrait bientôt sa raison d'être.

Le choix des trois premiers symptômes – qui sont aussi les plus purement sémiotiques : densité syntaxique et sémantique, saturation relative – ne nécessite guère d'être justifié. En effet, « lorsqu'il y a densité dans le système symbolique, [la] familiarité n'est jamais complète ni définitive ; un autre regard peut toujours dévoiler de nouvelles subtilités significatives » (LA 303). Il n'est donc pas surprenant que ces aspects sollicitent fortement l'attention esthétique, de préférence à leurs contraires. S'en tenir là toutefois aurait pour effet d'exclure du domaine esthétique toutes les œuvres dont le matériau est sémiotiquement articulé, conclusion à coup sûr irrecevable. Mais ce qui serait contradictoire si l'on se réclamait d'un critère ne l'est plus quand il s'agit d'un symptôme, et l'absence de densité ne vaut pas pour autant disqualification. Si la finesse esthétique de discrimination trouve un champ d'application illimité dans la matérialité des œuvres graphiques, dans les autres domaines elle est complétée et déplacée vers des aspects non notationnels [1] et le travail d'interprétation.

Avec l'exemplification s'introduit un élément moins direct. Même si celle-ci fait intervenir « une variété de combinaisons de traits syntaxiques et sémantiques comparables à ceux dont nous avons fait usage pour classer les systèmes dénotatifs » (LA 277), sa mise en œuvre ainsi que le repérage de ce qui est exemplifié sont plus délicats que dans le cas de la dénotation. On doit en particulier distinguer deux aspects. En tant que l'exemplification

à des constats plutôt qu'à des impressions, mais il serait faux d'en déduire que ceux-ci suffisent à assurer la validité des interprétations. En va-t-il autrement du médecin dont le diagnostic n'est qu'une étape en vue du traitement ?

1. En musique, passent par exemple au premier plan les « instructions supplémentaires qui peuvent être ou non verbales, être imprimées au fil de la partition, ou données tacitement par la tradition, de vive voix, etc. » (LA 280).

montre, ce sont des considérations relatives à la texture sémiotique de l'exemplifié et de l'exemplifiant qui sont déterminants[1], mais dès qu'il s'agit de *dire* quelles propriétés sont concernées et quels prédicats les nomment, on se retrouve dans tous les cas de figure devant une tâche non terminable de recherche. Ce résultat est attendu pour une image, puisque la procédure équivaut à un système de jauge ou de mesure *inversé* – ce sont ici les symboles exemplifiants qui jouent le rôle des grandeurs mesurées (LA 278) – mais également *non normalisé*, contrairement à ce qui se passe avec les systèmes pratiques (LA 279). Mais le plus remarquable est que l'articulation linguistique ne supprime pas le processus de tâtonnement. Ainsi, en littérature, si l'on accepte de dire qu'« un passage ou un poème exemplifie les noms de propriétés qu'il exemplifie » (LA 281), on se trouve confronté à un phénomène inattendu. Étant donné que le texte est de même nature que les prédicats verbaux exemplifiés, on pourrait s'attendre à ce que l'inversion du sens de fonctionnement se répercute sur la dissymétrie entre le schéma symbolique et le domaine de référence, et qu'en conséquence il en résulte un effet de structuration au niveau sémantique. Or, remarque Goodman, il n'en est rien et le système reste dans les deux cas syntaxiquement articulé et sémantiquement dense (LA 282). Comment est-ce possible ?

Tant que le schéma est dense, on oscille entre les deux pôles de la saturation et de l'atténuation, autant pour ce qui symbolise (le diagramme équivaut à une image plus rigide dans son fonctionnement) que pour ce qui est symbolisé (l'échantillon comporte une part notable d'information conventionnalisée). L'image artistique se situe donc sans ambiguïté à l'une des extrémités. En revanche, lorsque le schéma est articulé et qu'on devrait logiquement se trouver à l'autre extrémité, on ne tire en réalité aucun bénéfice de cette situation puisqu'on est renvoyé sans cesse de l'un à l'autre des niveaux conjoints de la dénotation et de l'exemplification. Aucune méthode ne peut dispenser de rechercher ce qui est montré à travers un usage symbolique et le fait de mettre en évidence que tels prédicats sont concernés nous renvoie

1. Informations syntaxique et sémantique ne varient pas nécessairement de concert, comme l'illustre le *Portrait de Madame Cézanne*, toile de Roy Lichtenstein qui reproduit fidèlement un diagramme que le critique Erle Loran proposait pour expliquer le tableau homonyme de Cézanne. Selon Danto, il y a une « différence entre le diagramme d'une œuvre d'art et une œuvre d'art qui consiste en quelque chose qui a l'air d'un diagramme » (*La Transfiguration du banal*, Paris, Seuil, 1989, p. 238), ce qui – en termes plus goodmaniens – a pour corrollaire que l'affaiblissement de ce qui symbolise (le fait que « les diagrammes n'expriment par principe rien au sujet de ce qu'ils montrent » [*ibid.*, p. 237]) ne prive pas l'œuvre de capacités exemplificationnelles riches.

au système du langage (c'est un effet indirect de la non réciprocité de l'exemplification). Il se passe en fait le même genre de phénomène qu'avec les jeux de cartes mentionnés en RPAS VIII, 3 ; c'est la relation du sous-ensemble au vocabulaire complet qui constitue le paramètre décisif et qui entretient la densité sémantique, en dépit de la nature des scripts. Occasion de rappeler que si l'appréciation esthétique ne peut faire l'impasse sur les données sémiotiques, elle ne se déduit jamais de considérations structurales.

Le cinquième et dernier symptôme, ajouté plus tardivement[1], met en jeu une complexité nouvelle, inhérente à la pluralité et à l'intrication des relations. En tant que symptôme, il conteste l'idée que la non transparence est une propriété *sui generis* de l'univers esthétique. Goodman semble entretenir lui-même l'équivoque lorsqu'il remarque que « le discours pratique et scientifique, verbal ou imagé, a normalement une visée singulière et directe, évitant l'ambiguïté[2] et les routes référentielles compliquées » (MOM 136) alors que les arts font tout le contraire (EC 86). Il ne faut pourtant pas se méprendre sur la portée de cette affirmation, la complexité ne nourrit pas la perplexité. Si elle tend effectivement à « réduire la transparence », c'est qu'« on doit constamment prêter attention au symbole lui-même » (MM 103)[3], non pas parce qu'il est clos sur lui-même, intransitif dans une optique structuraliste, ou qu'il forme un palimpseste indéchiffrable, mais parce que sa texture est riche et qu'il est en conséquence bon conducteur d'hypothèses interprétatives originales[4]. La polyphonie qui en résulte ne contredit pas l'intelligibilité, elle la rend seulement moins immédiate et plus instable ; elle l'accomplit plutôt dans la richesse de ses résonances (on aurait envie de dire : ses harmoniques), dépassant un idéal trop restrictif d'univocité. Loin de marquer une régression vers l'ineffable ou « d'impliquer déni ou indifférence pour les fonctions symboliques » (*ibid.*), ces caractéristiques se révèlent une manifestation exemplaire du fonctionnement symbolique des œuvres[5]. La « sensibilité maximale de

1. Voir MM 201 note 5 et MOM 136.

2. On peut définir l'ambiguïté comme une équivocité non résolue entre des parcours référentiels concurrents (en particulier MM 201 note 6, LA 102-103).

3. « Se concentrer sur le symbole pour déterminer ce qu'il est et ce à quoi il réfère » (MOM 137) ; « on ne peut traverser simplement le symbole pour aller à ce à quoi il réfère, comme on le fait lorsqu'on respecte les feux de signalisation routière ou qu'on lit des textes scientifiques » (MM 103).

4. En termes peirciens, le symbole fait proliférer une multiplicité d'interprétants.

5. Ainsi « une dichotomie vague et cependant brutale entre expériences [esthétique et non esthétique] cède le pas à une distribution de traits, d'éléments et de processus » (LA 297).

discrimination » (LA 295) au sens humien ne prend même tout son sens que dans un contexte de résistance à l'exploration routinière et d'interaction entre activité et diagnostic. « En toute rigueur, note Goodman en réponse à Nozick, c'est une manière pour une chose de fonctionner symboliquement, et non la chose elle-même, qui la qualifie ou échoue à la qualifier comme esthétique » (MOM 138).

la référence complexe

La référence complexe associée au dernier symptôme mérite d'être examinée pour elle-même, au moins dans sa contexture d'ensemble et dans quelques-uns de ses aspects plus particuliers. Le noyau de l'entreprise goodmanienne, autour du centre de gravité de la « symbolisation », est en effet d'expliciter le travail de la référence, c'est-à-dire indissociablement le mouvement qui l'anime et les chemins qu'elle emprunte. Le terme de *travail* entend mettre l'accent sur la cohérence au cœur de la pluralité dont le symbole est le point d'attache.

Les chapitres précédents peuvent avoir donné l'impression d'avoir isolé un peu artificiellement quelques variétés référentielles majeures, comme s'il s'agissait d'opérations indépendantes, en laissant de côté ce qui relève de leur collaboration. Il est temps de corriger cette impression et de mettre l'accent sur la composante plurielle ou *complexe* de la référence dont l'importance n'a cessé de s'affirmer au fil des publications. La référence n'est pas complexe en vertu d'une nature intrinsèque impénétrable, mais en raison des ramifications nombreuses et des carrefours qui en compliquent l'itinéraire. Aucune des relations qui interviennent n'est par elle-même complexe et il est néanmoins impossible de subsumer le réseau qu'elles forment à elles toutes sous une unique relation, supplémentaire ou pas.

Afin de tirer le meilleur parti de l'interaction et de l'intégration des diverses fonctions référentielles (MM 102), un fil conducteur commode consiste à distinguer deux dimensions, l'une verticale, l'autre longitudinale, qui agissent habituellement de concert.

la hiérarchie dénotationnelle

En tant que relation de base, la dénotation – telle que Goodman s'en sert – possède une extension très large : « tout étiquetage, toute application d'un symbole de n'importe quelle sorte à un objet, un événement ou à une autre occurrence de lui-même » (RPAS 34). L'usage de base part de la désignation directe, au moyen d'une étiquette qui se place à un niveau d'écart de ce qui est dénoté, elle n'est donc pas interchangeable avec le nom qui la désigne. « Un homme, mais non une inscription, peut exemplifier (toute inscription de) "homme"; une inscription, mais non un homme, peut exemplifier (toute inscription de) "'homme'" » (LA 88)[1]. D'autres situations sont moins simples puisque « le terme "mot", par exemple, dénote certains éléments à chaque niveau, excepté le plus bas, se dénote lui-même et dénote divers noms de lui-même » (MOM 62 / EC 25). Le schéma élémentaire consiste à distinguer diverses « strates dénotationnelles » superposées sur le modèle itératif suivant[2] :

Strate 4	« "Paris" »	Mention de cette étiquette
Strate 3	« Paris »	Citation de son nom (étiquette)
Strate 2	Paris	Nom de l'objet
Strate 1	[ville du département 75]	Objet (géographique)

En philosophie du langage, le phénomène qui est au centre de ce dispositif est la citation[3] qui se présente sous deux formes : la citation directe est repérée au moyen de guillemets ou toute autre marque typographique (italiques, etc., voire à l'oral guillemets gestuels[4]) ; aucune indication ne signale en revanche la citation indirecte qui est enchâssée sous forme de complétive. On pourrait en conséquence être tenté de penser que cette dernière n'est qu'une version affaiblie de l'autre. En réalité toutes deux comportent une équivalence sémantique et la première ajoute la condition supplémentaire d'identité syntaxique qui conserve le mécanisme référentiel (MM 70, MOM 58)[5]. Le cœur du processus citationnel est donc la paraphrase plutôt que la réplique, ce que confirme l'évolution historique des pratiques d'écriture. Mais à l'époque moderne, ce sont les contraintes propres à son

1. De même, MOM 69 / EC 32, etc.

2. Comme c'est déjà le cas en géologie, ces strates ne sont pas forcément disposées avec une parfaite régularité, on trouve fréquemment des failles et des plis qui perturbent la structure. Pour le logicien, ils sont générateurs de difficultés et de paradoxes, pour l'explorateur des mondes symboliques, ils constituent une des ressources inépuisables de l'imagination romanesque.

3. Il existe sur la question une volumineuse littérature, linguistique et philosophique, dont Davidson récapitule brièvement les principales positions dans son article sur « La citation » ; elle peut être traitée comme nom propre, tableau, épellation, à quoi il oppose sa conception démonstrative de la citation comme inscription ; voir *Enquêtes sur la vérité et sur l'interprétation*, [chap. 6], trad. fr. P. Engel, Nîmes, Éditions J. Chambon, 1994.

4. Davidson évoque « les guillemets gestuels tracés dans l'air avec les doigts et utilisés par les philosophes condamnés à lire tout haut ce qu'ils ont écrit », *op. cit*, p. 125.

5. Sur la citation, on peut consulter MM chap. 3 et RR chap. 7.

usage strict qui ont focalisé l'attention puisque la citation combine le prélèvement d'un fragment et sa greffe dans un autre contexte. Selon la formule d'Antoine Compagnon, on a « un énoncé répété et une énonciation répétante », c'est-à-dire un mixte complexe de fidélité et d'écart[1].

Les difficultés commencent dès qu'on ne prête pas suffisamment attention au niveau où une proposition se place. Bien que les trois propositions suivantes : Paris est la capitale de la France, Paris ne comprend aucun « e », « Paris » est un exemple de nom de ville comportant cinq lettres, se ressemblent grammaticalement, elles se placent à des niveaux différents du tableau précédent. D'autres sources de complication tiennent à la nature des termes (le cas d'un mot ou d'une lettre n'est pas celui d'une proposition) et à l'existence de langues différentes. Church a fait remarquer que traduire la phrase « John said "Triangles have three sides" » par « John a dit "Les triangles ont trois côtés" » et non par « Jean a dit "Triangles have three sides" » n'est pas satisfaisant car il laisse supposer que John a proféré une phrase en français (MM 82). Prise à la lettre, une telle politique rendrait la traduction des romans où la part de dialogue est prépondérante quasiment désespérée.

Lorsqu'on en vient aux analogues non verbaux de la citation[2], il n'est pas sûr que les deux réquisits d'inclusion et de référence puissent être simultanément satisfaits. En peinture, c'est le premier qui fait problème puisqu'il est clair qu'« un paysage marin ne cite pas l'image d'un bateau qui s'y trouverait » (MM 74) et qu'on ne peut négliger de toute manière son statut autographique. Au contraire, en musique où la pratique de la citation – sous forme d'emprunt à une autre œuvre ou de leitmotiv à valeur signalétique – est courante, l'on n'est jamais assuré de sa portée référentielle effective. Zofia Lissa remarque en effet que la citation « ne doit pas apparaître comme thème de l'œuvre nouvelle, elle perdrait ainsi le caractère d'une totalité étrangère » mais comme représentant « l'œuvre d'où elle provient d'après le principe *pars pro toto* »[3]. Il en découle un effet de mise à distance et d'allusion qui connotent tantôt l'euphorie tantôt la parodie.

1. A. Compagnon, *La seconde main ou le travail de la citation*, Paris, Seuil, 1979, p. 56. Les conditions de substituabilité de l'expression renvoient à ce que C. Elgin nomme un réquisit de généralité (RR 128).

2. Dans MOM I, 5 et 6, Goodman s'interroge sur la possibilité de citer des pensées et remarque que la réponse présuppose une élucidation plus précise de la relation de la pensée aux symboles (mots, images, etc.).

3. Z. Lissa, « Aesthetische Funktionen des musikalischen Zitats », *Musiksforschung*, 19, 1966, cité par B. Ramaut-Chevassus, *Musique et postmodernité*, Paris, P.U.F., 1998, p. 44. C'est particulièrement net dans les œuvres-collages de Berio ou Stockhausen.

Dans une perspective plus ontologique, la citation n'apporte encore qu'un aperçu restreint sur les « niveaux de réalité ». C'est une banalité de remarquer que toute grande œuvre littéraire se développe simultanément sur plusieurs plans, tant dans son rapport à la réalité que dans son organisation formelle. Le fait que Don Quichotte rencontre dans le second volume des personnages qui ont lu le premier, ou qu'*Hamlet* présente un épisode théâtral à l'intérieur de la pièce, compliquent nécessairement les parcours référentiels de l'œuvre[1]. Autant en qualité de critique que d'écrivain, Calvino a poussé très loin l'élucidation de la « réalité des niveaux » en littérature, condition de son pouvoir de fascination sur le lecteur. Il montre par exemple que l'*Odyssée* joue sur deux niveaux de réalité mythique : « le supra-naturel païen pré-olympien peuplé de monstres, cyclopes et sirènes » et l'univers anthropomorphe plus tardif des dieux olympiens, à quoi correspondent deux mondes géographiques distincts – celui fabuleux qui transparaît dans le discours d'Ulysse et celui qui reflète l'expérience historique de l'époque[2].

En romancier, Calvino s'aventure plus avant encore dans les subtilités dénotationnelles. Comme le relève Goodman, le héros du *Chevalier inexistant* « est non seulement comme Don Quichotte un personnage fictif, mais à la différence de Don Quichotte, c'est selon la chronique de ses propres aventures qu'il n'existe pas » (MOM 66 / EC 29) puisqu'il n'est qu'une armure vide qui, à sa mort, s'éparpillera sur le sol. Est-ce à dire qu'Agilulfe est pur néant, *flatus vocis* ? Il se place bien sûr à trois degrés au-dessus des individus concrets, et semble posséder moins de réalité encore que les personnages auxquels le roman réaliste nous a accoutumés. Mais en dernière instance, les gens qu'il dénote vivent sur le sol comme nous tous et l'on peut même s'identifier plus facilement à lui et ses semblables qu'à des figures historiques d'apparence plus consistante. L'important n'est donc

1. Il arrive à un écrivain de brouiller les limites entre l'univers qu'il décrit et la réalité (Calvino, *Si par une nuit d'hiver un voyageur*), d'organiser la rencontre entre un personnage quasi fictionnel et son auteur (Mann, *Charlotte à Weimar*), voire de feindre de rencontrer un de ses propres personnages (Kundera, *L'Immortalité*). L'anecdote de Balzac réclamant sur son lit de mort le docteur Brianchon révèle peut-être une tendance secrète de toute littérature.

2. Dans sa communication « La letteratura e la realtà dei livelli », au colloque de Florence de 1978, actes publiés sous la direction de M. Piattelli Palmarini, *Livelli di realtà*, Milan, Feltrinelli, 1984. Je cite d'après le commentaire de L. Handjaras, « Entre logique et littérature. Goodman, Calvino et la construction des mondes », *Cahiers du Musée National d'Art Moderne* n° 41, 1992, p. 107. Voir également *La Machine littérature*, trad. fr. M. Orcel et F. Wahl, Paris, Seuil, 1984, et U. Eco, *Six promenades dans les bois du roman et d'ailleurs*, trad. fr. M. Bouzaher, Paris, Grasset, 1996.

pas son irréalité affirmée mais la double certitude que l'ontologie n'est pas bouleversée et que le fil référentiel n'est nulle part rompu. Si certains êtres sont dénotés par l'étiquette « déficient en humanité », sir Agilulfe se contente en effet d'exemplifier une étiquette de cette étiquette, à savoir « étiquette de déficient en humanité ». Le fait que cette étiquette possède la propriété paradoxale d'annuler son contenu ne lui enlève aucune de ses fonctions ordinaires. Le personnage de fiction tend à fonctionner à la manière d'un opérateur mathématique, ce qui renforce l'idée d'une machine textuelle génératrice de mondes, qu'ils soient schématiques ou individualisés. Goodman y trouve pour son compte une confirmation inattendue de l'esprit américain : de même que la numérotation des étages ne commence pas au premier mais au rez-de-chaussée (MOM 67), « les histoires ne commencent pas par une envolée mais au niveau du sol » (EC 30)[1], à ras de terre. Encore faut-il s'assurer de la complicité jubilatoire du lecteur qui est seule à même de leur insuffler toute la consistance requise[2].

l'éloignement référentiel

La prise en compte des strates est loin de suffire à la compréhension du processus symbolique, même pour un phénomène simple. La description statique doit être relayée par une analyse dynamique du parcours de symbolisation. En effet, deux termes de même niveau peuvent être distants l'un de l'autre, parce qu'une chaîne comportant un ou plusieurs maillons intermédiaires les relie. N'importe quel itinéraire n'est pas permis. Goodman stipule que « toute chaîne référentielle menant d'un élément à un autre de même niveau dénotationnel doit traverser au moins un autre niveau dénotationnel » (MOM 63) c'est-à-dire faire jouer au minimum un élément et l'étiquette correspondante[3]. Et lorsque le point d'arrivée et le nombre d'étapes sont les mêmes, il s'en faut encore que des chemins référentiels

1. Tout au long de cette recherche, « Stories Upon Stories », Goodman joue sur le double sens du mot « story » : à la fois « histoire » et « étage », dont on trouve l'écho dans la phrase citée : le rez-de-chaussée et l'escalier.

2. L. Handjaras fait ressortir à juste titre que la divergence majeure entre Goodman et Calvino, entre le logicien et le romancier, tient au rôle de la lecture comme facteur pragmatique et constitutif en dernière instance de la réalité littéraire. Voir aussi mes remarques au sujet de Borges.

3. Cette stipulation est sur ce point assez comparable à celle de la théorie russellienne des types selon laquelle « un énoncé propositionnel n'est correct que si le prédicat est de type immédiatement supérieur à celui de l'argument », ce qui lui permettait d'éliminer les deux situations génératrices de non-sens : le démon de l'analogie (sauter une strate) et l'ordre vicieux (rester au même niveau, dans une expression comme « je me mens »).

différents soient interchangeables ; aller de A à B en passant par C n'est pas équivalent selon que C se situe sur la strate supérieure ou sur la strate inférieure.

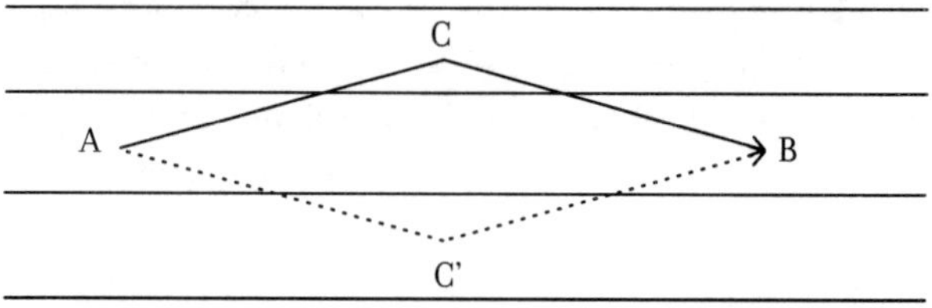

Ces chaînes pourraient servir à une sorte de calcul de l'éloignement référentiel, par analogie avec le calcul de la simplicité applicable aux prédicats en fonction de leur nombre, du nombre de places d'argument de chacun et de propriétés générales comme la réflexivité ou la symétrie [1].
Que les *étapes* référentielles aient au moins autant d'intérêt que les *strates* dénotationnelles, c'est ce qu'illustre par excellence la littérature. Un roman n'est souvent qu'un détour remarquable et improbable entre deux points insignifiants ou arbitraires et une biographie vaut par l'intérêt des épisodes qui s'intercalent entre deux banalités, la naissance et la mort. Dans *Les Mille et Une Nuits*, Schéhérazade parvient à différer sa mise à mort tant que son imagination de conteuse tient l'attention du sultan sous son charme. Un autre chef d'œuvre du genre est *Tristram Shandy* où Sterne multiplie à loisir les péripéties dans la digression jusqu'à faire de la digression le mode unique de la narration et, anticipant Joyce, il bouscule la ponctuation et les genres littéraires. Il est d'ailleurs on ne peut plus conscient de son originalité, comme en témoignent ses célèbres graphes qu'on pourrait baptiser, avec un peu de malice, pseudo-goodmaniens [2]. Dans *Jacques le Fataliste*, Diderot joue avec brio de la double relation Jacques – Maître et écrivain – lecteur jusqu'à les contaminer l'une l'autre inexorablement. Quant à *La Recherche*, comment ne pas en faire un paradigme d'une littérature capable de réaliser sous la forme romanesque la plus accomplie l'expérimentation de capacités liées à l'analyse conceptuelle et à l'exercice du langage ?La narration y assume en tout cas tous les jeux de la référence, à commencer

1. Goodman est un des premiers qui ont fait de la mesure de la simplicité une préoccupation fondamentale de la méthode philosophique (voir PP VII, avant-propos et article 1, «The Test of Simplicity»).

2. Le passage remarquable est dans le livre VI, chap. XL, Paris, GF-Flammarion, p. 425-426. L'ouvrage qui se présente comme une autobiographie ne dépasse pas en réalité les années prénatales et celles de la petite enfance, et il peut être lu comme un traité des obsessions.

par ceux de l'exemplification. Non seulement Proust est un virtuose de l'exemplification dans son écriture et dans son matériau romanesque (séries de personnages, de lieux, etc.) mais il transforme son livre en une machine à enquêter sur le sens véritable de sa « vocation »[1] – le narrateur justifiant au terme d'un parcours sans cesse amplifié la décision d'écrire l'œuvre qu'on vient précisément de lire[2].

La question du déroulement narratif n'est pas étrangère à la réflexion de Goodman qui lui consacre quelques pages, à propos de l'organisation des épisodes dans une composition picturale et de la relation qu'y entretiennent le spatial et le temporel[3]. « Perturber (*twisting*) l'ordre des événements au sein du récit peut mener loin, mais non au-delà de certaines limites, sans perte de l'histoire. » (MOM 108) Un rouleau japonais du XIe siècle relatant la vie du prince Shotoku Taishi sur fond du paysage de Nara montre qu'on peut déroger à l'ordonnance chronologique ou à la situation géographique sans que le fonctionnement narratif de l'ensemble soit aboli. Toutefois le jeu avec les occurrences tend à favoriser un glissement, tantôt vers l'essai, lorsqu'un regroupement délibéré de séquences équivaut *de facto* à une sorte de commentaire thématique, tantôt vers la « symphonie » quand ce sont des facteurs expressifs qui prennent le pas (MOM 120-122)[4].

Une œuvre comme celle de Michel Butor qui s'inscrit à la charnière du théorique et du romanesque est un inépuisable laboratoire des effets de l'intertextualité[5]. Si ses premiers livres (*L'Emploi du temps*, *Degrés*) illustrent surtout la prolifération du récit autour d'un événement qui tout à la fois le

1. « Toute ma vie jusqu'à ce jour aurait pu et n'aurait pas pu être résumée sous ce titre : Une vocation. » (*Le Temps retrouvé*, éd. J.-Y. Tadié, « Bibliothèque de la Pléiade », Paris, Gallimard, t. IV, p. 478), phrase qui fait écho à celle du *Côté de Guermantes* (« la vocation invisible dont tout cet ouvrage est l'histoire », *ibid.*, t. II p. 691) et précède son hymne à la souffrance, libératrice des forces de l'esprit.

2. Proust mériterait à lui seul tout un essai. Dans l'optique présente, seraient à privilégier des lectures comme celles de Butor (*Répertoire* IV, Paris, Minuit, 1974), et surtout J.-C. Dumoncel (*Le Jeu de Wittgenstein*, Paris, P.U.F., 1991, en particulier p. 67-70), sans négliger l'approche narratologique initiée par Genette (*Figures* 3, Paris, Seuil, 1972).

3. « Twisted Tales » (MOM IV, 1) ; les principaux exemples y sont empruntés à Breughel, Sellaio, Piero di Cosimo, Ghiberti, Memling et surtout à une peinture bouddhiste japonaise.

4. « Dans le film *L'Année dernière à Marienbad*, le fil narratif, quoique jamais abandonné, est disloqué pour laisser passer des cadences obsédantes et des qualités émotionnelles et sensorielles quasiment indescriptibles » (LA 123-4). Au contraire, dans *Citizen Kane*, c'est le travail de cadrage et de montage qui consitue le support principal des opérations référentielles.

5. Celle de Milan Kundera fournirait un autre exemple privilégié, à travers la marginalisation du personnage central et la démultiplication du thème. Dans une perspective plus ludique, on pourrait aussi penser à Pérec ou Roubaud et leurs jeux oulipiens. Et bien sûr Umberto Eco et sa stupéfiante boulimie de tous les savoirs.

disperse et le polarise, à la manière dont un faisceau d'électrons ne révèle la structure d'un échantillon que par ses interactions avec le réseau cristallin qui le diffracte, les suivants jouent sur le collage et la greffe de matériaux hétérogènes et pour ainsi dire le tissage entre plusieurs régimes discursifs. Ils sont des tentatives de construire avec des mots – avec leur sens, leur force d'évocation (selon le cas exotique ou érudite), leurs implications inter- et transtextuelles – la représentation d'une entité d'ordre géographique ou culturel. Ainsi *Mobile* ou *Description de San Marco* sont accompagnés respectivement d'une carte des États-Unis et du plan de la basilique vénitienne et bénéficient d'une mise en page inédite. Et, comme on pouvait s'y attendre, la construction d'un objet textuel complexe qui est d'abord l'écho d'une réalité qui lui préexiste, voire le bilan d'une gamme d'expériences personnelles (la série du *Génie du lieu*) ou intimes (*Matière de rêves*), devient une invitation à poursuivre indéfiniment la recomposition du monde.

C'est un phénomène comme l'allusion[1] qui fournit l'accès le plus direct au mécanisme élémentaire impliqué dans la distance référentielle, puisqu'il y est fait référence à « quelque chose de même niveau dans la hiérarchie

dénotationnelle » (MOM 65-66). Les deux parcours évoqués dans le schéma ci-dessus sont de fait interprétables à travers deux situations de base (RR 143) :

[les flèches simples indiquent une dénotation, les double flèches une exemplification]

Dans le premier cas, *a* fait allusion à *b* parce qu'il dénote un troisième terme *c* qui exemplifie *b*. Si je dis à quelqu'un : « Tu as fait un travail de Romain ! », j'utilise implicitement le savoir historiquement fondé que les Romains ont été de grands bâtisseurs pour saluer l'importance de ce que mon ami a réalisé.

1. La définition générale que Goodman donne de l'allusion est la suivante : « la référence médiate ou indirecte par un chemin qui, dans une hiérarchie dénotationnelle, la renverse au moins une fois » (RPAS 71).

« travail de Romain » « entreprise de vaste envergure et destinée à durer »

construction gigantesque
(aqueduc, arène, etc.)

L'autre cas est symétrique : *a* est exemplifié par l'étiquette *c* qui à son tour dénote *b*. Le titre de « Symphonie fantastique » donné à une œuvre de Berlioz pourrait s'expliciter ainsi :

« climat tourmenté et inquiétant »

sabbat, supplice Symphonie de Berlioz

Il serait facile d'objecter que cette interprétation pour l'opus 14 est partiale puisqu'elle privilégie indûment les deux derniers mouvements de l'œuvre et que l'épithète conviendrait d'ailleurs tout aussi bien au *Freichütz* de Weber. Comme on le sait, le compositeur a révisé l'œuvre à son retour d'Italie en ajoutant un monodrame lyrique, *Lélio ou le retour à la vie*, le titre général parfois usité, « Épisodes de la vie d'un artiste », prenant alors sa véritable portée (auto)biographique. Reste que l'appellation initiale a prévalu et que « le statut illocutoire du paratexte de l'œuvre musicale » est une question tortueuse dans laquelle le rôle du compositeur est la plupart du temps marginal[1].

Une variante de ce schéma n'est autre que la métaphore dans laquelle sont associés deux termes capables d'exemplifier séparément la même étiquette. Je sais qu'Achille appartient à l'espèce humaine mais, s'agissant d'un guerrier, il exemplifie une étiquette comme « être vaillant et généreux » qui convient aussi au roi des animaux, d'où la contraction : « Achille est un lion »[2]. Ce modèle se généralise facilement à des chaînes de corrélation plus longues. Ainsi qualifier un homme de « souris », c'est jouer sur la double extension de l'étiquette « être craintif » qui s'applique littéralement à un animal et par métaphore à un homme dont le comportement est spécialement discret. Le mécanisme est qu'« une chaîne corrélative schéma-

1. F. Escal, *Contrepoints*, op. cit., p. 293, et de manière générale le chapitre II, 2 consacré au titre.
2. Pour d'autres exemples empruntés à l'architecture, voir RPAS p. 33 à 44.

tique partant de "souris" descend vers des souris, remonte vers l'étiquette exemplifiée et redescend vers l'homme dénoté » (EC 28/ MOM 65) :

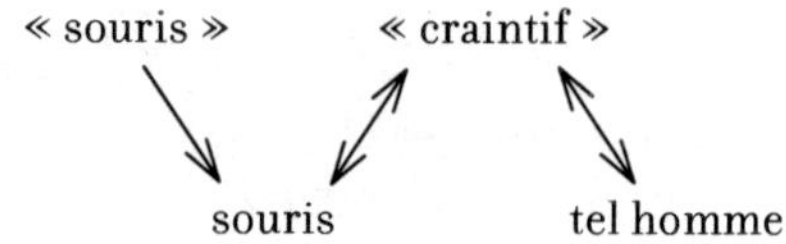

Comme on l'a vu, une propriété fondamentale des métaphores est de comporter un transfert et de ne pas se réduire à une banale catachrèse. Le déplacement d'un règne à l'autre est réinterprétable en termes de *référence médiée*[1], et il donne ainsi prise à un début de quantification : « Ici "souris" est un terme éloigné de trois étapes de l'homme qu'il dénote métaphoriquement, même s'il est seulement à une étape référentielle des souris qu'il dénote littéralement » (EC 27/ MOM 64). L'écart des termes n'est pas pour autant proportionnel à la longueur du parcours intermédiaire puisqu'il arrive parfois qu'il y ait réapplication dans le règne d'origine (LA 114-5). La recherche d'un itinéraire plausible (moins transparent sans doute pour « une peur bleue » que pour « une nuit blanche ») contribue à libérer

l'application métaphorique des soupçons de fugacité ou de gratuité dont elle est parfois la cible et la densité du tissu référentiel permet à l'occasion de suppléer le défaut de connections certaines.

Les deux dimensions – hiérarchie dénotationnelle et chaînes référentielles – ne sont pas des composantes séparées (même pas à la manière dont le nombre complexe possède une partie réelle et une partie imaginaire[2]), ce sont plutôt deux perspectives complémentaires vis-à-vis de la même représentation. La seconde représentation livre en fait la *physiologie* de la première qui n'en fournit que l'anatomie, en singularisant des symboles intermédiaires qui relayent et font ramifier le processus. Dans le cadre d'une référence généralisée, le jeu de l'exemplification commande une bonne part des ressources imagées du discours ou de ce qui, en lui, porte le sens de la nuance ou du sous-entendu. Recourir à une « connaissance-Don Quichotte » (RPAS 89), c'est-à-dire se servir d'images et de descriptions de Don Quichotte, peut servir de base à des insinuations variées et pas forcé-

1. Je préfère de loin cette formulation à celle de « référence médiatisée » utilisée dans la traduction française (RPAS 34). Elle est également bien adaptée à la conception interactive de la métaphore défendue par Max Black.

2. Même dans l'écriture musicale, la distinction de deux axes a ses limites puisqu'un arpège aboutit à transformer un accord en une suite de notes.

ment convergentes. Don Quichotte est littéralement le nom d'un personnage de Cervantès à qui correspondent en effet de nombreuses étiquettes exemplifiantes : « hidalgo impécunieux mais attaché à la splendeur passée de l'Espagne », « jouteur bouffon » (MM 205), « chevalier à la triste figure », etc. qui ne commandent pas les mêmes développements, ni par mention sélective (dans les gravures de Daumier ou Doré, l'opéra de Massenet, etc.), ni *a fortiori* métaphoriquement (un homme idéaliste ou irréaliste n'est pas forcément pitoyable ou grotesque). Dire que tel avocat est un chevalier met l'accent sur son engagement envers les personnes victimes de l'arbitraire social et conserve quelque chose du privilège de l'homme adoubé. Au contraire, dans l'expression « l'avocat *X* est un Don Quichotte », le fait que ce soit l'étiquette « chevalier » – et non par exemple « amant de Dulcinée » – qui exemplifie Don Quichotte, aboutit à transférer à *X* le côté excessif et dérisoire du personnage, jetant le doute sur l'efficacité réelle de son action.

La limite est que la référence, en tant que telle, n'est pas transitive. « Quand *a* réfère à *b*, et que *b* réfère à *c*, *a* ne réfère pas toujours à *c* » (RPAS 70). Ainsi « "la célèbre église de Gaudi à Barcelone" réfère à un bâtiment particulier et pas aux montagnes auxquelles le bâtiment réfère » (*ibid.* 42-3) [i. e. la physionomie si particulière du Montserrat]. Les chaînes exemplificationnelles sont donc délicates à manier car on doit s'assurer que la référence se fait *via le trait instantié* – soit directement, soit par contraste – et non via quoi que ce soit d'autre, d'où les fréquents rappels à la prudence de Goodman (LA 96-7). On pourrait croire que la notationalité élimine radicalement ces difficultés[1] mais l'on a vu qu'elle ne faisait en réalité que les déplacer. Raison de plus de garder à l'esprit que les chaînes de corrélation ne reflètent pas une genèse, encore moins le mode effectif d'engendrement, mais qu'elles constituent un artifice technique efficace pour une REconstruction plausible et éclairante (MOM 64)[2].

1. L'absence de chevauchement des classes de référence confère une sécurité aux chaînes de concordance (LA IV, 5 et MOM 56-57), et libère de quantité de problèmes connexes (c'est pourquoi Goodman insiste tellement sur la fonction réelle d'une partition [par ex. LA 191 et 218]. Mais elle ne supprime pas la plupart des difficultés liées à l'exemplification.

2. Par exemple, les textes d'Utzon consacrés à l'Opéra de Sydney font référence d'une part à un processus technique (formes nées d'une sphère éclatée) et à une stimulation visuelle (le mouvement des voiles de bateau dans la baie).

Le point de vue est résolument rétrospectif et le résultat toujours en instance de révision. Soutenir que « l'interprétation se rapproche de la cryptographie » (EC 89) signifie que l'idée de *compétence*, entendue comme « aptitude générale à comprendre des symboles d'une espèce donnée sur la seule base de leur syntaxe et de leur sémantique » (RPAS 125) est irrémédiablement trop étroite, ce qui est désormais un lieu commun[1]. Apprendre la grammaire d'un système ne permet pas toujours de prendre parti en face d'assignations concurrentes ou de jauger la marge qui les sépare, et cela ne supplée aucune information d'arrière-plan. Surmonter cette indétermination ne réclame pas un traitement transcendantal. Tout ce dont la compréhension a besoin est un « sol commun » (RPAS 124), non pas un « sens commun » de type kantien qui fonderait une adhésion universelle (*Critique de la faculté de juger*, § 20-22). Ce sol n'est autre que l'ensemble des pratiques symboliques telles qu'elles sont mobilisées dans l'interprétation des phrases, des images, des actions, avec leurs tâtonnements, leurs routines et leurs échecs. Encore convient-il de ne pas se laisser aveugler par « deux malentendus apparentés : le premier réside dans la conviction que la compréhension d'un symbole est de l'ordre du tout ou rien ; le second repose sur l'idée qu'à tout symbole correspond une interprétation unique, la seule qui soit correcte » (RPAS 127), alors que toute compréhension est susceptible de degrés et est sujette à révision ou réorientation[2]. Inutile de préciser qu'elle va à l'encontre de ce que préconisait Kant[3].

1. « Les défenseurs et les détracteurs de la philosophie analytique croient en général qu'elle promet une détermination de la signification et de la référence de tout symbole qu'on lui présente. Une telle promesse ne serait pas aisée à tenir. ... La philosophie analytique ne prétend plus fournir des descriptions complètes et finales de la signification. L'insistance sur la symbolisation est cependant maintenue. » (EC 90-1) Voir également H. Putnam (*The Threefold Cord*, New-York, Columbia U.P., 2000) et R. Brandom (*L'articulation des raisons*, trad. fr. C. Tiercelin et J.-P. Cometti, Paris, Cerf, 2009).

2. Signé par Catherine Elgin, le chapitre VIII de RPAS présente des rapprochements intéressants avec la conception wittgensteinienne de la règle comme création d'une coutume (*Recherches philosophiques*, § 81-85 et 198-202), même si Goodman a plutôt tendance à mettre l'accent sur les différences. Dans un raccourci provocant, Goodman remarque que Wittgenstein « traite un sujet comme un chat le fait d'une souris, la taquinant, l'abandonnant, revenant à la charge. [alors que] Mes propres efforts s'apparentent plutôt au comportement du bouledogue » (MOM 191) [description étrangement fidèle à ce que Wittgenstein pensait de lui-même : « lorsque je pense pour moi-même, sans vouloir écrire un livre, je tourne autour du thème, par bonds successifs ; c'est la seule façon de penser qui me soit naturelle » (*Remarques mêlées*, Paris, GF-Flammarion, 2002, p. 86].

3. « Les nouveaux logiciens admettent un usage du mot *symbolique*, qui est absurde et inexact, lorsqu'on l'oppose au mode de représentation *intuitif* ; la représentation symbolique n'est, en effet, qu'un mode de la représentation intuitive » [CFJ § 59], cette remarque intervenant, il est vrai, à un moment très

Doit-on s'étonner que Goodman ne se montre pas très empressé d'ordonner en un bel ensemble les multiples modes de référence qu'il examine si scrupuleusement, lui dont la passion constructiviste est si peu contestable? Sa réticence se comprend pourtant assez bien. Tant qu'il s'agit d'organiser le matériau de la connaissance par des règles syntaxiques judicieusement choisies, un schéma architectonique s'impose. Mais lorsqu'on s'éloigne du niveau élémentaire vers des aspects qui ne peuvent manquer de véhiculer de plus en plus d'arrière-plans philosophiques, il se méfie de tout ce qui s'apparenterait trop à l'élaboration d'un système esthétique, un de plus.

Cela ne signifie pas qu'on puisse présenter les relations référentielles au hasard. Le contenu des « Voies de la référence » est clairement structuré dans le sens d'une complexité croissante, selon une sorte de schéma amplifiant :

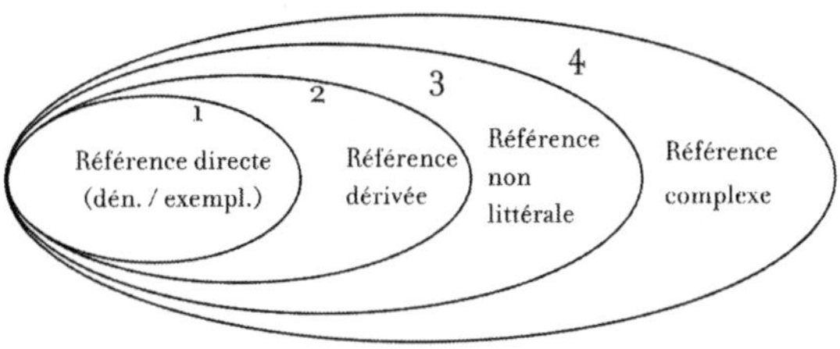

2 se distingue de 1 seulement par l'ajout d'une relation non-référentielle, ce qui laisse inchangé son degré de complexité. Avec 3, c'est la dimension figurée (ou fictive, fictionnelle) qui devient prépondérante et remodèle l'ensemble. Enfin en 4 les chaînes référentielles prennent leur essor, elles s'enfoncent dans la densité et l'épaisseur des choses et dans une certaine mesure elles la créent. Plutôt que d'une complication progressive, il s'agit d'un refus continué de simplifier.

Ce schéma rend toutefois assez mal compte de situations comme l'impossibilité de concevoir une exemplification fictive (LA 98) ou celle d'utiliser dans une citation des prédicats ou des noms qui seraient vides

particulier, la possibilité d'un passage du plan sensible vers l'intelligible c'est-à-dire d'un attrait sensible à un intérêt moral. De plus, Francis Jacques remarque : « on sait la longue méconnaissance réciproque entre les hommes de la raison et les hommes du langage » (*L'Espace logique de l'interlocution*, Paris, P.U.F., 1985, p. 63), en particulier « depuis la rencontre manquée entre H.G. Hamann et E. Kant » (*id*) ; sa prise de conscience aboutit à la découverte que « le discours mérite autant d'attention que la langue » (*id* 67).

(MM 70)[1]. Ce constat, qui reflète le défaut de réciprocité complète entre sens direct et sens converse, suggère une représentation comportant deux plans sécants dont l'angle d'ouverture serait variable :

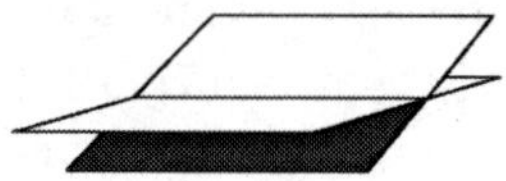

Lorsque les deux plans se confondent à l'horizontale, le symbole n'est que le point d'ancrage de l'opération référentielle ; seule compte l'efficace dénotationnelle, non pas les méandres éventuels par lesquels elle s'établit, ni l'identité du symbole qui en assure le résultat[2]. L'idéal est ici une sorte de « caractéristique » au sens de Leibniz, langue bien pensée et contrôlable dans ses usages, dont chaque idiolecte sémiotique est plus approprié à un secteur particulier de l'expérience. Mais l'on ne dispose alors d'aucun surplomb permettant d'inclure ce que le symbole ajoute en propre, avec les éventuelles répercussions qu'on peut en attendre du point de vue esthétique et stylistique. L'écartement du second plan y pourvoit, d'une part en ouvrant la possibilité d'exploiter de plus en plus de niveaux de référence ; d'autre part, en activant la capacité du symbole à référer par le biais des propriétés qu'il possède et qui tendent à dédoubler le fonctionnement de la signification[3].

Si l'on prend pour relation primitive la description, en raison de l'importance que tient le langage dans la théorisation symbolique et du statut sémiotique charnière qui est celui de la langue, on obtient un graphe pluridimensionnel de ce genre :

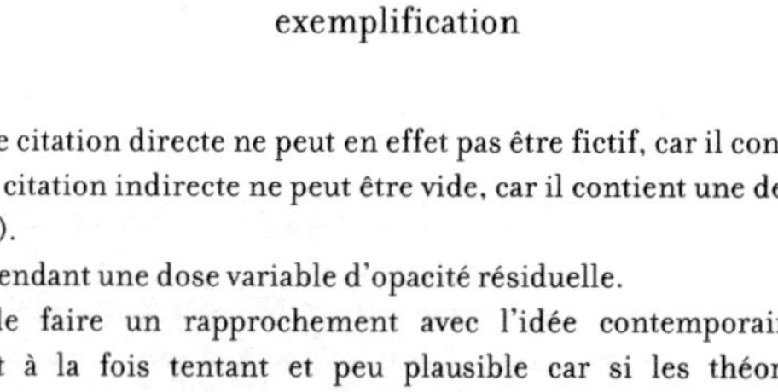

1. « Un nom qui est une citation directe ne peut en effet pas être fictif, car il contient ce qu'il nomme ; et un prédicat qui est une citation indirecte ne peut être vide, car il contient une des paraphrases à laquelle il s'applique » (MM 70).

2. Cela n'exclut pas cependant une dose variable d'opacité résiduelle.

3. Serait-il légitime de faire un rapprochement avec l'idée contemporaine de sémantique bi-dimensionnelle ? C'est à la fois tentant et peu plausible car si les théories ont le même type d'adversaires, leur cadre conceptuel et leurs motivations ne sont guère homogènes.

Chaque direction infléchit la dénotation (verbale) dans un sens original :
1) par le recours à des symboles syntaxiquement moins différenciés.
2) par la recherche d'une structuration sémantique.
3) par le travail sur les occurrences des symboles.
4) par l'exploitation de la richesse intrinsèque du symbolisme.
Longtemps l'esthétique a oscillé du formalisme intransitif à la recherche de correspondances universelles. La volonté trop affirmée de transmettre un message idéologique s'est souvent soldée en réaction par la contestation de toute capacité signifiante de l'œuvre, jusqu'à ce que sa forme se trouve elle-même réinvestie de contenus divers[1]. La bipolarité traditionnelle entre deux attitudes en face de l'art, l'une soucieuse de comprendre comment quelque chose se produit, et l'autre s'attachant à jouir du résultat sans se poser de questions, apparaît de moins en moins défendable dans son principe et plus incertaine dans ses effets. Certes, de tout temps, des artistes ont soutenu que le caractère absolu de l'acte créateur rendait superflu ou dérisoire tout discours devant l'œuvre[2], avec pour corollaire que la théorie ne pouvait que détruire comme naïves les illusions de l'inspiration et de la pure spontanéité[3]. Le reproche par excellence adressé aux philosophes fut d'aborder l'art à partir d'une rationalité qui n'était pas la sienne, de vouloir penser ce qui pouvait n'être que vécu par les sens et de le traduire pour ainsi dire en un idiome étranger et non adéquat. Il n'est donc guère surprenant

1. C'est une des leçons fondamentales de McEvilley, dans *Art, contenu et mécontentement*, op. cit, en particulier le chapitre « Manières de s'adresser aux nuages » et les « Treize façons de regarder un merle noir » où il énumère pas moins de treize attributions possibles de contenu d'une œuvre non figurative.

2. Témoin René Char : « l'observation et les commentaires d'un poème peuvent être profonds, singuliers, brillants ou vraisemblables, ils ne peuvent éviter de réduire à une signification et à un projet un phénomène qui n'a d'autre raison que d'*être* » (*Recherche de la base et du sommet*, Paris, Poésie-Gallimard, p. 126), ajoutant que « le poète se remarque à la quantité de pages insignifiantes qu'il n'écrit pas » (*A une sérénité crispée*, *ibid.*, p. 164).

3. C'est pourtant Nietzsche, de tous les philosophes celui qui a le plus défendu la positivité de l'illusion (de l'*Introduction théorétique* de 1873 aux derniers textes) et suspecté la rationalité, qui écrit : « Nous sommes accoutumés, devant toute chose parfaite, à omettre la question de sa genèse, et à jouir de sa présence comme si elle avait surgi du sol d'un coup de baguette magique. Il est vraisemblable que nous continuons à subir ici les effets d'une émotion mythologique archaïque. [...] L'artiste sait que son œuvre n'aura son plein effet que si elle suscite la croyance à quelque improvisation, à une naissance qui tient du miracle par sa soudaineté ; aussi ne manquera-t-il pas d'aider à cette illusion et d'introduire dans l'art, au début même de la création, ces éléments d'agitation inspirée, de désordre tâtonnant à l'aveuglette, de rêve vigilant, tous artifices trompeurs destinés à disposer l'âme du spectateur ou de l'auditeur de telle sorte qu'elle croie au jaillissement soudain de la perfection. La science de l'art, cela va de soi, se doit de contredire cette illusion avec toute la netteté possible et de mettre en évidence les sophismes et les complaisances de l'intellect, en vertu desquelles il va donner dans les panneaux de l'artiste. » (*Humain, trop humain* § 145).

que l'esthétique soit apparue comme une tentation ambigüe, tout à la fois indice d'attrait passionné et menace pour la créativité ; « si l'Esthétique pouvait être, les arts s'évanouiraient nécessairement devant elle, c'est-à-dire *devant leur essence* »[1] écrit Valéry que cela n'a pas empêché (il est vrai beaucoup plus tard) de jeter les bases d'une « poïétique » et d'une « esthésique » des œuvres de l'esprit[2].

Goodman ne se sent pas engagé dans ces querelles qui appartiennent pour lui à un âge révolu[3]. Il renvoie dos à dos les tentations qu'elles soulèvent, non seulement parce qu'elles sont inconsciemment complices mais parce qu'elles sous-estiment le ressort sans doute le plus puissant du fonctionnement symbolique : l'existence de relations non dénotatives ET référentielles, et par excellence celle d'exemplification. Comme la plupart des idées fondamentales, celle-ci risque de passer inaperçue car elle ne révolutionne ni la forme des œuvres ni le contenu de l'interprétation. Sa nouveauté est foncièrement méthodologique et technique. La relation d'exemplification est ce qui permet de penser dans un même cadre général des faits qui semblent absolument hétérogènes, par exemple la déclaration de Valéry que Mallarmé, dans *Un coup de dés*, a tenté d'« élever enfin une page à la puissance du ciel étoilé »[4], le choix de Walther Gropius de construire en rondins le Blockhaus Sommerfeld (1921) – maison de campagne d'un riche négociant en bois berlinois –, ou l'inventivité inépuisable des flacons de parfums comparés à un emballage fonctionnel. Il n'y a rien de commun à ces manifestations, aucune propriété cachée qu'il faudrait débusquer, mais on ne peut pas davantage les renvoyer à une contingence circonstancielle ou « décorative », ce qui reviendrait à les marginaliser. On

1. Paul Valéry, « Léonard et les philosophes » (1929) (lettre à Léo Ferrero), dans *Œuvres*, « Bibliothèque de la Pléiade », Paris, Gallimard, 1957, t. I, p. 1240. « L'esthétique n'est pas mon fort » confie-t-il dans *Triomphe de Manet*, *ibid.*, 1960, t. II, p. 1332.

2. Voir notamment t. I, p. 1438-1443 et t. II, p. 1604-6.

3. Dans la conversation avec F. Boenders et M. Gosselin, il répond à l'objection que *Langages de l'art* « laisse l'esthétique exactement là où elle en était. C'est peut-être le cas, de façon très similaire à la façon dont l'automobile a laissé le cheval et la buggy là où ils étaient, et l'aviation le chemin de fer là où il était » (*L'art en théorie et en action*, p. 130).

4. *Variété II*, *Œuvres*, *op. cit.*, t. 1, p. 626. Mallarmé avait écrit de son poème : « La constellation y affectera, d'après des lois exactes et autant qu'il est permis à un texte imprimé, fatalement, une allure de constellation. Le vaisseau y donne de la bande, du haut d'une page au bas de l'autre, etc. : car ... le rythme d'une phrase au sujet d'un acte ou même d'un objet n'a de sens que s'il les imite et, figuré sur le papier, repris par les Lettres à l'estampe originelle, en doit rendre, malgré tout quelque chose. » (Lettre à André Gide du 14 mai 1897, *Correspondance complète* suivi de *Lettres sur la poésie*, éd. B. Marchal, Paris, Folio-Gallimard, 1995, p. 632).

ne peut douter qu'ils véhiculent un aspect important du message esthétique, et plus encore qu'ils ne présentent ce autour de quoi l'interrogation sur l'art peut chercher de nouvelles prises sur ce qu'il fait, en ayant à sa disposition un répertoire quasi illimité de registres expressifs. Le readymade était une provocation qui tendait à réduire l'œuvre à un pur événement performatif dont la portée ontologique a été largement surestimée car il laisse inchangé le regard sur l'immense majorité des œuvres. En revanche l'exemplification et ses dérivés retentissent discrètement sur l'ensemble du réseau symbolique et ils conduisent à reconsidérer la totalité des œuvres, y compris et surtout celles que l'on croyait le mieux connaître et qu'on ne finit jamais de redécouvrir.

chapitre 6
prolégomènes à une esthétique

> Sans doute qu'on commence à peindre par plaisir de manier des couleurs et des images, mais après quelque temps il faut des raisons plus profondes, celles que tout artiste porte en soi, qu'il faut ajouter quelque chose au monde pour qu'il soit clair. Il est sans cesse nouveau, c'est-à-dire à comprendre. Le dire n'est pas le redire.
> Jean Hélion[1]

Recenser l'outillage conceptuel et approfondir les problématiques qu'il commande n'est jamais qu'un préalable à une réflexion de nature esthétique. C'est que l'œuvre d'art est toujours davantage qu'une mosaïque de relations et de fonctions, quand bien même l'on doit passer par elles pour expliciter ce qu'elle fait. Elle présente une physionomie originale qui est le résultat de l'action conjointe de ses propriétés définitionnelles et de l'activité de ceux dont elle retient l'attention. Ce chapitre est consacré à l'examen de quelques-unes des questions les plus générales qu'il semble difficile de ne pas aborder lorsqu'on s'interroge sur la réalité d'une œuvre. Bien qu'il concerne principalement l'œuvre visuelle et picturale, la majorité des remarques ne sont pas sans contrepartie dans d'autres arts.

1. J. Hélion, *Mémoire de la chambre jaune*, ENSB-A, Écrits d'artistes, 1994, p. 82.

Le point de départ est le statut du mode représentationnel, à travers la capacité d'une œuvre d'être image d'une réalité. En suivant Goodman, on ne fera pas de différence marquée entre représentation et dépiction, car l'accent est mis sur les conditions de saisie du contenu représenté et non sur les significations spéciales qui peuvent dans certains contextes en découler[1]. Ce cadre peut paraître trop restrictif en ce qu'il semble éliminer la peinture non figurative mais cela n'est pas très gênant car ce sont des aspects non dénotationnels qui prédominent dans une œuvre abstraite (MM 92-93). Il prend néanmoins en compte le fait que comprendre un tableau obéit à des règles d'interprétation limitatives et que la dimension référentielle s'accompagne toujours de conditions pragmatiques qui assurent son authentification et son activation. La première démarche a partie liée avec les questions d'expertise et de contrefaçon, l'autre traite de ce que Goodman appelle « implémentation », à savoir l'ensemble des procédures par lesquelles est assumée la responsabilité de son fonctionnement légitime. Chacun de ces plans d'approche fournit une occasion de résister aux tendances longtemps dominantes au sein de la pensée esthétique : l'omniprésence du modèle mimétique, l'emprise d'une vision auratique de l'authenticité et son penchant prononcé pour une expérience contemplative et désintéressée.

dépiction

La notion goodmanienne de dépiction ne réclame pas de considérations spéciales relatives à une iconicité intrinsèque, qu'elle soit envisagée négativement comme une indépendance vis-à-vis de critères sémiotiques (O. Fischer) ou comme le produit d'une théorie morphologique adéquate (J. Petitot). À la différence d'approches post-wittgensteiniennes comme celle de Peacocke ou d'Aldrich, elle ne repose pas non plus sur une analyse des conditions de l'expérience perceptive mais elle entend s'en tenir à ce qu'on peut déduire de l'appartenance d'une image à un système symbolique de représentation. La condition générale stipulée par Goodman est que « pour représenter, une image doit fonctionner en tant que symbole iconique ; à savoir, fonctionner dans un système tel que ce qui est dénoté

1. Cette équivalence ne peut pas toujours être maintenue, Goodman n'en disconvient nullement ; ainsi *L'Agneau mystique* de Van Eyck dépeint un agneau et représente le Christ (voir aussi PP 123). En termes goodmaniens, les cas examinés par défaut sont ceux dans lesquels une image de *X* est en même temps une image-(de-)*X* (LA 52).

dépende uniquement des propriétés iconiques du symbole » (LA 65-66)[1]. Ces propriétés sont les seules que l'image possède en tant que telle (LA 150), en raison de son statut symbolique, par contraste avec celles qu'elle reçoit de tel environnement circonstanciel, voire d'une stipulation incongrue[2].

Ce qui surprend de prime abord est le peu d'empressement mis par Goodman à aller plus loin dans la détermination d'une « caractéristique d'image » détaillée, qu'il suspecte d'être purement *ad hoc* (LA 269). Sa position diffère fondamentalement de celle de Kent Bach[3] qui s'efforce de construire un modèle projectif rendant compte d'une spécificité du pictural à travers la sélection correcte de propriétés iconiques qui correspondent à l'objet dépeint (dans un dessin, par exemple, seules certaines lignes renvoient à des contours réels alors que d'autres ont un simple rôle décoratif, etc[4].). Il commence par retravailler la base sémiotique : au lieu de caractériser l'image en termes de densité – de non-différenciation syntaxique et sémantique, ce qui revient à la définir de façon privative du point de vue des réquisits notationnels –, il préfère parler de *pluri-jointure* : « chaque symbole, en vertu de ses multiples propriétés iconiques, est une inscription de nombreux caractères » (p. 127) dont chacun (de couleur, de taille, de forme, voire de qualités moins immédiatement appréhendables comme la texture, etc.) est le concordant explicite d'un trait. Il introduit par ailleurs l'idée de « corrélation continue », relation homéomorphique telle qu'à toute petite modification dans l'image (comme la taille d'une figure) correspond une petite modification concomitante dans l'objet (grandeur et/ou proximité d'un personnage) et réciproquement. C'est une propriété remarquable des systèmes iconiques, alors que dans le langage deux termes

1. Dans ma traduction de *Langages de l'art* (Nîmes, Éditions J. Chambon, 1990), j'avais rendu *pictorial* par « d'image » pour des raisons essentiellement négatives : l'impossibilité d'utiliser « pictural » et « imaginal » (voir la note p. 66). J'avais reculé devant « pictoriel » qui, depuis, a fait son chemin, notamment chez les spécialistes d'imagerie mentale. Aujourd'hui, pour des raisons de commodité de construction, j'ai tendance à utiliser l'adjectif « iconique », bien que ce terme possède son homologue en anglais. Je corrige en conséquence dans la citation précédente et les autres dans ce chapitre.

2. Un exemple extrême est celui d'un musée réquisitionné dans lequel des tableaux serviraient à figurer les positions d'armées ennemies (LA 65).

3. Kent Bach, « Part of What a Picture Is », *The British Journal of Aesthetics*, vol. 10, 1970.

4. Wollheim souligne que « nous voyons les contours comme des arêtes lorsque nous regardons le dessin comme une représentation (...) plutot que comme une configuration de lignes et de traits » (« Dessiner un objet », trad. fr. dans D. Lories (éd), *op. cit.*, p. 256). La remarque intervient dans le cadre d'une discussion de « l'argument de Wittgenstein » selon lequel le critère de l'expérience visuelle est à chercher dans la représentation de « ce qui est vu » (*Recherches philosophiques*, II, 11).

syntaxiquement voisins (comme matin et mutin, mur et pur) ont des significations totalement dissemblables. Enfin la reprise du couple strawsonien des prédicats-*M* et des prédicats-*P*, permet d'articuler sans quitter le niveau iconique les propriétés physiques de l'objet et celles plus psychologiques qu'on peut lui attribuer indirectement ou non ; il en découle une conception de la représentation comme identification métaphorique[1]. L'indifférence de Goodman est d'autant plus remarquable qu'il consacre de longs développements à réfuter des versions relevant d'une philosophie trop naïvement réaliste et qu'il a par ailleurs reconnu l'importance de l'étude des propriétés sous-jacentes à une configuration donnée dans la construction d'échelles qualitatives ou d'autres modes d'ordination. Mais tout se passe comme s'il craignait qu'ouvrir la voie à une dérive iconographique ne mette irrémédiablement en danger la perspective du « holisme symbolique ». Il convient donc de le prendre au mot lorsqu'il écrit de sa brève esquisse de spécification (LA 66) que rien d'essentiel ne repose sur une délimitation très rigoureuse des propriétés iconiques (LA 77 note 34). Au moins autant que la place qui leur revient, cette considération justifie un détour par les arguments critiques avancés dans *LA I*.

1) Il convient en premier lieu d'examiner de plus près la notion de ressemblance[2] qui bénéficie d'un pouvoir de séduction et d'explication quasi immédiat. Personne ne va toutefois jusqu'à exiger que la ressemblance se confonde avec l'identité. Même Morris qui adoptait comme définition de base qu'« un signe est iconique dans la mesure où il possède lui-même les propriétés de ses *denotata* » se voyait immédiatement contraint d'affaiblir sa formule afin de bloquer les implications absurdes qui naîtraient d'une comparaison physique entre un objet et son image : la photographie d'un homme ne présente pas la composition biologique de sa

1. Dans le chapitre III de *Les Individus* (Paris, Seuil, 1971), Strawson défend un réalisme de prédication en vertu duquel nous attribuons spontanément aux personnes des propriétés de type mental et il le met en relation avec la nature du schème conceptuel sujet/prédicat appliqué aux choses matérielles. Bach transpose cette analyse aux propriétés iconiques d'une représentation : celles-ci peuvent renvoyer soit à des propriétés purement physiques, soit à des propriétés psychologiques elles-mêmes visées directement, ou par le biais des précédentes, ou de manière mixte. C'est la capacité de percevoir les propriétés représentées plutôt que les propriétés directes de l'image qui assure l'identification métaphorique de l'image à ce qu'elle représente, *op. cit.*, p. 133-134).

2. On consultera avec le plus grand profit sur ce point les analyses subtiles et rigoureuses de Laure Blanc-Benon, *La question du réalisme en peinture. Approches contemporaines*, Paris, Vrin, 2009, chap. 2, en particulier p. 119 à 137.

peau et une vue de château ressemble davantage à n'importe quel autre tableau qu'au château représenté (LA 34) !
En ce qui concerne le contenu véhiculé, il n'est pas davantage plausible d'espérer qu'une règle de correspondance terme à terme soit en mesure de garantir une ressemblance crédible, même lorsqu'on choisit des paramètres où l'objectivité semble relativement facile à circonscrire, comme la forme ou la couleur. En fonction de la variation du point de vue, un objet rond (pièce de monnaie) sera rendu par un cercle, une ellipse ou même un rectangle aplati[1]. Robert Schwartz fait observer que « la feuille verte dont une moitié est éclairée et l'autre dans l'ombre sera représentée par deux couleurs différentes, bien que la feuille soit de couleur uniforme. Et aucune des deux couleurs de l'image n'est en mesure de correspondre avec la couleur réelle de la feuille »[2]. Ceci sous-tend les innombrables débats autour du ton local et du ton absolu qui ont proliféré, des impressionnistes au cubisme. Le fait est que seules des divergences calculées et habilement agencées sont en mesure de fournir une bonne *impression* de ressemblance. Des exemples probants sont la violation de la règle de proportionnalité dans les figures architecturales (LA 47), violation qui crée les ajustements « eurythmiques » indispensables à une vision correcte[3], ou l'introduction de déformations efficacement expressives[4]. Quant à la mise en scène du trompe-l'œil, elle est souvent le comble de l'artifice et de l'irréalité (LA 60). L'impression diffuse qu'un tableau est « ressemblant » doit finalement assez peu de chose à une relation directe de ressemblance[5].

1. Descartes s'en était avisé dans le Discours quatrième de la *Dioptrique*, lorsqu'il remarque que « suivant les lois de la perspective, souvent [les tailles-douces] représentent mieux des cercles par des ovales que par d'autres cercles (...) en sorte que souvent, pour être plus parfaites en qualité d'images, et représenter mieux un objet, elles doivent ne pas lui ressembler » (*Œuvres complètes*, Adam et Tannery (éd.), Paris, Vrin, Édition du Jubilé (poche), 1996, t. VI, p. 113.

2. R. Schwartz, « Imagery », *Proceedings of the Philosophy of Science Association*, 1980/2, p. 294. Ceci pose le problème redoutable des constances perceptives.

3. Panofsky, « L'histoire de la théorie des proportions humaines conçue comme miroir de l'histoire des styles », trad. fr. dans *L'Œuvre d'art et ses significations*, Paris, Gallimard, 1964, en particulier p. 64 et note 11 qui cite un passage caractéristique – et critique – de Platon (*Sophiste* 235e-236a).

4. Parmi les plus célèbres : Ingres, *La Grande Odalisque* (1814) à la vertèbre surnuméraire ; Géricault, *Course de chevaux à Epsom* (1821) inspirée de James Pollard (1816) où les jambes des chevaux sont toutes en extension ; Rodin, *L'Homme qui marche* (1887) les deux plantes de pied posées au sol.

5. Gombrich n'a cessé de soutenir que l'artiste « ne peut transcrire ce qu'il voit ; il peut seulement le traduire dans les termes de son médium » (*Art and Illusion*, Millenium Édition, Princeton U.P., 2000, p. 36 ; de même p. 141) et que « le test de l'image n'est pas la qualité de sa ressemblance mais son efficacité dans un contexte d'action » (*ibid.*, p. 110). La leçon est que le monde réel ne ressemble pas à une image plate mais qu'on peut faire ressembler une image plate au monde réel.

Une autre difficulté tient à l'hétérogénéité formelle des relations de ressemblance et de représentation. La première est réflexive et symétrique (LA 34) [si *A* ressemble à *B*, *B* ressemble à *A*] alors qu'on ne trouve rien de tel avec la représentation : un objet ne représente pas l'image la plus fidèle que celle-ci donne de lui, ni un autre objet visuellement identique. Et ce serait un défi désespéré de rassembler dans une unique formule la notion de représentation picturale rapportée à une image [1].

S'il paraît exclu de prendre la ressemblance pour une condition suffisante de la dépiction, est-il au moins légitime d'y voir une condition nécessaire lorsqu'on sait par ailleurs que le symbole est référentiel ? Goodman rejette aussi cette version atténuée. Soit en effet la situation suivante où une page imprimée commence par « les sept mots terminaux sur cette page » et se termine par la même séquence exactement répétée. « La première de ces inscriptions de sept mots réfère à coup sûr à la seconde, et lui est on ne peut plus semblable, cependant elle n'en est pas plus une image que n'importe quelle impression d'un mot n'est une image d'une autre impression » (PP 437).

Une double leçon se dégage. La première est que la ressemblance (ou similarité) n'offre pas un bon point de départ, une base fiable lorsqu'il s'agit de comparer ou de classer des phénomènes ; elle ne garantit aucune réussite dans des opérations comme : la sélection de répliques, la répétabilité d'expériences ou de comportements (LA 255), l'explication de la vérité métaphorique, la justification de la pratique inductive, la définition de qualités ou la possession de caractéristiques communes [2]. Son usage est d'autant plus incertain qu'une transitivité factice fait subrepticement passer d'une ressemblance locale entre deux particuliers et sous un aspect donné (SA 113) à une chaîne liant plusieurs particuliers qui ne partagent que deux à deux une même détermination, témoin les trois disques évoqués en PP 442 dont une moitié seulement est de même couleur que le disque contigu [3] :

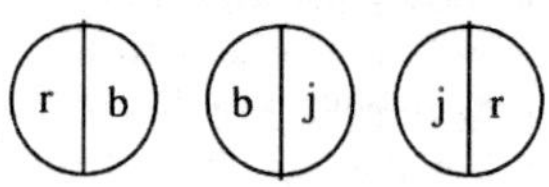

1. La démonstration presque caricaturale est fournie par Paul Ziff, « On What a Painting Represents », *Journal of Philosophy*, 57, 1960.

2. Cette énumération reproduit les principales « restrictions » mentionnées dans les « Seven Strictures on Similarity » (1970), PP 438 - 446, respectivement § 2 à 7.

3. C'est le problème dit de la communauté imparfaite, rencontré par Carnap, retravaillé par Goodman, puis par G. Rodriguez-Pereyra, *Ressemblance Nominalisme : A solution to the Problem of Universals*, Oxford, Clarendon Press, 2002, en particulier les chap. 8 et 9.

En second lieu et surtout, la ressemblance se révèle le produit, parfois inconscient, d'une activité orientée, tant dans ses concomitants psychologiques que culturels. Yves Michaud remarque qu'en histoire de l'art « il y a un piège quasiment naturel de la ressemblance sur laquelle on bâtit classifications et démonstrations », par simple rapprochement contingent : « si vous tenez vraiment à traiter l'œuvre de Duchamp comme de la sculpture, alors vous trouverez certainement que *Fountain* ressemble à une sculpture de Jean Arp et que son porte-bouteille ressemble à une *Femme cactus* de Julio Gonzalez » [1]. Un tel jugement renseigne davantage sur les penchants personnels ou les acquis culturels de qui l'énoncerait que sur les caractéristiques intrinsèques de l'œuvre, si tant est qu'on puisse tracer une ligne de démarcation nette entre les deux.

Le sens du réalisme s'en trouve profondément remanié. Goodman ne conteste nullement qu'il existe une relation entre les jugements de ressemblance qui associent image et réalité et l'affirmation que l'image est réaliste. Mais il conteste l'idée qu'on puisse *déduire* la seconde des premiers et tient l'inférence inverse pour au moins aussi probable (PP 438) [2]. Le rôle que joue la familiarité à l'égard de certains codes de figuration la rendrait même plus crédible. À plusieurs reprises (LA 63, MM 179-180), il se sert de l'analogie de la relativité du mouvement à un référentiel : de la même manière qu'un corps est immobile par rapport à une origine solidaire de son déplacement, l'interprétation d'une image est fonction de nos habitudes représentationnelles, lesquelles n'ont rien de plus absolu que n'importe quelles autres. Une représentation fortement irréaliste selon nos standards pourrait être non seulement correcte mais triviale dans un autre contexte, c'est le cas de la perspective dont le point de fuite est identifié au spectateur, courante dans les estampes japonaises. Il est d'ailleurs aisé de manipuler d'une infinité de façons, par exemple en remplaçant ses couleurs par leurs complémentaires, l'apparence d'une image sans affecter la quantité d'information qu'elle délivre ; mais d'autres modifications comme la fragmentation en sections recombinées différemment (Wollheim, Walton) ou le changement d'orientation (Dilworth) affectent

1. « Ressemblances et fictions : Remarques sur l'histoire de l'art à partir de Nelson Goodman », *Cahiers du MNAM* n°41, p. 118.

2. Une version plus subtile consiste à distinguer des ressemblances qui dépendent de la représentation (on les remarque parce que nous comprenons l'image) et des ressemblances qui n'en dépendent pas (on comprend l'image en nous appuyant sur ces ressemblances), voir D. Lopes, *Understanding Pictures*, Oxford U. P., 1996, p. 17.

plus profondément leur signification[1]. Le réalisme n'est donc pas fonction du rendement informationnel mais de la facilité à décoder l'information incluse dans l'image. Il arrive sans doute à Goodman de se montrer plus provocateur, et singulièrement dans son compte rendu de *L'Art et l'illusion* de Gombrich, quand il écrit qu'« avec des principes adaptés de corrélation, la peinture de paysage de Constable [en l'occurrence la vue du parc Wivenhoe] pourrait fournir une énorme quantité d'information sur un éléphant rose » (PP 145) ![2] Il est cependant peu probable qu'une déclaration aussi outrageusement maximaliste plaide pour un conventionnalisme sans restriction, ne serait-ce que parce que « la structure et la complexité des systèmes que nous pouvons maîtriser connaissent des limites » (RPAS 122).

Lorsqu'on parle de réalisme, on oscille en fait entre deux acceptions qui, prises strictement, tendent à se contredire : tantôt l'accoutumance au système validé, tantôt la découverte qui naît d'un rendu plus « illusionniste » – en bref l'inculcation ou la révélation (MOM 127)[3]. De façon significative, précise Goodman, ces deux sens « reflètent les deux facteurs d'inertie et d'initiative que nous avons vu se combattre dans les cas de l'induction et de la catégorisation correctes » (MM 180) et qui sont aussi partie prenante du procès de reconnaissance des œuvres. Dans le contexte occidental de l'art post-renaissant, il se trouve que les habitudes représentationnelles qui gouvernent le réalisme ont évolué dans le même sens que les critères de la ressemblance, mais il serait hasardeux de supposer qu'il en ira toujours et partout de même. D'éminents historiens comme F. Haskell ou J. Alsop ont montré combien les « traditions d'art rares » sont dépendantes de circonstances comme l'activité des collectionneurs, le rôle des analogies entre les diverses activités artistiques et, par-dessus tout, l'importance d'un sens historique qui incite à chercher une logique dans

1. Toutes ces questions ont leur contrepartie (ou leur source) dans des expériences de psychologie, réelles ou de pensée : inversion de qualia, inversion droite/gauche (pseudoscope), inversion haut/bas (lunettes de Stratton), etc.

2. Sur les rapports entre Goodman et Gombrich, voir l'article de ce dernier : « The "What" and the "How" : Perceptive Representation and the Phenomenal World », *in* R. Rudner and I. Scheffler (eds.), *Logic and Art, Essays in Honour of N. Goodman*, Indianapolis, Bobbs-Merrill, 1972, ainsi que la lettre de Goodman publiée en appendice de « Image and Code : Scope and Limits of Conventionalism in Pictorial Representation », *The Image and the Eye*, London, Phaidon Press, 1982, p. 284.

3. Sur la notion de réalisme révélateur, voir D. Lopes, « Le réalisme iconique », dans *Esthétique contemporaine*, Paris, Vrin, 2005, en particulier p. 295-297 et 302-303 ; l'idée de fond est que le réalisme reflète « une informativité appropriée au sein d'un contexte d'usage » (*ibid.*, p. 311).

l'évolution des normes de représentation. En définitive, ce qu'a soutenu Goodman est que « pour autant que la ressemblance coïncide avec le réalisme, les critères de ressemblance varient avec les changements de la pratique représentationnelle » (LA 76 note 31)[1], position plus proche de la prudence sceptique de l'historien que de l'iconoclasme du philosophe.

2) D'un point de vue philosophique, c'est toute une conception de l'art connue sous le nom de « théorie mimétique » et qu'on fait en général remonter à la source platonicienne qui est compromise. Encore faut-il préciser sous quel angle est menée sa disqualification.

Nelson Goodman concentre ses critiques sur la thèse de la représentation-copie qu'il estime viciée dans son principe par l'incapacité de pouvoir préciser ce qui est effectivement à copier (LA I 2). Le monde n'est pas présenté une fois pour toutes mais il offre d'innombrables modalités sous lesquelles on voit ou décrit le réel, chacune révélant ou construisant une approche partielle, selon les cas convenue ou innovante. Représenter ne promet pas d'accéder à un donné vierge, une zone antérieure à toute médiation et qui attendrait d'être dévoilée ; Goodman ne manque d'ailleurs pas non plus une occasion (PP 26, LA 37) de critiquer l'idée que la connaissance est issue du « raffinage » d'un produit brut, ou du développement au sens photographique d'une impression originelle. Représenter, c'est *faire le choix* de *telle* description, en misant sur sa cohérence, tout en sachant qu'elle laisse de côté d'autres aspects pertinents. Imposer une manière d'être contre les autres serait s'enfermer dans une vision exagérément sélective puisqu'aucune vision n'est en mesure d'intégrer la totalité des points de vue. La pluralité n'est pas un accident de la représentation, elle est inhérente à sa conception comme *mapping*.

Le pluralisme est l'affirmation de la fécondité épistémique du multiple, non le corrélat d'une déficience ontologique de la description. Tant que la copie était prise comme miroir, l'idéal était d'arriver à une réplique unique dont la fidélité découlait d'une totalisation réussie alors que la multiplication des versions est une manière d'optimiser la sélection de descriptions *adéquates* et de leur accorder une égale dignité. S'il y a rupture avec le platonisme, elle intervient déjà au niveau de la problématique de l'être et du paraître, avec la revalorisation de l'usage des apparences. Il est vrai que la pensée de Platon

1. McEvilley lui donne raison lorsqu'il remarque que « la ressemblance que nous pensons percevoir entre les tableaux et la nature ne résulte pas du fait que l'art imite la nature, mais de ce que notre perception de la nature imite notre perception de l'art » (*Art, contenu et mécontentement*, trad. fr. C. Bounay, Nîmes, Éditions J. Chambon, 1994, p. 62.

est plus difficile à résumer qu'il ne semble car, s'il institue l'imitation comme notion cardinale d'une conception de l'art comme portrait, il dévalue aussitôt l'image coupable de moins-être, à la fois semblance et faux-semblant, mauvaise imitation condamnée au simulacre[1]. Le véritable enjeu platonicien est du côté du langage : les « images parlées » (*Soph.* 234c) que le sophiste ou le poète manipule à loisir – analogues à ce « songe à l'usage de gens éveillés » (*ibid.* 266c) dont le peintre régale les yeux – n'ont plus grand chose à voir avec la véritable image de l'essence que le nomothète codifie dans la forme des noms primitifs. De ce cratylisme à l'illusionnisme « pictural », la valeur des termes ne cesse de se dégrader jusqu'à s'inverser, ce qui impose comme tâche préliminaire une reconquête de la capacité cognitive de l'image, depuis la figure schématisée de la géométrie jusqu'à l'action cosmologique du démiurge qui calcule le monde[2].

Ce serait en tout cas une illusion de croire que l'insuffisance de la thèse de la copie tient au caractère inaccessible du monde ou à la pauvreté de nos méthodes d'investigation et de représentation. Les mêmes arguments qui butent devant l'insaisissable valent également pour l'exemple le plus clair, le plus géométrisé, celui de la perspective centrale issue de la Renaissance italienne et dont l'adoption passe habituellement pour un progrès décisif dans la conformité de la peinture à l'expérience visuelle objective[3]. Comme n'importe quel autre, le code perspectif possède sa part de convention (la convergence des horizontales perpendiculaires au plan frontal fait contraste avec le parallélisme des verticales) mais l'important n'est pas là. Goodman cherche moins à montrer que les lois de la perspective sont arbitraires qu'à faire voir que la justification de son usage est subordonnée à des conditions anormales. Deux points sont décisifs : l'œil unique et immobile qui regarde dans un judas est une fiction inconsistante du point de vue psychophysiologique ; « l'œil fixe est presque aussi aveugle que l'œil innocent » (LA 40) car il fait abstraction de l'épaisseur de l'expérience et des concomitants qui

1. Jean-Pierre Vernant, « Naissance d'images », dans *Religions, histoires, raisons*, Paris, Maspéro, 1979, avec les références à André Rivier et Göran Sörbom, *Mimesis and Art. Studies in the Origin and Early Development of an Aesthetic Vocabulary*, Stockholm, Scandinavian University Books, 1966.

2. J. Morizot, « Questions sur la mimèsis platonicienne », Cahiers du Centre d'études sur la pensée antique « kairos kai logos » (à paraître), qui emprunte beaucoup à la lecture d'Henri Joly, *Le renversement platonicien : Logos, épistémè, polis*, Paris, Vrin, 1974.

3. Son histoire a été maintes fois étudiée en détail, en particulier par John White, *Naissance et renaissance de l'espace pictural*, Paris, Adam Biro, 1992 et Hubert Damisch, *L'Origine de la perspective*, Paris, Flammarion, 1987.

nourrissent nos anticipations visuelles[1]. D'autre part, le respect d'une stricte conformité du schéma optique entre l'image et ce qu'elle dépeint conduirait à des artifices de présentation difficiles à mettre en œuvre dans un musée : ainsi la vue d'une flèche de cathédrale devrait être exposée surélevée par rapport au spectateur, ou la base inclinée vers lui afin de maintenir invariant l'angle de la ligne de vision avec le plan frontal, ou encore la comparaison devrait être faite depuis deux points de vue distincts (LA I 3)[2]. Loin d'être une syntaxe universelle qui confèrerait à l'image un brevet d'impartialité optique, la perspective est le produit de règles interprétatives complexes et évolutives qui fixent moins une norme qu'elles ne proposent un moyen de tester la solidité des apparences, sur la base de ce qu'on sait être dénoté (LA 40, RPAS 121-2).

L'image la plus claire, la plus « réaliste », réclame un apprentissage, ne serait-ce que pour résoudre des complications locales comme la vue d'un objet dont une partie est masquée par un autre, ou la juxtaposition d'objets de même taille apparente mais échelonnés en profondeur. Hogarth n'a pas eu besoin de bouleverser les lois de la représentation coutumière pour produire des effets paradoxaux[3], et une bonne partie de l'œuvre d'Escher tire un parti ingénieux de l'imbrication au sein de la même image de perspectives sans point de fuite commun. La conclusion qui ressort de cas de ce genre est selon Gombrich que « le problème n'est pas de savoir si la nature a réellement l'aspect que lui donnent ces procédés picturaux, mais bien de savoir si, dans le cadre du tableau, ils pourront être interprétés comme une suggestion des objets naturels »[4]. Aux yeux de Goodman, elle équivaut en réalité à une pétition de principe puisque le dessein et les conventions qu'il met en jeu sont indissociables (PP 145)[5].

1. Un cas significatif et troublant est celui du phénomène *phi* découvert par Wertheimer dès 1912 et analysé expérimentalement par P. Kolers (WW chap. V).

2. Voir la figure 1 page 45. Cet argument demande peut-être à être relativisé, à la lumière des développements de J. J. Gibson, *The Ecological Approach To Visual Perception*, Boston, Houghton Mifflin, 1979 et de M. Kubovy, *The Psychology of Perspective and Renaissance Art*, Cambridge U. P., 1987 ; voir par ailleurs les remarques de R. Shepard, *L'Œil qui pense. Visions, illusions, perceptions*, Seuil, 1992, en particulier p. 194-204.

3. Témoin sa « fausse perspective » célèbre exécutée pour le frontispice de *Dr Brook Taylor's Method of Perspective Made Easy* par John Joshua Kinby (1754), reproduite dans Gombrich, *L'art et l'illusion*, *op. cit.*, illustration n° 209.

4. *Ibid.*, p. 445, à compléter par *The Image and the Eye. Further Studies in the Psychology of Pictorial Representation*, London, Phaidon, 1982.

5. On peut consulter Joël Snyder, « Fenêtres, miroirs et transparence picturale », *Cahiers du MNAM* n° 41, et d'un point de vue plus général : R. Schwartz, « Representation and Resemblance », *The*

3) En se privant délibérément de l'élément intuitif que comporte l'idée de ressemblance et en l'excluant de l'établissement de la représentation, Goodman ne choisit assurément pas la voie la plus facile. Expliquer la dépiction en termes de fonctionnement symbolique présente certes l'avantage de coupler le sémiotique et le référentiel, ce qui n'est pas le cas des théories purement sémiotiques qui s'en tiennent à une syntaxe formelle (G. Kepes) ou font appel à des suppléments linguistiques ; la contrepartie est un soupçon persistant de déficience iconique. Jusqu'où les images sont-elles des symboles à part entière, et dans quelle mesure les critères de notationalité retiennent-ils ce qui fait leur singularité ? [1]

Faisant le bilan du premier chapitre de LA, Goodman énonce deux conclusions complémentaires : 1) on peut subsumer la représentation sous la dénotation et 2) la différence entre dépiction et description est indépendante du fonctionnement référentiel. En LA I 9 la reconnaissance du fait que la représentation est « un rapport symbolique qui est relatif et variable » (LA 47) n'est opérée que sur un mode négatif, à travers la critique des conceptions mimétiques qui la dénaturent ; il faut attendre LA VI 1 pour qu'intervienne sa caractérisation définitive en termes de schémas denses et

de saturation syntaxique, propriétés qui ne valent cependant pas de manière intrinsèque, au niveau de chaque élément, mais à travers l'interrelation des éléments dans un système symbolique.

L'identification du représentationnel et du dense a suscité de nombreuses objections qui reviennent toutes à mettre en doute qu'un schéma symbolique satisfaisant tous les réquisits goodmaniens se qualifie *nécessairement* comme image. C. Peacocke construit par exemple un contre-exemple qui vise à la fois Goodman et Bach [2], celui d'une barre métallique dont on ne peut établir les propriétés physiques qu'à distance, par le biais d'appareillages adéquats. On transcrit les résultats sous la forme d'un graphe dont l'abscisse figure la longueur de la barre et l'ordonnée sa largeur estimée au point correspondant. Chaque valeur étant une probabilité, on peut choisir de représenter l'information que la largeur de la barre en un point donné

Philosophical Forum, 7, 1975 et O. Scholz, *Bild, Darstellung, Zeichen*, Frankfurt am Main, Klostermann, 2009, chap. 2 (*Die Unzulänglichkeit der Ähnlichkeitstheorien*).

1. Ce sera l'objection récurrente formulée par les partisans d'une approche psychologique (Walton, Schier) et en dépit de la tentative de dépassement soutenue par Lopes pour qui « une théorie de la dépiction peut, sans inconsistance, expliquer que les images sont à la fois symboliques et perceptuelles » (*Understanding Pictures*, Clarendon Press Oxford, 1996, p. 57).

2. C. Peacocke, « Depiction », *The Philosophical Review*, XCVI, 3, 1987, en particulier § 7, p. 405-406.

est *n* par une nuance de couleur, variable en fonction de sa grandeur, et de même pour les autres aspects physiques comme la température, etc. La conclusion de Peacocke est qu'un tel graphe est une esquisse et non un diagramme dans la propre terminologie de Goodman[1], et qu'il n'est pas pour autant une image de la barre; en conséquence, des critères sémiotiques échouent à singulariser la dépiction, ils sont à la fois trop restrictifs et insuffisamment puissants. Pour être une véritable image, il manque au graphe de donner « une expérience visuelle dans laquelle une région du champ visuel est expérimentée comme semblable par la forme à celle dans laquelle une barre pourrait être présentée » ; ou en termes plus techniques, il n'existe pas de *F*-relation entre le graphe et le concept d'être une barre[2].

Il y a deux manières d'apprécier la portée de cette objection. Contre *LA*, ce qu'il y a de pertinent dans l'argument de Peacocke est l'impossibilité d'identifier *en bloc* les schémas analogiques avec les images. Goodman lui en donne rétrospectivement acte dans le chapitre VIII de *Reconceptions*, « La représentation re-présentée », dans lequel il avoue commencer seulement à prendre la mesure de la complexité de la question (RPAS 129). Réexaminant ses concepts antérieurs, il reconnaît que l'apparentement entre le pictural et l'analogique ne fournit aucune délimitation des schémas iconiques ou des images : « nous avons distingué le pictural du verbal parmi les schémas complets, mais nous n'avons pas distingué le pictural des autres schémas complets analogiques, pas plus que le verbal des autres schémas digitaux complets » (RPAS 140)[3], ce qui revient à abandonner une critériologie d'ensemble au profit d'une stratégie du pas-à-pas.

Mais la question de fond porte évidemment sur l'opposition entre deux paradigmes : perceptuel et syntaxique. La différence cruciale entre images et symboles (linguistiques) réside pour Peacocke dans le fait que la

1. Le fait que chaque paramètre sélectionné soit séparément dense et relativement saturé est une condition nécessaire pour qu'un schéma symbolique soit analogique (*cf.* thermomètre et instruments non gradués) mais « l'exigence de saturation comparative » (RPAS 131) est-elle pleinement prise en compte ? Goodman insistera de plus en plus sur les relations complexes entre schémas analogiques et digitaux (RPAS 135 *sq.*).

2. Cette notion (*F* étant la première lettre de *field* : champ de vision) est au cœur de l'explication que Peacocke fait de la dépiction; elle constitue une application particulière de la distinction entre les propriétés « sensationnelles » et « représentationnelles » des expériences introduite dans *Sense and Content* (Oxford U. P., 1983). Son analyse a été prolongée par G. N. Kemp, « Pictures and Depictions : A Consideration of Peacocke's Views », *British Journal of Aesthetics*, vol. 30 n°4, oct. 1990.

3. Traduction modifiée pour respecter l'unification de mon vocabulaire de base (« schéma » remplace ici « schème »).

similarité expérimentée dans la dépiction ne fait pas intervenir d'intention, contrairement à ce qui se passe avec la signification[1]. Cela ne veut pas dire qu'elle ne demande aucune forme d'entraînement car de nombreuses capacités de la perception résultent bien d'un apprentissage, mais qu'« il n'y a aucun argument *a priori* solide en vertu duquel un schème de représentation est conventionnel du fait qu'il a fallu l'acquérir »[2]. La maîtrise acquise d'une corrélation entre les symboles et certains types d'objets ne suffit pas à assurer le succès de la *vision* représentationnelle. Son analyse recoupe ici celle que mène Wollheim en termes de « voir comme »[3], par exemple la capacité à interpréter de façon signifiante le schéma formel d'une image (différentes configurations de segments comme le même cube vu sous différents angles) puis de « voir dans », comme fusion d'un aspect configurationnel et d'un aspect représentationnel. Jenefer Robinson fait opportunément remarquer qu'il existe deux interprétations de « voir comme », l'une étroite et strictement visuelle, l'autre plus large et plus « cognitive ». Wollheim s'en tient au premier sens (lorsqu'il utilise l'exercice de Hoffmann dans lequel on voit une tache colorée physiquement sur la toile et picturalement en arrière ou en avant[4]) ; au contraire, Goodman met en avant l'aspect cognitif que comporte la vision en tant qu'activité (PP 28)[5]. De ce que Goodman se montre réservé quant à la pertinence de « ce que nous voyons dans une peinture » (PP 124-5), on ne peut donc pas conclure à une divergence insurmontable avec la position de Wollheim, ou du moins avec sa terminologie. Une approche cognitivement orientée ne deviendrait-elle pas à rebours une formulation mieux adaptée pour rendre compte de systèmes non réalistes ?

À l'autre extrémité, Goodman a beau répéter qu'« il n'est pas fréquent que la représentation dans les arts soit (...) purement dénotationnelle » (LA

1. C'est le phénomène que Flint Schier appelle la « générativité naturelle » ; si je suis capable d'interpréter une image, je suis en mesure de les interpréter toutes, à la seule condition de pouvoir reconnaître l'état de choses concerné (voir J. Morizot, *Qu'est-ce qu'une image ?*, Paris, Vrin, 2005, texte 2 et commentaire.

2. C. Peacocke, art. cit., p. 408.

3. Les passages les plus importants figurent chez Wittgenstein, *Cahier brun* II § 16-18 et surtout *Recherches philosophiques*, II chap. 11. Wollheim s'explique sur l'évolution de sa pensée dans *L'art et ses objets*, trad. fr. R. Crevier, Paris, Aubier, 1994 (Essais supplémentaire n°V).

4. *Ibid.*, note précédente, § 12-14.

5. J. Robinson, « Some Remarks on Goodman's Language Theory of Pictures », *The British Journal of Aesthetics*, vol. 19 n°1, hiver 1979, p. 69-70. Sur la notion de cognitif chez Goodman, voir mon article « Enjeu cognitif et/ou théorie cognitive », dans S. Darsel, R. Pouivet (éd.), *Ce que l'art nous apprend. Les valeurs cognitives dans les arts*, Presses universitaires de Rennes, 2008.

296) et que la dénotation n'est qu'une parmi de multiples espèces de référence, il a eu constamment à se défendre contre l'accusation de réduire la représentation à la dénotation. Douglas Arrell n'hésite pas à dénoncer dans cette thèse supposée une aberration pure et simple, d'autant plus malvenue qu'elle est « le trait le plus connu et le plus largement rejeté de son esthétique »[1]. À ses yeux la raison ultime pour soutenir pareille théorie de la représentation ne serait autre que l'intervention d'« une force externe puissante : son allégeance envers le nominalisme » sans lequel elle perdrait toute crédibilité.

Goodman lui-même s'amuse à citer une formule du genre : « Goodman affirme sans argumenter que le noyau de la représentation est la dénotation » (MM 178. S'il ne nie pas avoir « fait une déclaration si cruciale sans argumenter », c'est pour préciser immédiatement qu'on peut argumenter une croyance, non pas le choix d'un cadre de catégorisation. Adopter tel schème d'organisation de préférence à un autre, « c'est moins argumenter que vendre » (*ibid.*), au sens où le raisonnement ne garantit pas les raisons de son efficace. C'est ce qu'a bien compris Jenefer Robinson en conclusion d'un article très stimulant dans lequel elle discute deux interprétations divergentes : la théorie de la représentation-description d'inspiration frégéenne soutenue par A. Savile et celle de la corrélation défendue par K. Bach[2]. Chacune se révèle coupable d'unilatéralité et viole explicitement un trait important de la conception goodmanienne ; en se réclamant d'une théorie quinienne de la dénotation, Savile fait fi du refus goodmanien d'identifier « dénote » et « vrai de » (MOM 80, MM 38), et Bach se voit contraint d'imputer à Goodman une inadvertance (*slip*) qui est plutôt symptomatique d'une analyse incomplète que son commentateur donne de la représentation-en[3].

Ce qui complique la comparaison entre représenter-*X* et être une image-(de)-*X*, c'est que la représentation-en est introduite en LA I 6 en appendice à l'étude des fictions. L'accent est logiquement mis dans ce contexte sur leur

1. « What Goodman Should Have Said About Representation », *The Journal of Aesthetics and Art Criticism*, 1987, p. 41. R. A. Goodrich, « Goodman on Representation and Resemblance », *The British Journal of Aesthetics*, vol. 28 n°1, 1988, doute pour sa part qu'il ait réussi à faire effectivement abstraction de la ressemblance dans son effort (légitime) de nominaliser la représentation.

2. Article cité, note 5, p. 184.

3. Dans la phrase : « Pour représenter, une image doit fonctionner comme symbole iconique ; à savoir, fonctionner dans un système tel que ce qui est dénoté dépende uniquement des propriétés iconiques du symbole » (LA 65-6), il propose de remplacer *ce que* (what) par *comment* (how) [article cité de Bach (note 3, p. 173, p. 121].

distinction[1], et il faut attendre LA II 4 pour que soit reconnu son véritable statut qui est exemplificationnel : elle ne rompt pas avec la dénotation mais elle en modifie la direction puisqu'elle porte sur ce qui dénote l'image plutôt que sur ce qu'elle dénote (voir LA II 1 et MOM 90). En réalité, l'extensionnalisme exige seulement qu'on rende compte de façon référentielle de la dépiction, non pas qu'on l'identifie avec la dénotation. Il semble donc raisonnable d'accepter la conclusion de prime abord paradoxale de Robinson selon laquelle « Goodman ne prétend pas posséder une théorie de la dénotation » au sens où « on nous dit que ce qui détermine ce qu'une image représente (dénote) est le plan de corrélation ou le système symbolique dans lequel l'image fonctionne comme caractère, mais on ne nous dit pas ce qui détermine le plan de corrélation lui-même »[2]. De même que la question de la dénotation des prédicats renvoie ultimement à l'enquête étymologique (dans quelles circonstances tel mot en vient-il à nommer telle chose et à entrer dans tel usage métaphorique ?) ou plus généralement à la recherche anthropologique (comment la culture opère-t-elle le découpage des catégories, des « espèces naturelles », etc. ?), de même celle de la fixation du plan de corrélation est un problème empirique de généalogie culturelle.

J. Robinson propose à son tour une contre-épreuve qui consiste à rechercher quelle théorie de la référence picturale serait la plus propre à fonder l'idée que la représentation est une forme de symbolisation. Deux théories courantes peuvent être mises à contribution, l'une basée sur le « contenu descriptif » d'une image, l'autre sur son « caractère génétique »[3]. Son analyse conclut qu'aucune des deux ne fournit de solution satisfaisante : la première, de source frégéenne, bute sur le fait qu'il n'existe aucun moyen proprement iconique et non ambigu de stipuler quelles propriétés sont déterminantes pour la compréhension d'une image ; en effet, s'il se trouve qu'une image destinée à représenter Pickwick fournit une « description iconique vraie » de mon grand-père, elle devrait – selon la conception de Frege – dénoter mon grand-père alors que, par hypothèse,

1. À ce niveau, « la dénotation d'une image ne détermine pas plus sa sorte que la sorte d'image ne détermine la dénotation » (LA 52). Cela n'empêche pas Goodman de rejeter sans ambiguïté (MOM 88-9) la thèse défendue par S. Kjørup qu'il s'agit de deux questions qui diffèrent en nature, l'une purement picturale, l'autre de portée plus générale (« Pictorial Speech Acts », *Erkenntnis*, 12 (1), 1978).

2. J. Robinson, art. cit., p. 68 (pour les deux citations).

3. J. Robinson, « Deux théories de la représentation », (1978), trad. fr. dans *Esthétique contemporaine*, Paris, Vrin, 2005. La distinction servant de base est empruntée à D. Kaplan.

une image de Pickwick échoue à dénoter. La seconde, d'inspiration kripkéenne, échoue également, tout simplement parce qu'il n'existe aucun équivalent iconique d'une cérémonie de « baptême » et que cette idée est même invalidée par le phénomène de générativité. On pourrait en déduire que toutes deux sont des théories inadéquates de la référence, mais il est plus naturel de penser qu'il est impossible d'expliquer la représentation en tant qu'*espèce* de référence. Goodman lui donne implicitement raison sur ce point lorsqu'il lui répond que « la représentation, la représentation-en, et la représentation fictive peuvent toutes s'expliquer *en termes d'*espèces de référence, sans être définies *en tant qu'*espèces » (MOM 88).

les aléas de l'identification

En tant que symbole représentationnel, l'œuvre est à déchiffrer; à titre de témoin individuel et culturel, elle doit d'abord être correctement identifiée, ce qui passe par la reconnaissance exacte de sa paternité (ou le cas échéant sa mise en suspens motivée) et la fixation de normes optimales d'accessibilité. L'existence des faux représente de ce point de vue le défi le plus exemplaire puisqu'elle met en jeu le rôle de l'identité d'une œuvre en tant qu'artefact. Le chapitre III de *Langages de l'art* discute deux problèmes d'authentification artistique tout à fait distincts dans la manière de les poser bien que solidaires l'un de l'autre par leurs implications. Le premier concerne la reconnaissance d'une « différence esthétique » entre une œuvre et sa copie, l'autre la possibilité d'une contrefaçon objective d'une œuvre.

discrimination et projection

Il n'y a sans doute pas de domaine où l'usage de nos facultés soit plus subtil et davantage sujet à controverse que celui de l'appréciation esthétique, même abordée à partir de questions d'attribution correcte. La figure de l'expert ou du « connaisseur » a incarné par excellence dans la culture occidentale la capacité de légiférer en matière de goût, non certes au sens d'une décision démonstrative et probatoire, mais au nom d'une familiarité entretenue et affinée par un long exercice. Conformément à l'étymologie, il s'agit d'un talent propre à jauger le sensible, savoir repérer ses inflexions les plus significatives et souvent les moins perceptibles au regard non averti, et en tirer une information dont la validité peut servir de règle pour de futures explorations.

En appeler à une qualité intrinsèque et spéciale – que ce soit une attitude, une intentionnalité ou une satisfaction (LA VI, 3 et 4) – ne fait guère avancer les choses, tout au plus, elle baptise la difficulté plutôt qu'elle ne contribue à la résoudre. Elle n'est aux yeux de Goodman qu'une variante nouvelle de la théorie du phlogistique (LA 290) et se révèle ici particulièrement suspecte puisque le propre du génie est de transcender la banalité du point de départ (ainsi Beethoven composant les superbes *Variations Diabelli* à partir d'un thème sans originalité) et la réussite du quêteur de beauté de transfigurer l'insignifiance en la faisant voir sous un angle intéressant. Et elle ne nous renseigne en rien sur le type d'activité qui est en jeu.

Le point crucial dans l'analyse goodmanienne ne porte pas sur la difficulté d'appréhender une différence entre deux œuvres dont l'une est une imitation de l'autre (un test empirique bien conçu y pourvoierait) mais sur le fait de comprendre que l'absence de différence *perceptible* entre elles n'annule pas l'existence d'une différence esthétique[1]. Cette thèse prend à rebrousse-poil l'empirisme et son orientation « perceptionniste », et d'une manière qui ne doit rien à la lecture kantienne de Hume[2]. Afin de fonder l'universalité de droit du jugement de goût, Kant s'employait à abstraire de l'expérience un élément qui en assure la communicabilité ; le contenu conceptuel n'étant pas concerné et la sensation disqualifiée, seul le libre jeu des facultés peut donner prise à un assentiment de portée universelle, sous la postulation d'un sens commun esthétique. Relativement aux questions d'interprétation, Kant adopte une démarche qu'on peut qualifier par anticipation d'abductive (découvrir sous quelle hypothèse le sens de l'œuvre est le mieux pris en charge)[3] alors que Goodman, fidèle à la tradition anglo-saxonne, raisonne en termes de justification de l'induction, à travers la validation correcte de son mécanisme.

Si la réponse de Goodman paraît d'une trompeuse simplicité, elle présuppose néanmoins un arrière-plan technique qui situe l'authenticité sur un plan opératoire : l'*authenticity* cède le pas à la recherche de la *genuineness*, dans le cadre d'une théorie de la confirmation (exposée dans

1. Bien que cette formulation fasse aussitôt penser à celle de Danto, elle en diverge sur un point majeur : il y est question de l'expérience et non de la frontière entre art et non-art.

2. Elle est en revanche consonnante avec la manière dont Goodman traite l'énigme des émeraudes vleues, voir I. Hacking, *Le plus pur nominalisme*, trad. fr. R. Pouivet, Combas, Éditions de l'éclat, 1993, chap. 3.

3. Peirce distingue l'abduction à la fois de la déduction et de l'induction. En pratique, elle équivaut à une inférence à la meilleure explication. Dans la *Critique de la faculté de juger*, ce sont les moments 3 et 4 de l'analytique du beau (finalité et légalité) qui sont plus directement concernés.

FFF III et IV). La situation de l'expert est strictement homologue de celle de tout homme qui induit et l'expose en effet aux mêmes déconvenues. Sa réussite, il la doit moins à un tact impalpable (l'intuition n'est jamais qu'un raccourci) qu'à une attention en alerte pour sélectionner l'hypothèse la moins vulnérable, celle qui repose sur le prédicat le mieux implanté (*entrenched*). Parmi toutes celles qui sont corroborées (*supported*), non infirmées et non saturées (*unexhausted*) – c'est-à-dire les hypothèses effectives pour lesquelles il existe des cas positifs, aucun cas négatif et une marge de cas indéterminés –, l'hypothèse projectible est celle qui se révèle capable de supplanter toutes les hypothèses qui entrent en rivalité avec elle (FFF IV, 4). Le point délicat porte sur la séparation entre la classe des preuves pertinentes (*evidence*) (à savoir l'ensemble des cas positifs qui confirment l'hypothèse) et la classe projective (les cas ni positifs ni négatifs qui restent en attente). Il est en effet toujours possible d'utiliser une hypothèse inhabituelle voire déroutante, et ce choix influe sur les étapes suivantes puisque toute décision correcte ou incorrecte modifie la probabilité d'effectuer la suivante de manière appropriée. C'est sur cette base que Goodman peut apporter une solution élégante à l'énigme posée par le faussaire Van Meegeren (LA 145-5). Si l'amateur ordinaire discerne aujourd'hui sans difficulté des différences qui sont passées inaperçues aux yeux des meilleurs experts de l'époque[1], la cause n'est pas une soudaine augmentation du niveau de sensibilité artistique mais l'existence reconnue de deux classes alternatives et incompatibles : les tableaux de Vermeer ET ceux de Van Meegeren[2].

L'analyse précédente jette une lueur sur l'ensemble de l'activité esthétique, et en particulier sur le problème rarement bien posé de la « différence esthétique ». Tant qu'on cherche à dériver la différence esthétique de considérations perceptives, on tend à s'enfermer dans une quasi tautologie (est esthétique tout ce qui manifeste au sein de la perception une qualité

1. On peut rappeler que, même après ses révélations, de nombreux experts demeurèrent sceptiques ; c'est la réalisation par le peintre d'une toile (*Le Seigneur enseignant parmi le peuple*) sous contrôle du tribunal qui mit un point final à la controverse. D'autres cas modernes célèbres sont ceux d'Otto Wacker et de Lothar Malskat. En sus des références données par Goodman : G. Isnard, *Les Pirates de la peinture*, Paris, Flammarion, 1955 et *Faux et imitations dans l'art*, Paris, Fayard, 1959 ; M. Hours, *Les Secrets des chefs-d'œuvre*, Paris, Gonthier Denoël, 1960 ; P. Ceccaldi, « L'expertise scientifique et les faux artistiques », *Liaisons* n°144, nov. 1967 ; *Versus* 46 (1987) : « Fakes, Identity and the Real Thing ».

2. Voir les remarques de R. Pouivet, *Esthétique et logique*, Liège, Mardaga, 1996, p. 183-190.

susceptible d'être appréciée « esthétiquement »)[1] ou à retomber dans l'argument de la régularité (le fait d'avoir repéré telle différence incite à la rechercher de nouveau, ce qui incline naturellement l'esthétique vers la fixation de canons). Ce qu'enseigne la controverse entre Dickie et Cohen, ce n'est pas tellement l'arbitraire que véhicule la condition de « candidat à l'appréciation » (avec les corollaires psychosociologiques et économiques qui en découlent), c'est plus profondément les limites de pertinence de critères purement perceptifs[2]. À l'encontre de la thèse institutionnelle au sens strict, il existe deux parades, l'une, d'horizon ontologique, défendue par Danto : le fait qu'une œuvre et sa réplique matérielle – les véritables boîtes de tampons Brillo face aux œuvres de Warhol – soient sensoriellement indiscernables ne les empêche pas d'appartenir à des mondes incommensurables[3]; l'autre, épistémique, revendiquée ici par Goodman lorsqu'il souligne que « ce qu'on peut distinguer à un moment donné par un simple regard dépend non seulement de l'acuité visuelle naturelle mais de la pratique et de l'entraînement » (LA 139).

Comme le fera Danto, Goodman privilégie l'hypothèse où il est pratiquement impossible de différencier un original de sa contrepartie (objet ou double)[4] mais il n'en tire pas le même type de conclusion. La

1. L'aboutissement de cette tendance peut être trouvé dans l'affirmation de G. Genette que « ce n'est pas l'objet qui rend la relation esthétique, c'est la relation qui rend l'objet esthétique » (*L'Œuvre de l'art*, t. II, Paris, Seuil, 1997, p. 18), même si elle relève d'autres motivations.

2. Existe-t-il quelque chose qu'il est impossible d'apprécier? Oui, répond Cohen : des punaises, des fourchettes en plastique, etc. Appliquée à *Fontaine*, sa position revient à dire que ce n'est pas l'objet qui suscite l'appréciation mais le geste de Duchamp consistant à l'exposer. Non, répond Dickie, car on peut toujours faire l'effort de concentrer son attention sur certaines qualités de l'objet; c'est même un résultat de la photographie que d'obtenir cet effet à propos d'objets tout à fait ordinaires, et l'on connaît à cet égard le rôle décisif joué par la photographie de Stieglitz. Voir G. Dickie, « Defining Art », *American Philosophical Quaterly*, vol. 6, 1969; Ted Cohen, « The Possibility of Art : Remarks on a Proposal by Dickie », *Philosophical Review*, 82, 1973, ainsi que la réponse de Dickie, *Art and the Aesthetic*, Ithaca, Cornell U. P., 1974, p. 41-42.

3. Entre autres l'article initiateur « The Artworld », *The Journal of Philosophy*, 61, 1964, trad. fr. dans D. Lories (éd), *op. cit.* Danto jette un regard rétrospectif sur son évolution dès la Préface de *The Philosophical Disenfranchisement of Art*, New York, Columbia U. P., 1986. Voir également *Après la fin de l'art*, chap. 2, Paris, Seuil, 1996.

4. C'est une situation qui a été banale tout au long du Moyen Âge et à la Renaissance lorsque la pratique de la copie était courante au sein des ateliers. L'équivalence n'est frauduleuse que si l'on cherche à faire passer une imitation pour l'œuvre originale, ce qui suppose que la distinction entre les deux soit bien établie. Un exemple célèbre cité par Vasari concerne le *Portrait de LEON X* par Raphaël : le pape Clément VII voulant remercier Frédéric II de Gonzague qui convoitait ce tableau et ne parvenant pourtant pas à s'en séparer, lui expédia une réplique parfaite exécutée en secret par Andrea del Sarto. Pietro Sommarte rapporte pour sa part dans son journal que, chargé d'exécuter en 1524 une copie d'un portrait du duc de

reproduction d'une grande œuvre présente d'ordinaire suffisamment de signes de déficience ou de particularisation, et l'original est censé posséder tellement plus de perfection, que la comparaison tend à dissimuler le fait le plus important, qui est le rôle de l'information non présente et du contexte péri-sensoriel. Comme dans tout processus inductif, « ce avec quoi nous devons travailler à un moment donné, c'est l'enregistrement des projections d'une masse d'hypothèses hétérogènes formulées à des moments variés » (FFF 92), qui vient lester l'usage discriminatif et régule l'élimination des hypothèses.

Quand bien même je suis inapte à différencier deux peintures, le simple fait de *savoir* que l'une est l'original modifie dans sa totalité mon expérience visuelle : en effet, il « atteste qu'il peut exister entre elles une différence que je peux apprendre à percevoir » (LA 141) (ceci ne signifie pas que cette discrimination soit immédiatement à ma portée mais elle exclut qu'elle me soit définitivement interdite). Davantage, il assure que « le regard présent peut avoir sur les regards futurs une portée tout à fait différente de celle qu'il aurait eue autrement » (LA 140) et guider « la sélection d'éléments et d'aspects à utiliser dans mon regard présent » (*ibid.*). Ce qui rend la conclusion si paradoxale est qu'elle ne repose pas sur ma capacité perceptive immédiate ni même sur les facultés d'autres hommes : « les images diffèrent esthétiquement pour moi dès maintenant même si personne ne pourra jamais les distinguer l'une de l'autre par un simple regard » (LA 141) mais le paradoxe tient pour beaucoup à ce qu'on n'a pas coutume d'interpréter la différence esthétique en termes de démarche projective. Robert Hopkins a repris plus récemment l'examen de cette question en confrontant l'analyse de Goodman avec une approche plus classique[1]. Le point de départ est la mise en évidence de deux principes manifestationnistes sous-jacents : (P1) les traits esthétiquement significatifs d'un objet doivent figurer dans l'expérience qu'on en a, (P2) un trait, esthétique ou non, figure dans une expérience seulement si le sujet peut discriminer des cas dans lequel le trait est présent d'autres dans lequel il ne l'est pas. Ce que fait Goodman est de modifier P2 sous la forme suivante : un trait de *O* figure dans l'expérience que *S* a de *O* seulement si *S* peut ou pourrait parvenir à discriminer la présence du trait à partir de son absence. L'argument

Bourgogne, le peintre Colantiano déploya tant d'habileté qu'il restitua la copie au propriétaire en place de l'original ; la substitution n'ayant pas été repérée, on finit par tenir les deux tableaux pour originaux.

1. R. Hopkins, « Aesthetics, Experience and Discrimination », *Journal of Aesthetics and Art Criticism*, 2005, vol. 63 n°2.

critique de Hopkins est qu'en vertu de cette modification, le fait de répondre positivement à la première question posée par Goodman : peut-il y avoir une différence esthétique pour un sujet *S* à l'instant *t* entre deux objets qu'il est incapable de distinguer perceptuellement en *t*? a pour conséquence d'induire une réponse négative à la seconde question : peut-il y avoir une différence esthétique quelconque entre deux objets si personne n'est jamais capable de les distinguer l'un de l'autre? Il est préférable de construire une alternative non manifestationniste à P2 (un trait figure dans l'expérience que *S* a de *O* seulement si *O* possède ce trait) qui permet d'apporter deux réponses positives tout en restant en phase avec la pratique esthétique courante.

reproduction et contrefaçon

La seconde question se présente en un sens comme la limite de la première : pourquoi, dans certains arts (en littérature, en musique) la stratégie de discrimination cesse-t-elle d'être pertinente, avec pour résultat que la notion de contrefaçon perd son sens ?

En conséquence de l'analyse sémiotique du chapitre IV, il est aisé de deviner que la seule réponse adéquate que peut donner Goodman est que ces arts sont justiciables d'une notation. Lorsqu'existe un critère d'identification assurant la réplication syntaxique des marques, toutes les répliques d'une même œuvre sont équivalentes ; il en découle sa reproductibilité indéfinie, sans autre perte que celles inhérentes aux limitations éventuelles des techniques utilisées. Goodman propose de nommer *allographiques* de telles œuvres où la distinction entre original et copie n'a plus cours, par contraste avec ce qui se passe pour les œuvres *autographiques* qui n'admettent pas de réplication et qui peuvent par conséquent être contrefaites (LA 147). Comme l'a montré J. Levinson, il ne va pourtant pas de soi que les deux caractérisations goodmaniennes soient aussi interchangeables qu'il le pense[1]. Ne pas supporter de contrefaçon légitime est une condition technique qui marque le défaut d'une méthode validée (emploi de la forme canonique appropriée, transcription directe, usage de moyens physiques particuliers de production). L'existence d'une notation renvoie par contraste à un mode de définition de certaines œuvres, par excellence musicales et littéraires. Or, sauf à considérer que ces œuvres-là sont des structures pures

1. J. Levinson, « Autographic and Allographic Art Revisited », in *Music, Art, and Metaphysics*, Cornell U. P., 1990, chap. 5.

indépendantes de tout contexte historique[1], l'exactitude structurale ou orthographique est impropre à leur garantir (et *a fortiori* aux autres) une authenticité effective. Les deux critères n'aboutissent pas à la même classification et la notationalité se révèle une condition insuffisante d'identification opérale.

Même en restant dans le cadre de l'analyse goodmanienne, si l'allographie immunise contre les fraudes matérielles, elle n'interdit pas une contrefaçon d'usage puisque celle-ci ne porte pas sur des aspects notationnels. Par simple négligence ou pour des motifs d'avantage commercial, on peut faussement attribuer l'interprétation inégale d'une sonate à un pianiste de renommée indiscutée[2], et il est arrivé qu'un auteur publie ses propres œuvres en les faisant passer pour des redécouvertes de précurseurs géniaux et ignorés[3]. Une analyse plus fine demanderait de tenir grand compte de la spécificité de chaque médium. Ainsi les états successifs d'une œuvre littéraire comportent en général ajouts et remaniements, ou la correction des coquilles d'impression, qui sont autant d'étapes vers un texte définitif[4], situation qui n'a pas de contrepartie exacte dans les arts graphiques, ni dans les versions successives d'une gravure (*La minotauromachie* de Picasso, 1935) – dont chaque tirage est une œuvre originale à part entière, à l'égal des deux *La lugubre gondole* de Liszt, et non des brouillons d'une ultime –, ni dans les états retravaillés d'une planche unique qui annulent

1. J. Levinson, « What a Musical Art Is? », *ibid.*, chap. 6 (trad. fr. dans *L'art, la musique et l'histoire*, Combas, Éditions de l'éclat, 1998). Il y défend une forme modérée de platonisme qui fait de l'œuvre une entité complexe (associant une structure sonore et des moyens d'exécution) qui a statut de type initié.

2. Le cas le plus singulier, en raison de l'inversion qu'il représente, est à coup sûr celui de la pianiste anglaise Joyce Hatto qui, après une carrière sans éclat, consacra sa retraite à aborder le grand répertoire et à publier des CD qui après sa mort se révèleront le produit d'une supercherie technologique. Comme le remarque D. Dutton, Hatto n'est pas à proprement parler une faussaire car elle ne vend pas une interprétation de son cru en la faisant passer pour la version d'un interprète célèbre, mais plutôt une sorte inédite de plagiaire puisqu'elle publie sous son nom des interprétations volées à des pianistes peu connus (*The Art Instinct : Beauty, Pleasure, and Human Evolution*, Oxford U. P., 2009, p. 181-183).

3. Ainsi les ballades de McPherson attribuées au barde Ossian, ou le cas curieux de Wilhelm Rust qui, en 1885, publia une série de sonates attribuées à son grand-père, élève de Ph.-Em. Bach (Debussy, *Monsieur Croche et autres écrits*, Paris, L'Imaginaire-Gallimard, 1987, p. 232-234). Le cas des hétéronymes (Kierkegaard, Pessoa) ou de certains pseudonymes (Ajar) est évidemment différent.

4. Alors que le bibliophile convoite souvent l'édition originale d'une œuvre – et de même le collectionneur une épreuve d'artiste, considérée généralement comme supérieure à une épreuve numérotée , la préférence du chercheur va plus volontiers vers la dernière édition revue par l'auteur (et parfois très remaniée – qu'on pense aux trois versions de *La Tentation de Saint Antoine* de Flaubert) qu'il confronte éventuellement avec les précédentes.

matériellement les états antérieurs[1]. La présomption d'inauthenticité est toujours une question délicate qui suppose une connaissance avertie de chaque secteur et des pratiques qui y sont reconnues.

De plus, l'analyse semble laisser de côté le cas du faux stylistique, c'est-à-dire l'imitation de la « manière » d'un artiste dans un sujet qu'en général il n'a pas traité mais qui s'accorde à son registre de prédilection[2]. Ceci peut aller du pastiche inoffensif, prétexte à virtuosité expressive du type « à la manière de » chez Proust ou Reboux, jusqu'au plagiat éhonté, la frontière entre le simple emprunt (fréquent en musique et en littérature) et l'usage frauduleux étant loin d'être toujours nette. Jules Vuillemin est certainement fondé à remarquer que cette sorte de faux non littéral, « de loin la plus répandue, est commune à tous les arts »[3] mais rien ne semble justifier le soupçon que Goodman cherche à le ramener au cas précédent; il ignore plutôt qu'il n'exclut les critères stylistiques des procédés légitimes d'authentification d'une œuvre.

Dans *Langages de l'art*, le fil conducteur de l'analyse est la notationalité qui impose des décisions tranchées conformes aux principes définitionnels (LA 233). « Une contrefaçon d'œuvre d'art est un objet qu'on présente

faussement comme ayant l'histoire de production indispensable pour le (ou un) original de l'œuvre. » (LA 155) L'existence d'un « test théoriquement décisif » et indépendant de tout procès de production de l'œuvre comme celui de la correction orthographique en un sens éventuellement élargi invalide cette notion de contrefaçon, mais elle ne règle rien concernant les autres aspects, en particulier stylistiques. Elle ne confère en tout cas pas le droit de s'en désintéresser, la consultation des écrits plus récents de Goodman nous en convainc.

La véritable dépréciation du style serait en fait de le réduire à un pur moyen d'attribution analogue à un rapport de fouille (MM 68), venant relayer la carence des examens techniques. Il prend au contraire toute sa portée lorsqu'on le situe dans le contexte d'une pédagogie de la perception. Il

1. Selon Malvina Hoffman, Rodin faisait mouler en plâtre l'état intermédiaire d'un buste sur lequel il travaillait, afin d'en conserver l'empreinte avant qu'il ne le fasse évoluer (cité par Grunfeld, *Rodin*, Fayard, 1988, p. 580).

2. On parle en ce cas de contrefaçon inventive (être l'original d'une œuvre qui n'existe pas, voire d'un artiste imaginaire) et non plus de contrefaçon référentielle (rivaliser avec l'original d'une œuvre donnée); voir Levinson, op. cit., p. 103-106.

3. J. Vuillemin, art. cit., p. 78; dans la même veine critique, voir M. Wreen, « Goodman on Forgery », *The Philosophical Quaterly*, vol. 33 n° 133, 1983, et L. H. Morton et T. R. Foster, « Goodman, Forgery and the Aesthetic », *The Journal of Aesthetics and Art Criticism*, vol. 49 n°2, 1991.

conserve sa fonction d'identificateur reliant une œuvre à un auteur, une époque, une école, etc., *via d'autres œuvres* apparentées (WW 49 corrigé en MOM 131) mais le processus peut en fait être parcouru dans les deux sens : « là où l'historien utilise la saisie du style pour identifier un tableau comme appartenant à Rembrandt, ou un poème comme dû à Hopkins, le critique utilise l'identification de l'auteur comme une étape du processus qui cherche à discerner les propriétés de l'œuvre de Rembrandt, ou de celle de Hopkins » (MM 64-65)[1]. Il ne s'agit dans aucun des deux cas de révéler une « stylicité » intrinsèque qui ne serait qu'un leurre puisque le style n'est pas séparable des multiples facteurs qui individualisent une œuvre ni indépendant de leur interrelation[2], mais de spécifier la cohérence d'une démarche de recherche et de compréhension[3], ce qui ramène une fois de plus vers l'exemplification (quel trait est mis en relief dans quel contexte et pour quel résultat ?) et la projectibilité c'est-à-dire la « catégorisation inductive correcte » (quels principes d'arrière-plan sont suffisamment implantés pour valider telle hypothèse ?) (MM 176-177).

L'ensemble des considérations précédentes apporte des raisons de faire un usage prudent du couple autographes / allographes dont Goodman précise d'ailleurs qu'il l'introduit pour de « simples raisons de commodité », en ajoutant que ces termes « n'impliquent rien quant à l'individualité relative de l'expression » à laquelle peut atteindre telle ou telle forme d'art (LA 147). On serait néanmoins tenté de leur trouver une justification dans la situation concrète relative à chacun des arts ; le résultat se révèle plutôt décevant :

1) Le couple ne coïncide pas avec la distinction entre des arts singuliers et des arts multiples (LA 149). Une aquarelle est un produit unique même si l'artiste, affectionnant le sujet, l'a traité de multiples fois mais l'estampe n'est pas moins autographique qu'elle, alors qu'elle existe d'emblée en plusieurs exemplaires. Et à l'évidence, il ne suffirait pas qu'il reste un

1. On a souvent remarqué que l'ajout d'un tableau au corpus d'un peintre modifie les conclusions de l'observation qu'on a faite des autres, spécialement s'il correspond à sa période de jeunesse ou à une phase mal documentée de son œuvre.

2. « Moins un style nous est accessible et plus il nous demande d'ajustement, plus nous gagnons en pénétration et plus se développent nos pouvoirs de découverte. » (MM 66).

3. L'impression de décalage qu'il semble y avoir entre la compréhension quotidienne des phrases ou des images et l'interprétation d'un symbole à partir de la multitude des facteurs qui entrent dans le champ de sa compétence tient selon C. Elgin à deux présupposés erronés : la conviction qu'interpréter est une opération de tout-ou-rien et la croyance qu'un symbole admet une unique interprétation correcte (RPAS 126-128).

unique exemplaire d'un poème ou d'une mélodie pour qu'il cesse d'être allographique !

2) Le nombre de phases (ou de paliers) dans un art n'est pas davantage un critère discriminant. Le peintre livre son œuvre dans son état terminal en lui conférant ses moindres particularités physiques [1], alors que le musicien se contente d'écrire une partition qui sera exécutée par un interprète (lequel peut être éventuellement lui-même dans le cas fréquent où un compositeur crée son œuvre nouvelle en concert et en reste souvent un interprète privilégié). Ceci ne fournit pourtant aucune réponse à notre problème : en tant qu'art à une seule phase, la peinture est en concurrence avec la littérature [2], et en tant qu'art à deux phases de nouveau avec l'estampe. De fait, l'estampe est autographique à ses deux phases (gravure de la plaque [3] et tirage sur papier) alors que la musique dans sa notation standard est allographique à ses deux phases.

3) Enfin la complexité du symbole pictural n'est pas non plus un facteur décisif. Il est illusoire de penser qu'une image soit intrinsèquement plus compliquée qu'un continuum sonore, ce qui invalide d'avance les arguments reposant sur la difficulté de la reproduction (LA 235), et *a fortiori* depuis le triomphe des procédés numériques dans l'enregistrement phonique. Par ailleurs la danse dont Wagner prétendait qu'elle était la plus matérielle de toutes les espèces d'art [4] a su faire un usage convaincant de techniques appropriées à la notation du mouvement.

Un tableau qui se réduirait à un *E* bleu et géométrique exécuté au pochoir sur un fond uniforme (dans le style de Jasper Johns) n'en serait pas moins autographique, alors que la séquence verbale la plus ornée demeure une phrase qui s'épelle. C'est que, sans contexte notationnel, une lettre ne saurait fonctionner comme élément d'un code ; l'allusion linguistique n'y a plus valeur signifiante, la lettre fait alors tache. Le couple allographique / autographique ne recouvre donc pas exactement la distinction entre schémas syntaxiquement denses et schémas articulés, du moins tant qu'on

1. On sait que Tintoret ou Titien (entre bien d'autres) se servaient de leurs doigts pour la finition de leurs tableaux. Quand sont-ils achevés ? Bonnard s'est même fait surprendre à ajouter subrepticement quelques touches de couleur sur un de ses tableaux déjà exposé !

2. On pourrait être tenté de la considérer comme un art à deux phases (LA 148) en revalorisant le rôle du lecteur (à la manière de Blanchot) mais l'analyse se transpose exactement au regard et à la peinture.

3. Si elle n'est pas gravée par l'artiste (LA 161 note 12), on pourrait voir l'estampe comme un art à trois phases, ce qui laisse inchangée la question de fond.

4. R. Wagner, *L'Œuvre d'art de l'avenir*, II 3, Éditions d'aujourd'hui, 1976, p. 104 et LA 250-1.

n'ajoute pas de spécification relative à l'usage. Il convient en fait de distinguer trois types de différences :
1) une différence de nature, entre densité et articulation,
2) une différence de degré, qui passe à l'intérieur de la densité et oppose les autographes à des variétés plus ou moins fortes d'allographes,
3) une différence de critère, qui prend en compte la différenciation sémantique,
soit très schématiquement :

esquisse		diagramme		texte		partition
	(2)		(1)		(3)	

Un diagramme équivaut à une image non saturée ; lire un diagramme (formule significative), c'est faire un usage allographique d'une image plus ou moins schématisée, dans laquelle la légende permet de sélectionner les seuls aspects porteurs d'information[1]. À l'inverse, rien n'interdit de faire un usage autographique d'un mot, par exemple dans une affiche où le choix de la couleur, de la typographie ou de la taille des caractères entre en résonance avec le reste de l'image. Le cas limite est sans doute le calligramme tel que le pratique Apollinaire, à la fois poème possédant toutes les propriétés (syntaxiques et sémantiques) d'un texte et dessin stylisé. Les deux situations ne sont en général pas tout à fait symétriques parce qu'il n'existe pas dans notre culture de pratique ordinaire à grande échelle qui fasse utiliser les mots comme des inscriptions (calli)graphiques, alors qu'on dispose d'une riche panoplie de techniques de sémiologie graphique permettant de visualiser à peu près n'importe quel contenu informationnel[2]. Toutefois, la simple existence d'une codification, si appropriée soit-elle, compte moins par elle-même qu'à travers sa fonction de critère d'identification (MOM 139) si bien que, en dépit du fait que « allographique » et « autographique » sont des termes mutuellement exclusifs, on peut parfaitement rencontrer des œuvres à qui ne convient ni l'une ni l'autre étiquette (PP 83 et LA 156). C'est entre autres le cas des partitions qui n'utilisent pas la notation standard et de manière générale des œuvres définies sans procédure canonique au sein d'un art donné.

1. En sens contraire, la reproduction par Bernar Venet de diagrammes mathématiques ne retire pas à ses œuvres le statut d'esquisses, quoiqu'elles incorporent le résultat d'une telle réduction et que le vocabulaire qui leur sert de base ait la propriété d'être parfaitement univoque.
2. Jacques Bertin, *Sémiologie graphique*, Paris, Gauthier-Villars, 1967 et *La Graphique et le traitement graphique de l'information*, Paris, Flammarion, 1977.

Les deux problèmes d'authentification convergent lorsqu'on s'interroge sur la possibilité de concevoir une notation. Goodman a confié à plusieurs reprises que c'est l'exemple de la danse qui a motivé ses premières réflexions sur le sujet[1], comme illustration privilégiée de la question plus vaste du passage de l'autographique à l'allographique. Il risque l'hypothèse qu'à l'origine tous les arts furent sans doute autographiques (LA 154) et que plusieurs facteurs sont requis pour embrayer le processus menant à l'allographie. Tout d'abord, l'existence de limitations matérielles qui rendent délicates la réitération stricte de l'œuvre (caractère éphémère de la performance, effectif important que nécessite sa réalisation, etc.). Ensuite, l'établissement d'une codification qui ne soit pas un simple auxiliaire technique (LA 165-6) mais un véritable opérateur de discrimination entre ce qui est reconnu comme constitutif et accidentel. Enfin la capacité de refléter la classification informelle des œuvres dans la pratique courante[2]. Ce n'est pas un hasard si la musique vocale puis symphonique a été le meilleur candidat à l'épanouissement d'une notation complexe et performante ; en comparaison, « l'architecture est un cas mixte et de transition » (LA 258)[3]. Se pose enfin la question de l'évolutivité de chaque forme d'art. Si en littérature les textes écrits ont supplanté les récitations (LA 155), se pourrait-il qu'un jour la perfection des reproductions encourage à dévaluer le statut autographique de la peinture ? Pour les raisons rappelées ci-dessus, Goodman considère que c'est fort peu probable[4]. Ceci ne corrobore

1. Goodman s'est intéressé à la danse, aussi bien d'un point de vue théorique (l'examen de la Labanotation en LA V 8 ; LA 264-5 note 21, MOM 56) que pratique, en tant que vecteur d'exemplification symbolique (MOM 158-9 et 69-71). Il est également à l'origine de la fondation du Centre de la danse et de l'Institut pour l'administration des arts de l'Université d'Harvard.

2. En dépit de sa position rigide sur un plan logico-conceptuel, il convient de remarquer que Goodman n'est pas du tout révisionniste en matière esthétique.

3. Si le plan est facilement assimilable à un diagramme digital (LA 205 et 256) et à une partition, la relation entre l'avant-projet, le bâtiment et l'œuvre architecturale est beaucoup moins aisée à spécifier (voir les remarques de S. Davies, « Is Architecture an Art ? », in *Philosophical Perspectives on Art*, Oxford U. P., 2007). L'affinité entre architecture et musique est un lieu commun esthétique que reprend entre autres le Socrate d'*Eupalinos* [Valéry, *Œuvres*, Bibliothèque de la Pléiade, tome II, p. 101-106] et qu'il serait intéressant de confronter avec le défi wittgensteinien d'une « logique faite maison » (Voir J. Bouveresse, « Wittgenstein et l'architecture », dans *Vienne 1880-1938. L'apocalypse joyeuse*, Paris, Éditions du Centre Pompidou, 1986).

4. En revanche, John Bohn propose une réflexion intéressante, éthique autant qu'esthétique, sur la légitimité pour un musée d'exposer des répliques d'une œuvre (« Museums and the Culture of Autography », *The Journal of Aesthetics and Art Criticism*, vol. 57 n°1, 1999). Ce cas prendrait le contrepied de la sculpture monumentale où l'on remplace volontiers les originaux (mis à l'abri dans des musées) par des copies plus robustes.

pourtant pas l'idée que le statut d'un art est inaltérable ; chez un auteur qui a plaidé pour le relativisme conceptuel, un éloge de la fixité aurait quelque chose d'incongru. Le pragmatiste sait en revanche qu'un changement d'attitude n'est jamais à exclure et, si l'on en venait à considérer que la peinture qui a été copiée n'a que le genre spécial d'intérêt ou de valeur que possède un manuscrit ou l'édition originale d'une œuvre littéraire (PP 136), on devrait revoir les choses sous ce nouvel angle[1]. Tout renvoie donc en dernier ressort à l'impact de l'action qu'on peut consciemment entreprendre dans la marge de liberté que concède la tradition.

la responsabilité de l'œuvre

L'esthétique traditionnelle a reposé longtemps sur un partage radical des rôles : d'un côté l'artiste créateur qui prolonge ou défie l'acte divin, de l'autre le spectateur à qui il revient d'en admirer ou d'en critiquer le résultat. Certes la contemplation n'est jamais pure passivité, elle inclut une part d'humilité devant le chef-d'œuvre et en contrepartie une disponibilité en face des idéaux mis en jeu. Mais si participation il y a, celle-ci reste subordonnée à la réception d'une œuvre dont la particularité est une voie d'accès à quelque chose de plus absolu. Le génie et le goût ne cessent donc de se répondre l'un l'autre, contre les séductions symétriques de l'agrément immédiat et de la ratiocination intempestive.

Il est inévitable que la décision de mettre l'accent sur les mécanismes de symbolisation bouscule les distinctions majeures issues de l'esthétique kantienne. Non que Goodman jette l'anathème sur les fondements du kantisme qu'il crédite au contraire de tournant inaugural de la philosophie moderne, lu il est vrai dans une perspective peu habituelle (MM 12-13)[2]. Parmi tous les héritages possibles du kantisme dont il peut se réclamer, deux méritent d'être distingués. D'une part, la tentative de Cassirer d'assouplir les principes de l'analytique transcendantale afin de prolonger leur application vers des domaines négligés par Kant (la pensée mythique et le langage comme éléments de « formation spirituelle »)[3] ; d'autre part,

1. Qu'on pense aux déclarations célèbres de Kosuth qui fait des œuvres d'art une simple curiosité historique, comparable à la palette des artistes parfois exposée de concert avec leurs peintures (*Art after Philosophy and After*, MIT Press, 1991, p. 19).

2. WW provient des premières *Immanuel Kant Lectures* de Stanford University (1976).

3. Cassirer, *La Philosophie des formes symboliques*, tome III, Introduction, en particulier p. 25-27 ainsi que la célèbre controverse de 1927 avec Heidegger lors du séminaire de Davos.

l'approche d'allure plus humble de C.I. Lewis qui traite les schèmes catégoriaux comme de simples outils pour sérier la réalité, la contrainte majeure de la connaissance n'étant pas de saisir une régularité (puisqu'il ne dépend que de nous que la probabilité de nos prédictions dépasse zéro) mais de respecter un équilibre entre besoin de sécurité et besoin de spécificité[1]. Par la reformulation qu'il propose du problème de la connaissance[2], il rejoint par le versant opposé la position de Cassirer.
Nulle part Goodman ne discute pour eux-mêmes les principes énoncés dans la troisième *Critique*. Élaborer un jugement de goût n'est pas son affaire et la notion de symbolisation qu'il fait sienne ne s'accommode guère de la reconnaissance de frontières établies entre l'art et la connaissance (PP 83) (jugement réfléchissant *vs* jugement déterminant), avec une contribution gnoséologique qui est propre à chaque faculté (sensibilité réceptive *vs* spontanéité de l'entendement), ni d'une conception exemplariste des œuvres. S'il donne acte à Kant d'avoir dépassé les mythes de l'œil innocent et du donné absolu (LA 37)[3], il lui reproche aussi de n'avoir pas su tirer les conséquences qui s'imposaient et de ne pouvoir saisir la vision dans sa dimension générale de compréhension qui suppose de *re*former et de

*trans*former. « Sensation, perception, sentiment et raison sont tous des aspects de la cognition; chacun affecte tous les autres et en est affecté » (MOM 180). À la réflexion qui s'appuie sur un principe formel de finalité succède donc la compréhension comme information qui procède des symboles[4]. C'est ce que veut transmettre une formule comme « le dessein primordial est la cognition en elle-même et pour elle-même » (LA 301), qui est à l'opposé d'un esprit platement positiviste. La nature des symboles

1. Goodman a prononcé une conférence commémorative sur Lewis à l'Université d'Harvard le 23 avril 1964, « Snowflakes and Wastebaskets », republiée dans PP VIII 8.
2. « C'est l'élément *a priori* dans la connaissance qui est pragmatique, non l'élément empirique » selon Lewis (*Mind and the World Order*, 1929, rééd. Dover, 1956, p. 266). Dans le bref appendice qu'il consacre à l'esthétique, il remarque que « l'approche qui vient au plus près du pur donné est sans aucun doute l'expérience esthétique. La cognition est toujours en partie instrumentale ou pragmatique, mais pour autant qu'une expérience est esthétique, elle constitue une fin en soi » (*ibid.*, p. 402) et ajoute que « l'objet de l'appréciation est une chose ou une situation considérée comme matrice pour faire l'expérience d'une certaine qualité. C'est seulement ainsi que le jugement esthétique peut prendre une signification pour la pratique, et devenir un guide vers l'art ou la vie » (*ibid.*, p. 404).
3. Sur la critique de la priorité épistémologique et la compréhension perceptive, voir les mises au point récentes dans le chapitre 1 de MOM, en réponse à Ackerman, Gibson, et Wartofsky.
4. La fin de LA joue en permanence sur la double acception de « understanding » (entendement et compréhension), dans une tonalité conforme aux penseurs de l'*Enlightenment*. Dans RPAS, la composante plus directement cognitive devient prévalente.

garantit une consistance objective, même si elle se rapporte à la singularité de l'expérience d'une œuvre que fait chacun en fonction de son parcours d'interprétation. L'approche cognitive ne cherche pas à allonger l'art sur le lit de Procuste de la psychologie (behavioriste ou cognitive) mais elle vise à explorer ces multiples capacités au service de la compréhension, à les distinguer et comparer, les faire interagir et pour finir évaluer le rendement de leur coopération (MOM 147 et 157). La retombée directe de ces préoccupations est le programme mené au sein du département d'éducation de l'Université d'Harvard et connu sous le nom de *Projet Zéro* qui étudie, sur des bases théoriques et expérimentales exigeantes, les paramètres d'une éducation artistique et l'idée même – pas si naturelle – que l'art puisse profiter d'une éducation[1].

Si le fait de voir une œuvre d'art comme un symbole peut sembler accentuer dans sa genèse la part combinatoire au détriment de la créativité pure, à l'inverse l'analyse précédente dote l'acte de vision d'une dimension créative. Le rôle du spectateur s'en trouve revalorisé, dynamisé. S'agit-il seulement de considérer qu'il viendrait prendre le relais de la fonction désacralisée de l'artiste, à la manière de Blanchot ou Valéry ?[2]. Certainement pas, et pas davantage au sens de l'approche de Wolterstorff en termes de projeter un monde. Goodman lui accorderait sans difficulté que « servir d'objet de contem-plation esthétique n'est qu'un parmi d'autres rôles que les œuvres d'art jouent dans la vie humaine – pas toujours celui qui était visé et pas toujours le plus important »[3], sans partager pour autant ni l'orientation de son projet (donner une base nouvelle à une conception mimétique de la représentation) ni son engagement ontologique en faveur du platonisme.

Ce que Goodman a en vue, il le nomme « implémentation », soit en première approche l'idée d'un fonctionnement correct et stimulant, dans

1. Goodman a été le principal rédacteur du Rapport final, *Basic Abilities Required for Understanding and Creation in the Arts* (US Department of Health, Education and Welfare, Washington DC, 1972) republié dans MOM V 2 sous le titre *Explorations in Art Education*. Concernant ce projet que Goodman a personnellement dirigé de 1967 à 1972 et qui est toujours en activité, on peut consulter H. Gardner, « Nelson Goodman's Legacy in Arts Education », *The Journal of Aesthetics and Art Criticism*, vol. 58 n° 3, 2000, D. Perkins et B. Leondar (eds), *The Arts and Cognition*, The Johns Hopkins University Press, 1977.

2. « L'écrivain accepte de se supprimer lui-même ; seul compte l'œuvre, celui qui la lit. Le lecteur fait l'œuvre ; en la lisant il la crée, il est l'auteur véritable » (M. Blanchot, *La Part du feu*, Paris, Gallimard, 1949, p. 311) ; « *Ce* qui fait un ouvrage n'est pas *celui* qui y met son nom. *Ce* qui fait un ouvrage n'a pas de nom » (P. Valéry, *Mauvaises pensées et autres*, « Bibliothèque de la Pléiade », t. II, p. 802).

3. N. Wolterstorff, *Works and Worlds of Art*, Clarendon Press, Oxford, 1980, Introduction, p. XII.

un environnement adéquat[1]. Elle commence le plus souvent (quoique non nécessairement) lorsque l'artiste a terminé sa tâche, et elle nous rend responsables de la bonne marche de l'œuvre.

« L'exécution consiste à faire une œuvre (*making a work*), l'implémentation à la faire fonctionner (*making it work*) » (MOM 143). On perd malheureusement en français la correspondance entre « to work » et « a work », perte consommée depuis la quasi-disparition des verbes « ouvrer » et « œuvrer ». Cette distinction d'apparence simple risque pourtant d'être mal comprise : 1) l'implémentation ne se réduit pas à un processus institutionnel, comme celui que Dickie met à la base de sa recherche définitionnelle[2]. Elle ne vise pas l'inscription des œuvres dans un « monde de l'art » mais l'effectivité d'un fonctionnement ; si la toile de Rembrandt utilisée comme couverture est une œuvre d'art qui ne fonctionne pas comme œuvre d'art, le galet ramassé sur la plage, sans être une œuvre d'art, peut fonctionner esthétiquement sous certaines conditions (MOM 145)[3] ; 2) la relation entre réalisation et implémentation est une propriété interne à chaque forme d'art, et la frontière entre les deux pôles est susceptible de varier en fonction de données poïétiques. Cela rend plus difficile une description générale de l'implémentation puisqu'on doit tenir compte de facteurs de toutes sortes, entre autres le nombre de phases dans l'art considéré, le degré d'individualité toléré dans l'exécution[4], le rôle des circonstances annexes (l'éclairage n'a pas la même fonction dans une pièce de théâtre et une exposition).

Dans ses interventions plus récentes – au colloque de Viterbe en octobre 91 et au Centre Pompidou en mars 92 –, Goodman avoue préférer le terme d'*activation*, plus approprié pour « la réponse esthétique que nous offrons

1. Issu du langage informatique où il désigne la mise en place d'un système d'exploitation (ou la configuration d'un ordinateur) le terme a prospéré surtout en neurologie et dans les sciences cognitives. Il convient cependant de rappeler que le mot « implement » est d'usage courant en anglais, s'appliquant par exemple à des ustensiles de cuisine ou de jardinage.

2. *The Art Circle : A Theory of Art*, Haven Pub. Co., New York, 1984 en particulier p. 80-82, en réponse aux critiques de son livre de 1974.

3. Voir les remarques de F. Sibley, « Aesthetic Judgements : Pebbles, Faces, and Fields of Litter » in *Approach to Aesthetics. Collected Essays on Philosophical Aesthetics*, Clarendon Press, Oxford, 2001, en particulier p. 181-185.

4. On sait que de nombreux chefs d'orchestre retouchent la partition qu'ils dirigent, en fonction de l'acoustique de la salle, de la sensibilité supposée du public, des performances éventuelles des chanteurs à leur disposition, etc. par exemple en transposant un air, en doublant une partie orchestrale autrement inaudible, et ainsi de suite.

aux œuvres d'art »[1]. Il serait fastidieux de dresser un inventaire de toutes les formes d'intervention qu'on peut inclure sous le libellé d'activation; elles s'échelonnent du sauvetage matériel de l'œuvre (les temples d'Abou Simbel ou de Borobudur) et de son entretien (réentoilage, dépose de vernis qui ont bruni) jusqu'à des formes très indirectes d'action comme l'usage de reproductions, de microfilms, voire de doubles physiques (Lascaux II). Elles témoignent avant tout de l'habileté remarquable des praticiens mais, quand on l'analyse, il est pertinent de différencier ce qui revient à la matérialité de l'œuvre, à la communicabilité de son contenu sous l'angle sémantique mais aussi pragmatique, au réseau de ses appartenances culturelles et de ses appropriations idéologiques, et à son évolution au sein du discours de l'historien ou du critique. Une telle analyse ne peut être menée efficacement que sur des exemples délimités et dépasse l'objet de cette étude. Il convient toutefois de traiter un peu à part deux questions qui se trouvent entretenir une relation plus intime avec le type de recherche qui est celui de Goodman : la fonction du musée et le recours à la variation.

Peu de gens contestent que le musée soit un lieu normal d'implémentation de l'art, mais rares sont ceux qui, à l'image de Sherman Lee, en font le terrain d'élection d'une éducation visuelle, pas moins importante que les apprentissages linguistiques élémentaires[2]. « Prévenir et guérir la cécité en vue de faire fonctionner les œuvres » (MOM 179), telle est la mission privilégiée du musée. En rappelant devant un parterre de professionnels que, par malheur, « on juge moins aisément de la santé culturelle que de la santé organique » (MOM 186) et qu'on ne la mesure ni à l'importance des crédits, ni à l'augmentation du nombre des visiteurs, Goodman note avec un brin d'amertume que la majorité d'entre eux le prit plutôt mal (MOM 146). Il n'est certainement pas facile d'imaginer des politiques plus « actives » pour une institution dont l'image de marque est parfois vieillie. E. H. Gombrich ne manque pas de stigmatiser la quête brouillonne et fébrile de la nouveauté, pire que les maux qu'elle veut surmonter[3], alors que François Dagognet espère du musée qu'il devienne un « laboratoire des

1. *Les Cahiers du Musée National d'Art Moderne*, n°41, Nelson Goodman et les langages de l'art, automne 1992, p. 12.

2. Sur l'action remarquable menée par Sherman Lee à la tête du musée de Cleveland, on peut consulter MOM V 4, *L'art en théorie et en action*, p. 95-98.

3. E. H. Gombrich, *Réflexions sur l'histoire de l'art*, Nîmes, Éditions J. Chambon, 1992, chap. 27, « Faut il qu'un musée soit actif ? ». Pour lui « le musée est l'endroit par excellence qui devrait rester un refuge pour la vie contemplative » (p. 323), sa fonction est de conserver, d'où son éloge du musée Gardner, moins d'ailleurs comme paradigme de musée que comme lieu d'exception.

variations »[1]. Il se trouve que la directrice du Musée Isabelle Stewart Gardner de Boston – musée qui présente la particularité unique de ne pas pouvoir acquérir de nouvelles œuvres, ni modifier leur présentation conformément au testament de sa fondatrice – a participé au séminaire de Santa Barbara, « More Ways of Worldmaking » (février 1990). Elle n'a pas dissimulé sa perplexité : comment faire pour que ce musée construit sur le modèle d'un palais vénitien « ne devienne pas le tombeau de Mme Gardner, mais soit un reflet de son esprit et de son imagination qui brillaient par leur éclectisme, leur ouverture internationale et leur appétit de recherche » ? La seule solution facilement praticable passe par « de nouveaux programmes qui encourageront les gens à chercher différents niveaux de compréhension visuelle »[2]. Par les contraintes qui pèsent sur son fonctionnement, ce musée peut donc devenir un pôle éducationnel d'une exceptionnelle sensibilité et le dialogue amorcé entre Anne Hawley et Nelson Goodman le symptôme d'un nouvel esprit muséologique au service de la pédagogie esthétique.

Si les décisions d'ordre administratif ne sont pas du ressort du philosophe, il lui revient en revanche d'imaginer de nouvelles possibilités pour stimuler une intelligence affinée des œuvres. Faire des conférences est une activité de routine, aux limites bien connues ; concevoir des présentations de dimension scénique comme dans le programme *Art in the Making* (MOM 158-9) l'est déjà moins. Et il est à coup sûr exceptionnel qu'un philosophe réalise lui-même d'authentiques spectacles combinant les multiples modes référentiels dans un scénario original et en fasse un usage interactif[3]. C'est en tout cas l'ambition de Goodman lorsqu'il fait de la variation un instrument inédit d'implémentation intellectuelle et culturelle[4].

La variation possède une longue histoire dans certains arts comme la musique où elle représente une forme privilégiée de développement à partir d'une cellule thématique[5] alors qu'elle est plus rare dans d'autres comme la peinture, en dépit des célèbres séries de Monet (*Cathédrale de Rouen*,

1. « L'art contemporain et le musée », numéro hors-série des *Cahiers du MNAM*, p. 48.

2. Anne Hawley, « A Venerable Museum Faces the Future : Guided Tour Through the Gardner and Its Director's Mind », *The Journal of Aesthetic Education*, 25 n°1, 1991, cit. p. 82 et p. 83.

3. Tout laisse à penser que, avec un décalage de quelques années, Goodman se serait servi avec passion du DVD et qu'il aurait peut-être su en faire l'outil d'éducation qu'il peine à être.

4. Sur l'analyse des caractéristiques de la variation comme symbole, l'article principal est RPAS IV, « Variations sur la variation ou de Picasso à Bach ».

5. Dans la musique classique (Mozart) mais surtout romantique (le dernier Beethoven, Schumann) et moderne (école de Vienne), elle s'est élevée à la hauteur d'un véritable genre.

Meules) ou Motherwell (*Elegy to the Spanish Republic*) et des séquences engendrées à partir d'un motif, ainsi les *N + 1 variations sur une empreinte de Viallat* d'Albert Ayme[1]. Elle n'est pas un simple processus formel, comportant la reprise d'une œuvre via la citation d'un élément ou sa distorsion suggestive (MM 35-36), voire parodique (RPAS 74). Dans tous ces cas, la variation fonctionne par exemplification, directe ou contrastée[2]. Sa fécondité cognitive tient à ce qu'elle équivaut déjà à une interprétation, d'une manière différente de l'agencement des épisodes dans un récit en images mais pas moins significative que la sienne[3]. Le simple fait d'ordonner des variations en une série (RPAS 80-82) qui rapproche tels aspects et en éloigne d'autres communément associés, ou le poids donné à tel motif principal ou accessoire, enrichit et transforme la perception que nous pouvions avoir de l'œuvre originale.

L'exemple pictural de loin le plus impressionnant est l'ensemble des 58 variations réalisées par Picasso sur les *Ménines* de Vélasquez que Goodman a utilisé à son tour comme point de départ pour ses propres *Variations* non limitées à un registre et qui jouent au contraire de correspondances sensorielles calculées (RPAS IV 6)[4]. L'idée est de mettre en parallèle une série picturale représentée par un choix de diapositives reprenant certaines des variations de Picasso et une série musicale formée d'un thème et de 32 variations originales de David Alpher pour petit orchestre de chambre à effectif variable (piano, hautbois, guitare et violoncelle). Les contrastes visuels de forme et de couleur sont ainsi relayés par les combinaisons de timbres instrumentaux, les différences de cadence et d'enchaînement, les figures chorégraphiques associées. Chaque rencontre est occasion de faire cristalliser des significations, de connecter le vécu et le symbolique, et d'ajouter des ramifications métaphoriques.

Plutôt que le dérèglement rimbaldien des sens, l'art poursuit la recherche de schèmes d'ordination plus inventifs et plus souples que ceux dont se satisfait la vie prosaïque. Il ne prolonge pas la vie en lui annexant un monde imaginaire de compensation mais en explicitant la densité de son tissu

1. F. Escal, *Contrepoints. Musique et littérature*, Méridiens Klincksieck, 1990, p. 150-153.

2. « Une variation réfère à son thème via l'exemplification littérale des traits partagés et via l'exemplification métaphorique des traits en contraste », résume C. Elgin (« Relocating Aesthetics », *Revue Internationale de philosophie*, n° 2-3/1993, p. 178), ce qui l'apparente à l'allusion (RPAS 71).

3. Voir en particulier le commentaire des panneaux japonais peints par Hata no Chitei (MOM 116-119, trad. fr. dans *L'art en théorie et en action*, p. 17-21).

4. Créées à Helsinki en septembre 1985, elles n'ont été jusqu'ici représentées qu'un petit nombre de fois et en général dans des universités américaines.

relationnel et parfois en en retrouvant les racines oubliées. Goodman est conscient que ce résultat est à la fois modeste et ambitieux. En clôture de la Conférence de Santa Barbara (1990), il avoue être frappé par la convergence entre les réflexions de Jerome Bruner sur l'étude de récits autobiographiques qui explicitent le processus de formation de soi et les enjeux qui portent sur les versions de monde en leur totalité[1]. Davantage, il voit dans la prise de fonction d'Anne Hawley à la tête du musée Gardner la chance inespérée d'une expérience presque idéale, celle de repenser le musée en reconstruisant la biographie multiple de sa fondatrice. Ceci rejoint aussi l'intuition de Margolis que toute œuvre consiste en un processus d'acculturation analogue à ce que sont les personnes, à savoir une entité culturelle plongée dans une histoire où elle a une carrière, et donc vouées à une réinterprétation sans fin[2]. Si Leiris a raison de penser que le travail mené par Picasso sur les tableaux de ses prédécesseurs tend à les arracher à leur torpeur et les « amener à accomplir (leur) évolution naturelle »[3], les expérimentations multimédia de Goodman représentent à leur tour une tentative originale de les faire accéder à une forme ouverte de compréhension. Il ne s'agit plus tant de commenter, ni même d'exemplifier, que d'inventer des dispositifs facilitant la maturité esthétique du public. Putnam avait diagnostiqué en Goodman un artiste de la pensée capable de concevoir des hypothèses aussi improbables que désarmantes[4]; en retour, on s'avise qu'il n'est jamais plus purement philosophe que dans le projet d'enrôler l'art au service de la compréhension. Kant voyait l'esthétique comme un point de passage vers la moralité, Goodman plaide pour une autre sorte de méliorisme qui cesse de traiter l'art comme une fin en soi mais en fait une puissance de renouvellement et d'accomplissement de la vie elle-même, du cognitif à l'émotionnel.

1. J. Bruner, « Self-Making and World-Making », *The Journal of Aesthetics Education*, 25 n°1, 1991, surtout p. 76-77 et par ailleurs N. Goodman, « Retrospections », *ibid.* p. 97-98.

2. J. Margolis, *What, After All, is a Work of Art?*, University Park, The Pennsylvania State U. P., 1999, chap. 3, en particulier p. 89-92.

3. « Picasso et la comédie humaine ou les avatars de Gros Pied » (1954) dans *Brisées*, rééd., Paris, Gallimard, 1992, p. 213.

4. H. Putnam, *Realism with a Human Face*, chap. 22 « Nelson Goodman's *Fact, Fiction and Forecast* », Harvard University Press, 1990, p. 303.

conclusion

Pendant un quart de siècle, *Langages de l'art* est resté à peu près totalement absent des références françaises [1]. La notoriété internationale de l'auteur, la richesse et l'originalité de ses vues, l'allure volontiers provocatrice de sa pensée, les débats que le livre a ouverts dans le monde anglo-saxon, tout incitait pourtant à en faire un événement intellectuel de première importance. Mais esthéticiens et logiciens ont en commun de toujours supposer quelque perversité à une entreprise qui ne s'aligne pas sur la division officielle du travail philosophique. En France, l'unique compte-rendu conséquent équivaut à bien des égards à une déconstruction sévère ; bien que Jules Vuillemin affirme dès la première ligne que *Langages de l'art* est une exception éclatante à la règle qui veut qu'un livre d'esthétique apporte rarement des idées neuves en philosophie [2], force est de reconnaître qu'au terme de son article, il ne subsiste pas grand chose d'intact des propositions les plus caractéristiques de l'auteur, singulièrement sur le plan de la pertinence artistique de ses analyses.

Le présent livre est écrit à partir d'un pari résolument inverse, celui de donner de l'œuvre de Goodman une vision suffisamment ample pour ne

1. La connaissance de textes goodmaniens était confinée à des cercles spécialisés s'occupant de questions sémantiques et ontologiques nettement circonscrites et manifestant en général peu d'intérêt pour l'esthétique. Du côté des théoriciens de l'art, la plupart des mentions restent plus qu'allusives ; celle que fait Louis Marin ne peut même que déconcerter. Non seulement les deux auteurs mentionnés (Goodman et Hermerén) sont orthographiés fautivement mais le développement qui suit, censé fournir un exemple qui est emprunté à Frege, n'a pas le moindre rapport avec leur contribution, et dans le cas de Goodman au moins, relève d'un contresens (« L'Œuvre d'art et les sciences humaines », *Encyclopædia Universalis*, 1980, vol. XVII, p. 134).

2. Compte rendu dans *L'Âge de la science*, volume III, n°1, 1970, p. 73-88. Cette appréciation sévère n'ôte cependant rien à l'importance de ce texte, d'une parfaite probité intellectuelle.

rien négliger d'essentiel tout en évitant le piège d'une unification factice[1]. Loin d'être monolithique, celle-ci se révèle en effet traversée de tensions et riche de multiples contrastes. Plusieurs couches s'y superposent, des plaques conceptuelles y dérivent, pas toujours paisiblement – ce qui peut justifier tantôt une impression de continuité, tantôt le constat de profondes réorientations. C'est pourquoi j'ai volontiers procédé par variations, le même thème étant abordé sous plusieurs angles en divers endroits, et par le biais de rapprochements, afin de laisser le moins perdre la prégnance du réseau où il intervient.

Mon itinéraire a été (et il ne pouvait qu'être) l'inverse du cheminement propre de Goodman. Commencé dans le genre méticuleux d'étude que nécessite la logique mais appliqué à un objet qui en est à permière vue éloigné, son travail s'est élargi vers d'autres modalités symboliques qui en ont peu à peu déplacé le centre de gravité. À lire certains textes tardifs, on peut avoir l'impression que *La Structure de l'apparence* appartient à une phase si lointaine que le bénéfice principal de sa mention aujourd'hui est de faire ressortir l'importance du chemin parcouru[2]. Il ne l'a pour autant renié ni dans ses méthodes, ni dans son contenu[3], mais tout se passe néanmoins comme si la place prise par l'art en tant que mode de pensée – et non simple objet d'étude – le reléguait inévitablement au second plan, témoin génial et ambigu d'une époque en partie révolue, alors que *Langages de l'art* prend par contraste le sens d'un point de départ presque absolu.

C'est, à l'opposé, la passion de l'art et la déception rencontrée avec la philosophie esthétique qui m'ont déterminé à m'intéresser à une œuvre unique en son genre, quoiqu'elle emprunte à de multiples sources communes. L'aborder par la lecture de *Langages de l'art*[4], c'est assumer d'emblée un regard différent sur elle. C'est aussi, lorsqu'on a pour horizon intellectuel les systèmes classiques et romantiques qui ont façonné la

1. Certains aspects non mis à contribution en esthétique comme l'analyse méréologique ont cependant été laissés de côté. Sur ce sujet, voir D. Cohnitz et M. Rossberg, *Nelson Goodman*, « Philosophy Now », chap. 4, 5 et 9, McGill – Queens's U. P., 2006.

2. Il ne semble cependant pas que Goodman ait ressenti le besoin de la recomposer, à la manière dont on dit que Kant a pensé que son système mériterait d'être réécrit en partant de l'anthropologie.

3. On peut rappeler par exemple que la publication en volume de sa thèse, *A Study of Qualities*, n'intervient qu'en 1990 (Garland, New York).

4. Mon premier contact effectif avec l'auteur s'est fait à travers le petit volume de Louis Vax, *L'empirisme logique*, Paris, P.U.F., 1970, sous-titré « De Bertrand Russell à Nelson Goodman ». *Langages de l'art* ne fut d'abord qu'un titre cité dans la bibliographie (et non utilisé dans le corps de l'ouvrage) qui avait l'attrait de concilier goût de l'art et intérêt pour la sémiotique.

philosophie de l'art, être brutalement confronté à une rupture profonde, de style, de projet, de contenu, puisque plus rien ne subsiste de la tradition descriptive ou réflexive qu'on associait si naturellement à l'esthétique[1]. On ne peut pas ne pas prendre conscience que le divorce est désormais consommé entre une esthétique conçue comme théorie anthropologique ou transcendantale de l'expérience du beau (naturel ou artistique)[2] et une analyse des modalités définitionnelles et/ou fonctionnelles de ce qu'on désigne – selon des critères sujets à discussion – comme des « œuvres d'art ». Des passerelles subsistent néanmoins de l'une à l'autre, dont la portée est en partie fonction de l'importance qu'on reconnaît à certains paramètres, au premier rang desquels figure la place de l'historicité[3].

La plupart du temps, le parti-pris de l'œuvre en rupture avec l'expérience est allé de pair avec le présupposé tacite de sa réduction formaliste ou matiériste. La démarcation entre objet d'art et matériau brut en devient plus problématique (dans l'univers du collage, de l'assemblage et de l'installation) mais tout autant celle entre œuvre et produit technologique[4], – comme le montre l'usage de matériaux et de techniques issus de l'industrie

1. Une critique récurrente porte sur le décalage entre notions courantes et notions techniques. J. O. Urmson remarque qu'« il n'essaie ni d'analyser le discours ordinaire, ni d'offrir une alternative au discours ordinaire qui soit de plus grande utilité pratique, mais plutôt de construire un langage satisfaisant certains réquisits théoriques ... [si bien] que ce qu'il fait n'est pas un substitut adéquat pour l'analyse des concepts ordinaires et qu'une telle analyse n'est pas un début de réalisation de la tâche que Goodman a dans l'esprit » (« The Methods of Aesthetics », *in* R. Shusterman, *Analytic Aesthetics*, Blackwell, 1989, p. 25-26).

2. La situation dans la philosophie du XIXe siècle est cependant loin d'être uniforme. D'une part, comme l'a montré J.-M. Schaeffer (*L'Art de l'âge moderne. L'esthétique et la philosophie de l'art du XVIIIe siècle à nos jours*, Paris, Gallimard, 1992), la grande tradition germanique, de Schelling à Heidegger et ses épigones, qui a privilégié la révélation de l'Absolu jusqu'à couper l'art de sa base fabricatrice découle d'un contre-sens relatif à la pensée kantienne dont elle revendique l'héritage. D'autre part se sont développées par réaction des approches réductionnistes qui mettaient en avant les déterminants psychologiques, sociologiques, poïétiques, idéologiques, etc., assumés ou plus souvent inconscients, de la créativité, quitte à substituer à l'horizon des valeurs une simple perspective technique.

3. Un facteur trop sous-estimé dans la discussion du jugement de goût est l'historisation croissante de notre prise de contact avec les œuvres. Par exemple, lorsque Kant écrit sa troisième *Critique*, la musique de Bach est oubliée; il faut attendre le 11 mars 1829 (soit un siècle, jour pour jour, après sa création) pour que Mendelssohn ressuscite *La Passion selon Saint Matthieu*, et 1866 pour que Théophile Thoré exhume l'œuvre de Vermeer. Les antiques ne sont pas perçues comme témoignage d'une civilisation passée mais comme canon intemporel du grand style, et les objets exotiques sont encore de simples curiosités.

4. Y. Deforge, *L'Œuvre et le produit*, Seyssel, Champ Vallon, 1990, montre combien une telle frontière est devenue factice, et met l'accent sur les conditions nouvelles apportées par les processus interactifs en CAO.

du constructivisme et du minimalisme jusqu'au design high-tech – et celle entre monde esthétique et univers de la mode. Elle tend par compensation à encourager les discours d'homologation paradoxaux[1]. Goodman ne montre pas plus d'attirance pour ce genre d'exercices que pour l'esthétique idéaliste à laquelle ils reconduisent souvent. Adopter le paradigme de la symbolisation n'est pas une manière de rompre seulement avec les prestiges du discours inspiré sur les œuvres; c'est vouloir se désengager des dilemmes philosophiques dans lesquels la pensée esthétique est restée longtemps enlisée. Non pas que ces dilemmes – qui se ramènent tous à d'innombrables variantes autour des couples réalisme et non réalisme, objectivisme et subjectivisme – soient en eux-mêmes dénués d'intérêt mais le fait est qu'ils ont favorisé la fréquence de conclusions tautologiques ou privées de contenu empirique[2]. Revaloriser contre la séduction essentialiste toujours renaissante le rôle discriminant des protocoles cognitifs ne relève pas d'une entreprise de déconstruction philosophique mais d'une volonté de s'en tenir à des coordonnées neutralisées.

Reste à se demander si Goodman ne donne pas une interprétation trop restrictive de ce référentiel théorique[3]. On ne s'attend évidemment pas à ce qu'il assume une position œcuménique ou plaide pour une large synthèse. Il ne recherche pas du tout une unité *de* l'esthétique, au sens de W. Abell qui rêve de faire collaborer toutes les disciplines psychosociales à un renouveau de la réflexion sur l'art[4]. Il cherche au contraire à purifier un domaine circonscrit de ce qu'il estime être des surcharges nuisibles et des raisons de malentendu[5]. Il est d'ailleurs significatif que le principal point

1. Rien ne semble à cet égard plus propre à nourrir l'exégèse ou à stimuler l'imagination du critique que les œuvres qui prennent le contrepied ce qu'on attendait classiquement d'« œuvres », témoin le *Carré blanc sur fond blanc* de Malevitch (1918) ou l'*Exposition du vide* d'Yves Klein à la galerie Iris Clert (1958).

2. Même si Goodman ne s'inscrit pas directement dans cette filiation, son travail tient pour acquis l'entreprise critique menée par la première génération des esthéticiens analytiques dont les articles les plus significatifs figurent dans le recueil rassemblé par W. Elton, *Aesthetics and Language*, Blackwell, 1954. On y retrouve en particulier les articles de W. B. Gallie et B. Lakes, qui visent les conceptions esthétiques non réfutables de Croce ou de Bell.

3. D. Chateau a soutenu ce point de vue dans le chapitre « L'art comme symbole » de *La Question de la question de l'art. Note sur l'esthétique analytique*, Presses universitaires de Vincennes, 1994.

4. W. Abell, « Toward a Unified Field in Aesthetics » (1952), *in* M. Philipson (ed.), *Aesthetics Today*, Meridian Book, 1961, qui prolonge les articles de T. Munro, « Aesthetics as Science : its Development in America », *Journal of Aesthetics and Art Criticism* (1951) et de D. Morgan, « Psychology and Art : a Summary and Critique » (1950), repris dans le même volume.

5. Dans un article qui a fait date, « The Dreariness of Aesthetics » (1951, repris dans Elton, 1954), Passmore dénonçait en particulier l'abus de généralisations hâtives et la nébulosité (*wooliness*) qui seraient un fléau de l'esthétique. Quarante ans plus tard, Margolis répond par un article, « Exorcising

d'achoppement avec ses critiques porte sur l'inscription de l'œuvre dans un environnement culturel et sur la prise en compte des intentions réelles ou supposées qui sont celles de l'artiste[1].

Richard Wollheim est un de ceux qui ont posé le plus nettement la question de « ce que Goodman laisse de côté ». Il l'approuve d'avoir délaissé une conception téléologique de la signification au profit d'une conception sémantique, plus attentive aux contenus effectifs, mais il n'adhère pas pour autant à la version qu'il en donne. Soient en effet les quatre propositions que Wollheim met à la base de sa théorie de la signification artistique[2] :

[1] *Principe d'Intégrité* (une œuvre d'art ne possède qu'une signification et une seule),

[2] *Principe d'Intentionnalisme* (la signification dérive des intentions de l'artiste : désirs, croyances, émotions, souhaits, etc., conscients ou non),

[3] *Principe d'Expérience* (les intentions de l'artiste ne sont réalisées que dans les expériences appropriées du spectateur),

[4] *Principe d'Historicité* (toutes les œuvres d'art possèdent intrinsèquement une histoire de production).

Comment, argumente Wollheim, reconstruire une stratégie par laquelle Goodman rejetterait l'ensemble du cadre qu'il propose ? Il pourrait alléguer que la seule raison sérieuse d'accepter [1] est de croire en [2] [la connaissance de l'intention de l'artiste est ce qui justifie le mieux l'unicité de signification[3]]. Mais la vérité de [2] suppose celle de [4] [seule la connaissance de l'histoire de production peut garantir que l'intention de l'artiste a été satisfaite]. Or [4] est faux puisque certains arts sont allographiques [ce qui a

the Dreariness of Aesthetics », dans lequel il rappelle que ce constat ne porte en réalité que sur « la tristesse de la pratique professionnelle normalisée » (*Journal of Aesthetics and Art Criticism*, vol. 51 n°2, 1993.

1. J. Robinson, dans un numéro d'hommage « The Legacy of Nelson Goodman » (*Journal of Aesthetics and Art Criticism*, vol. 58 n°3, 2000), remarque que « ce qui est peut-être le plus remarquable au sujet de *Langages de l'art* est qu'en dépit de ces inconvénients qu'il s'est en grande partie imposés à lui-même [élimination de la psychologie, du contexte historico-culturel, nominalisme], il parvienne à dire tant de choses qui sont intéressantes et vraies » (p. 218). Quant à G. Genette, il écrit : « je ne crois pas hausser le ton plus qu'il ne convient en avançant que l'œuvre de Goodman est la contribution philosophique, en théorie de l'art, la plus éclairante depuis la *Critique du jugement* », « Peut-on boucher une fenêtre avec un Rembrandt », *Libération*, 6 septembre 1990, p. 27.

2. R. Wollheim, « The Core of Aesthetics », *The Journal of Aesthetic Education*, 1991 (1), p. 39-44. La liste des principes de Wollheim est celle de *Painting as an Art* (A. W. Mellon, *Lectures in the Fine Arts for 1984*), Princeton U. P., 1987.

3. Ce point est discuté dans l'article de W. Wimsatt, Jr. et M. Beardsley, « L'illusion de l'intention », trad. fr. dans D. Lories (éd), *op. cit.*

pour effet de les rendre autonomes vis-à-vis de leur histoire de production]. Il suffit alors de déclarer que [3] est arbitraire [et de poser que l'alternative symbolique est plus avantageuse] ou du moins sans portée décisive (dans une perspective non réaliste) pour que plus rien de l'ensemble ne tienne debout.

Le rejet de [4] découle du choix de réquisits notationnels. Mais on sait par ailleurs qu'il conduit à des conclusions difficiles à accepter pour les spécialistes en études littéraires ou en musicologie. Ainsi, dans le célèbre conte de Borges, « Pierre Ménard, auteur du *Quichotte* », il faudrait accepter de dire que le texte écrit par Ménard est une simple inscription supplémentaire de celui de Cervantès et non pas une œuvre à part entière. Ce qu'on néglige est que le principe : un texte ↔ une œuvre n'a pas la même portée dans les deux sens. Tout changement dans le texte produit à coup sûr une modification dans l'œuvre, sauf dans le cas familier de cette opération qu'est la traduction (supposée correcte) qui équivaut à une paraphrase sémantique. Il est en revanche concevable – quoique improbable sur un plan factuel – que deux œuvres partagent strictement le même texte ; telle est l'opération de « ménardisation » qui loin d'être une simple possibilité théorique est au contraire un ressort courant et important de la créativité artistique tout au long du XXe siècle [1].

L'abandon de [3], qui prend à contrepied le subjectivisme et le désintéressement qu'on a crus consubstantiels à la pensée esthétique, est dans la droite ligne d'une inspiration anti-mentaliste pour laquelle les pensées ne sont pas dans la tête, selon l'expression devenue célèbre de Putnam. Beaucoup d'auteurs, y compris anglo-saxons, sont réticents à appliquer à l'art une théorie de la signification de cette nature et préfèrent opter pour une conception émotionnelle ou « mystique » au sens de Wittgenstein [2]. Goodman fait le choix opposé et il va jusqu'à se priver de tout ce qui lui semble menacer l'intégrité extensionnaliste, en s'exagérant sans doute le risque que fait courir à son programme le recours à des notions comme une

1. Goodman aborde « le problème de Borges » en MOM 140-2 et RPAS 57-64. Une critique de sa position figure dans G. Genette, *L'Œuvre de l'art*, Paris, Seuil, 1994, p. 266-288. Je renvoie à mon essai *Sur le problème de Borges. Sémiotique, ontologie, signature*, Paris, Éditions Kimé, 1999 pour une enquête théorique et un large choix d'exemples pris aussi dans le domaine plastique. D'autres développements sont proposés par J. Dilworth, *The Double Content of Art*, Amherst, N.Y., Prometheus Books, 2005, en particulier chap. 7.

2. Comme l'éthique, l'esthétique ne dit rien, elle exprime un sentiment de la vie qui suppose de se placer du point de vue de l'éternité et des valeurs.

« histoire de production » ou une « intentionnalité » spécifique[1]. Son projet peut donner lieu à deux sortes d'appréciations qui reflètent deux attitudes divergentes vis-à-vis de l'esthétique traditionnelle : ou bien considérer avec Catherine Elgin que « ce qu'on peut prendre de prime abord pour des omissions se révèle être des réaffectations (*reassignments*) »[2] qui inscrivent en un autre lieu et sous une forme parfois méconnaissable les notions incriminées. Le résultat équivaut à une remise en ordre forcée et l'on postule qu'on dispose d'assez de ressources pour justifier l'écart entre leur apparaître et leur statut théorique, et suppléer l'absence d'autres outils. Ou bien admettre que les analyses qui sont accessibles à une théorie de la symbolisation ne déterminent pas dans leur intégralité l'ordre des faits dont l'esthéticien a à s'occuper et qu'elles en laissent échapper une part (la plus précieuse?), si bien qu'on n'en sera jamais quitte avec une « logique », à quelque degré de raffinement qu'on puisse la porter. Ici naît le soupçon d'une « esthétique minimaliste »[3] qui est par principe incapable de conclure. Affirmer cela ne préjuge pas de la valeur des apports goodmaniens ni de la nécessité de son entreprise, mais demande de prendre acte d'une différence irréductible entre l'effort rusé de la compréhension et l'instant de grâce de la « délectation ».

Le déplacement de la contemplation vers l'interprétation s'accompagne aussi d'une révision de la relation entre l'œuvre et le monde, qui deviennent plus qu'auparavant homogènes l'un à l'autre. Le monde est moins un spectacle offert à mon regard dans l'infinité de ses nuances, et en attente d'être unifié par une subjectivité, qu'un enchevêtrement de versions qu'il faut apprendre à désintriquer et à réagencer. Plus qu'un objet à décoder, l'œuvre est construction d'une clé ; ou plutôt déchiffrer est déjà une manière d'anticiper le monde puisque l'œuvre est en définitive un fragment du monde. Défaire la version courante pour retrouver la richesse des

1. « Puisqu'on m'accuse souvent de négliger le fait que ce n'est qu'en tant que résultat des actes et des intentions d'un utilisateur qu'un symbole réfère tout court et réfère à ce à quoi il réfère, je tiens à redire que mon apparente négligence est elle-même intentionnelle » (MOM 88) ; la phrase vise S. Kjørup, pour sa tentative de supplémenter l'approche goodmanienne par une théorie illocutionnaire (« Pictorial Speech Acts », *Erkenntnis*, 12, 1978). Comment ne pas penser à la *Déclaration* de Kant à l'adresse du jeune Fichte du 7 août 1799 (*Œuvres*, « Bibliothèque de la Pléiade », t. III, p. 1211-1212) ?

2. C. Elgin, « What Goodman Leaves Out », *The Journal of Aesthetic Education*, 1991 (1), en particulier p. 93.

3. Selon une formule imprudente ou malheureuse de Françoise Armengaud, énoncée il est vrai dans un contexte extérieur au champ esthétique (« Animalité et humanité », *Encyclopædia Universalis*, vol. XVII, p. 247).

éléments et des relations qu'elle finissait par dissimuler, apprendre à passer d'une version à une autre à l'intérieur du même ensemble ou en transitant par un autre, découvrir dans une version peu familière un indice qui transforme le sens de ce qu'on cherchait et rejoindre pour finir celle de départ métamorphosée par l'itinéraire parcouru et les variations d'autrui. N'est-ce pas toutefois faire trop bon marché de la dimension existentielle de l'art – sous-estimer par exemple les forces de révolte ou de résistance qu'il est capable de véhiculer, son rapport avec le sacré, l'illusion ou l'inconscient, la valeur de souffrance ou de rédemption de l'acte créateur? Goodman dévalue moins ces questions qu'il ne les met entre parenthèses, les reconnaissant hors de portée d'une logique de la symbolisation, elles qui laissent peu de traces dans la texture des œuvres et concernent principalement leur commentaire. Il y faudrait d'autres instruments, ceux de la genèse biographique ou de l'enquête psychosociologique, ceux des théories de la communication et de la réception, et surtout ceux que les sciences cognitives commencent à mettre à notre disposition[1]. Va-t-on pour autant succomber à une vision pour ainsi dire technicisée ou aseptisée de l'art qui conforterait un scientisme rampant? Il n'y a aucune raison sérieuse de le penser. Elle semble plutôt mieux en mesure d'offrir une parade contre la menace de conformisme véhiculé par l'idéologie moderne de la consommation que toutes les incantations essentialistes. Aux partisans de l'ineffable et de l'irrationnel, Goodman promet moins un surcroît d'explication qu'une énergique cure préliminaire. Il y a en lui une forme insolite de socratisme savant[2] qui n'accepte de pratiquer le calembour que pour décontenancer et confondre l'insouciant qui ne prend pas au sérieux la portée des mots ou des arguments, mais qui s'impose à lui-même les définitions les plus strictes. La condamnation aux apories est relayée par la recherche des paradoxes ou l'invention d'énigmes subtiles; la dénonciation des

1. Parmi les travaux pionniers, on mentionnera les recherches de Marr sur la perception visuelle (*Vision*, Freeman, 1982), R. Vigouroux (*La fabrique du beau*, Paris, O. Jacob, 1992), et l'amélioration des techniques d'observation qui ont ouvert la voie à une « neuro-esthétique » (Zeki, Ramachandran, Solso, Massey, Skov, etc.) et à l'application de schèmes darwiniens à la sélection des représentations mentales (Blackmore, Changeux). Depuis la première édition de ce livre, il s'agit d'un secteur en forte croissance. Il est cependant prématuré de décider quelles analyses sont les plus fécondes et si certains aspects resteront ou non hors d'atteinte de toute modélisation, ne serait-ce que parce que les efforts déployés seraient disproportionnés par rapport aux résultats à en attendre.

2. On notera que, dans la préface de *Langages de l'art* (LA 25), Goodman se réclame d'une tradition de non-savoir socratique, indication qui doit d'autant plus nous alerter que ses références à l'histoire de la philosophie sont exceptionnelles.

prétentions de l'opinion cède le pas à la dissolution de faux-problèmes nés d'usages illicites et à la reconstruction de questions qui étaient mal engagées. Comme celle du penseur grec, son ironie n'est ni rhétorique ni romantique mais cathartique : occasion de déplacer l'accent des évidences un peu courtes vers une épreuve de seconde approximation. L'ascétisme logique ne tourne pas le dos aux richesses sensibles, il prépare leur usage affiné, car loin des fringales sensorielles[1], la sensualité de l'esprit consiste à donner à chaque élément sa résonance exacte et sa plus haute puissance de détection.

En réfléchissant sur l'œuvre de Goodman, on n'a jamais l'impression de se rallier à une doctrine qui promet d'être à la pointe de l'actualité, mais de participer à une stratégie patiente d'approfondissement conceptuel. Au-delà de la récurrence des thèmes et de la parfaite adéquation du style, mélange unique de sécheresse calculée et de séduction, on pénètre dans un véritable laboratoire de théories. L'originalité du projet n'est pas séparable d'une dimension méta-esthétique, qui la met en porte-à-faux par rapport au discours esthétique dominant mais qui redonne à l'esthétique une signification ambitieuse, à l'intersection de deux lignes de force principales : la classification des options disponibles pour aborder le monde des œuvres et la reconnaissance de l'art en tant que philosophie première.

La première découle logiquement de l'orientation axiomatique défendue par Goodman. La créativité théorique dont il a toujours su faire preuve se double aisément d'une culture de la variation en vertu de laquelle tout ensemble d'axiomes devient le germe d'autres développements, l'exploration d'une famille de possibles. Une entreprise de micro-expérimentation permet de tester des versions qui ne diffèrent que par une prémisse, qui renforcent ou affaiblissent à volonté leur assise ou leurs présupposés ontologiques, ajoutent ou suppriment telle propriété, d'une manière raisonnablement facile à surveiller. Par analogie avec l'évolution de la géométrie, on se plaît à imaginer des systèmes non-goodmaniens qui se présenteraient comme une extension ou une révision de la base qu'il propose, reléguant sa propre construction à n'être qu'une illustration possible ou privilégiée. Indirectement, la conscience du choix ou de l'ordre de priorité des axiomes pourrait fournir, sinon un principe universel pour classer les philosophies

1. Socrate les avait par avance discréditées en leur appliquant la catégorie infamante du galeux qui se gratte (*Gorgias* 494c) ou de l'intempérant condamné à remplir sans fin des tonneaux qui fuient (*ibid.*, 493d-494b).

esthétiques, du moins un outil pour juger des avantages de chacune[1]. Par cette voie détournée se refermerait la boucle ouverte par les premiers travaux.

Ce qui peut sembler aller à l'encontre de cette perspective, c'est qu'on se croit tenu de prendre en un seul bloc toutes les convictions qui sont les siennes, comme s'il s'agissait de dogmes indissociables. En particulier, la focalisation excessive sur la question controversée du nominalisme a certainement nui à une appréhension plus sereine du contenu. Sans aucun doute, Goodman a entretenu un lien viscéral avec le nominalisme ou plutôt il a privilégié un ensemble de techniques destinées à maintenir l'engagement ontologique à son degré le plus bas[2]. Toutefois, dans la mesure où sa défense tient moins d'une caractérisation spéciale des œuvres d'art qu'elle n'est l'ultime prolongement d'une décision philosophique, elle exerce aussi un effet inhibiteur sur la dynamique de la recherche esthétique. La leçon n'est pas qu'il faut s'en délester à la légère, ou qu'on pourrait tout accepter de Goodman à l'exception de cela[3], mais qu'il y a un sens à faire travailler ses concepts dans d'autres configurations que celles qu'il avait envisagées. L'objectif n'est pas de les remplacer ou d'aboutir à un système définitif qui ne tolérerait plus aucune alternative, il est de se placer dans un réseau élargi capable d'accommoder plusieurs démarches. Ici aussi la signification naît de l'évaluation des résistances.

On s'est souvent étonné que le philosophe qui a plus que personne « le goût des ontologies désertes »[4] et qui n'a cessé de buter contre le fait obtus de l'implantation se révèle le plus disposé à jubiler devant la prolifération des versions et des œuvres, et à repenser à partir de là l'exercice de la philosophie. C'est que la multiplicité qui en résulte n'équivaut pas à une volonté de tout traiter à égalité et encore moins d'être indifférent au point de vue de la composition. Une tension subsiste néanmoins, renforcée par la place grandissante prise par l'art et sur laquelle Goodman n'a jamais apporté le commentaire qu'on aurait attendu de lui et qui éclairerait en retour sur son propre parcours. Tout semble se passer comme si deux

1. Je pense à l'effort de J. Vuillemin à partir de l'argument dit Dominateur, dans *Nécessité ou contingence. L'aporie de Diodore et les systèmes philosophiques*, Paris, Fondation Polignac-Minuit, 1984; mais le matériau esthétique se prête plus difficilement à la même approche.

2. Voir la mise au point (déjà mentionnée) de C. Panaccio, « Stratégies nominalistes », *Revue internationale de philosophie*, 1993/2-3.

3. A la manière provocatrice dont Bachelard a pu écrire que « du bergsonisme nous acceptons presque tout, sauf la continuité » (*La Dialectique de la durée*, Paris, P.U.F., 1950, p. 7).

4. Selon la belle formule utilisée par Pierre Jacob, *De Vienne à Cambridge*, Paris, Gallimard, 1980, p. 119.

inspirations qui, prises séparément, ne manqueraient pas de s'annihiler, s'équilibraient assez secrètement. Le lecteur vérifie d'ailleurs aisément que les textes les plus techniques possédaient déjà l'étrange pouvoir d'exemplifier une sorte de jouissance dans l'ascèse alors que les passages les plus aventureux conservent à l'égard d'eux-mêmes une distanciation suffisante pour que le lecteur résiste à la tentation d'être emporté trop loin.

L'ambition ultime de Goodman semble être une refondation de la philosophie comme réflexion dans laquelle le théorique et l'artistique collaboreraient. L'effort pour atteindre derrière la chair des œuvres le graphe de leur fonctionnement symbolique – l'art à l'état nu – se retourne en la découverte de l'art comme paradigme de pensée. La logique demeure le code sous-jacent de toute construction mais sans la création, sans le réveil des puissances expressives, elle mènerait la pensée à la monotonie et à une interminable redondance. Chez un auteur peu porté à l'utopie, c'est déjà une leçon considérable, à une époque où la philosophie éprouve de plus en plus nettement les limites de ce qu'elle peut attendre de la science. Est-il possible que l'art prenne la relève ? Question immense dont nous ne saisissons encore que des prodromes indistincts. La seule certitude est que cette position est l'antithèse radicale de ce que Jean-Marie Schaeffer nomme « la théorie spéculative de l'art ». Elle ne promet pas un accès à un au-delà plus fondamental de la pensée discursive, ni à un en-deçà de l'expérience mondaine ; en revanche, elle ne reconnaît aucune limite à la subtilité dont l'intellect sait faire preuve. Loin de conforter l'extase romantique, l'art invente des méthodes de raffinement du savoir.

S'agit-il d'un véritable processus de redéfinition de l'*acte* philosophique ? Si oui, jusqu'à quel point Goodman serait-il prêt à ébranler l'identité textuelle de la philosophie ? À la lecture de ses textes, les choses ne sont pas tranchées. Il semble hésiter entre la prudence de son héritage intellectuel et l'audace née de sa propre évolution. Obliger à poser ces questions tout en laissant ouvertes les possibilités de répondre est un indice supplémentaire de la vitalité de sa démarche et de sa position incomparable d'agitatrice lucide.

postface à la seconde édition

Ce livre est la version révisée d'un ouvrage paru il y a quatorze ans aux Éditions Jacqueline Chambon et désormais épuisé. Il est à la fois le même, à travers la permanence de son contenu et de son engagement philosophique, et quelque peu différent dans la présentation qu'il donne de nombreux points particuliers et, avec le recul, de manière inévitable, dans l'évaluation qu'il fait de l'identité de l'œuvre. Sans être considérable, l'écart entre les deux textes justifie le choix d'un nouveau titre qui se démarque significativement de l'ancien choisi par l'éditeur et qui me semble refléter plus adéquatement le sens du projet goodmanien. L'objet de cette postface est d'expliciter les enjeux de cette seconde version, qui reprend, prolonge et amende le programme de la précédente.

Lorsqu'a paru la première édition du livre, en 1996, Goodman ne faisait pas partie des références courantes dans la pensée esthétique française. La mention de son nom apparaissait surtout dans des travaux relevant de la théorie de la connaissance et de la philosophie du langage. Ils concernaient en priorité l'induction (autour de l'énigme des « émeraudes vleues ») ou la synonymie, articles connus et discutés par les spécialistes comme en témoigne leur présence dans les ouvrages de présentation de l'épistémologie anglo-saxonne (ainsi celui de Pierre Jacob, *L'empirisme logique*, en 1980, dont l'anthologie *De Vienne à Cambridge* parue la même année incluait d'ailleurs le chapitre III de *Faits, fictions et prédictions*). L'orientation constructiviste qu'il incarnait en philosophie avait tôt retenu l'attention de Jules Vuillemin (*La logique et le monde sensible : étude sur les théories contemporaines de l'abstraction*, 1971), de Maurice Boudot (*Logique inductive et probabilité*, 1972) ou de Louis Vax (*L'empirisme logique*, 1970). Mais la plupart de ces auteurs ne se préoccupaient guère d'esthétique et quand cela leur arrivait, ils se situaient dans une perspective où la séduction de Goodman aurait eu bien peu d'occasions de se manifester pleinement. On le vérifie de manière exemplaire dans le compte rendu de *Langages de l'art* donné par Vuillemin dans *L'âge de la science* (1970, vol. III, 1) où on relève une tension très forte entre l'attrait du logicien pour l'outillage conceptuel sophistiqué de l'auteur et une méfiance non dissimulée vis-à-vis des applications locales qui prennent pour objet les œuvres d'art ou les attitudes esthétiques.

La situation a rapidement évolué sous l'influence de plusieurs auteurs qui, sans être acquis pour autant à la cause de Goodman, ont contribué à sa reconnaissance philosophique. C'est le cas de Jacques Bouveresse dans *Wittgenstein : la rime et la raison* (1973) ou de Paul Ricœur dans *La métaphore vive* (1975). Pour le premier, ce que la pensée de Goodman peut avoir de rigide dans ses définitions prend valeur de contrepoids par rapport au pointillisme insaisissable et dissolvant de l'analyse wittgensteinienne ; il a en tout cas été parmi les premiers à saisir la portée du paradigme symbolique, par le biais de la continuité entre l'esthétique et les autres secteurs de la philosophie. Pour le second, il sert avant tout d'antithèse brutale à la vision phénoménologique ; Ricœur ne cache pas son attachement à une philosophie de la conscience et du sujet mais il retient de Goodman l'effort pour pluraliser la démarche de compréhension du monde, ce qui relativise du même coup le poids de la connaissance logique et scientifique. L'impulsion décisive a été donnée ensuite par Jean-Pierre Cometti et Roger Pouivet, à travers toute une série d'initiatives éditoriales comportant des traductions, des numéros thématiques de revue (*Revue Internationale de Philosophie*, 1993), des commentaires parfois regroupés en volume (*Lire Goodman*, 1992) et des interventions lors de colloques (dont celui du Centre Pompidou des 27-28 mars 1992). Cette phase a contribué à donner à Goodman une notoriété dont il ne disposait pas jusque-là, en particulier au sein du monde des arts et de la culture en général, au point que le paradoxe de sa réception réside dans le contraste entre la prudence des philosophes professionnels qui ne cachaient pas leur préférence pour des penseurs plus conventionnels dans leurs engagements logiques et épistémologiques et la vive curiosité issue de lecteurs extérieurs et qui disposaient rarement de l'arrière-plan conceptuel et technique pour en tirer le profit optimal. Si bien que la traduction de *Langages de l'art*, parue aux Éditions Chambon en

1990, eut pour résultat un succès d'estime dans le monde philosophique où les mieux informés connaissaient déjà l'original et une sorte d'engouement sincère et un peu brouillon de la part des autres, en raison des approximations et des réinterprétations *ad hoc* auxquelles il donnait lieu.

En prenant la philosophie de Goodman pour repère et point de départ d'une réflexion ancrée dans la pensée esthétique, mon objectif initial avait été d'en fournir une présentation synthétique qui se tienne suffisamment proche des textes pour pallier la rareté de traductions et reste en même temps ouverte à une distanciation critique sur nombre de points et d'aspects particuliers. De manière plus précise, il s'agissait pour moi : 1) de proposer une reconstruction conceptuelle qui fasse apparaître l'unité de son projet – ce qu'on peut dénommer une « logique de la symbolisation artistique » – à travers ses sources et ses ramifications ; 2) de la confronter à des entreprises différentes, proches ou moins proches ou partageant le même horizon conceptuel, et à l'occasion à des traditions non présentes chez Goodman, 3) de multiplier les registres d'exemples, de manière à faire varier les conditions d'application, quitte à affaiblir des frontières que Goodman était en revanche soucieux de renforcer. Il en résulte, de manière tout à fait assumée de ma part bien que j'en aie pris conscience après coup, deux niveaux de lecture qui se complètent et se compensent l'un l'autre. Le premier apparaît comme un plaidoyer en faveur du type de conceptualisation adopté par l'auteur, dans une perspective méthodologique et systématique ; la question n'est pas tant de donner raison à ce qu'il dit (c'est-à-dire de prendre parti pour une doctrine) que de mettre en cohérence un ensemble de propositions théoriques qui prennent sens les unes par rapport aux autres et délimitent un espace cohérent de questionnement. Le second ne prend pas le contre-pied du premier mais, pour s'enraciner dans la diversité des pratiques et des œuvres, il doit d'abord s'extraire de ce qui pourrait apparaître comme une forme de dictature logique. En réalité, le parti-pris goodmanien en faveur de l'axiomatique a pour contrepartie nécessaire l'ensemble des alternatives de construction – ce qui fait de la réflexion sur les arts un complément indispensable de l'épistémologie – et la singularité de chaque exemple est limitée par la compatibilité des méthodes de description. Une image possible serait celle d'un flexaèdre qui possède à la fois une structure géométrique forte et des possibilités d'articulation qui ne cessent de reconfigurer le volume, ou bien un tore de tétraèdres dans le style d'Escher. Il n'y a en tout cas pas de contradiction entre liberté et contrainte ; c'est la forme de la contrainte qui active le sens de la liberté et celui-ci, en retour, ne peut se réaliser autrement que par une redéfinition adéquate des catégories qui l'encadrent. Il convient en tout cas de toujours garder à l'esprit que Goodman n'a pas en vue une théorie de l'art, à la manière de Danto, Dickie ou Walton, mais recherche une caractérisation plus fine de notions et la construction de modèles permettant d'introduire en esthétique une forme plus argumentée d'analyse. Goodman aurait pu sans aucun doute suivre l'exemple de Herbert Simon qui a republié une grande partie de ses articles sous forme de plusieurs livres qui déclinent un même schéma terminologique : *Models of Bounded Rationality*, *Models of Discovery*, *of Man*, *of Thought*, et même *Models of my Life*. Un titre approprié à *Langages de l'art* aurait alors pu être *Modèles de l'art*.

Deux décennies ont passé et la situation est bien différente de ce qu'elle était à l'époque où j'ai rédigé ce livre. Une bonne partie de l'œuvre de Goodman est désormais disponible en français (et même présente en collections de poche) à l'exception des travaux techniques de jeunesse et des articles spécialisés. *La Structure de l'apparence*, que les éditeurs ont longtemps jugée rédhibitoire pour leurs catalogues, a rejoint en 2004 la liste des ouvrages traduits et un volume compagnon coordonné par Jean-Baptiste Rauzy devrait s'y ajouter prochainement[1]. Goodman n'est plus seulement un nom rencontré au hasard d'une bibliographie, il fait désormais partie du répertoire ordinaire du chercheur travaillant dans la plupart des domaines de base de la philosophie et souvent il y occupe la fonction d'un point de repère indispensable. Deux conditions l'ont facilité : avoir accédé rapidement au statut de « classique » et être le représentant d'une pensée sans compromis, volontairement abrupte et livrée sous forme quasi pure, ce qui le rend encore plus utile à ses adversaires qu'à ses partisans. En dehors de débats récurrents sur des questions emblématiques comme la nature de la représentation ou le rôle de la notationalité dans l'identité des œuvres, son influence est perceptible dans de nombreux secteurs et souvent de manière assez contrastée. Aux États-Unis, on en trouve de préférence l'écho dans les études d'anthropologie sociale (Scheffler sur le rituel, M. Douglas sur les classifications ou Overing sur le shamanisme) plutôt qu'en esthétique, sinon dans une perspective rétrospective et comparative qui souligne le plus souvent les limites d'une approche sémiotique. À l'inverse, en France, c'est pour commenter certains

1. À paraître chez Vrin en 2012.

caractères des œuvres d'art que les emprunts à Goodman ont été les plus fréquents : de manière globale avec Gérard Genette dans son entreprise de classification des types d'objets artistiques (notamment *L'Œuvre de l'art*, t. 1), ou plus récemment à l'occasion d'analyses locales relatives à la représentation picturale (L. Blanc-Benon), à l'architecture (H. Gaff), à la partition (J. Girard) ou à l'expression (S. Darsel) musicales ou encore au statut de la chorégraphie (F. Pouillaude).

En langue anglaise, au-delà des innombrables articles portant sur un point technique et qui sont dispersés dans les revues, il existe désormais une volumineuse anthologie en quatre volumes dans laquelle Catherine Elgin a rassemblé les commentaires les plus significatifs : *The Philosophy of Nelson Goodman*, t. 1 *Nominalism, Constructivism and Relativism in the Work of NG* ; t. 2 *NG's New Riddle of Induction* ; t. 3 *NG's Philosophy of Art* ; t. 4 *NG's Theory of Symbols and its Applications* (Garland, 1997). Cette sélection est en réalité le substitut du volume académique de la série Library of Living Philosophers éditée par Schilpp dont il avait catégoriquement refusé le principe, moins sans doute par modestie que par orgueil. Plusieurs dossiers lors de la publication des principaux livres (*Journal of Philosophy*, 1966 et 1976 ; *The Monist*, 1974 ; *Erkenntnis*, 1978 ; *Journal of Aesthetics and Art Criticism*, 1981) ; des collections d'articles (Aagoud-Mogensen, Pinxten et Vandamme, 1987 ; *Journal of Aesthetic Education*, 1991 ; *Synthese*, 1993 ; *Philosophia Scientiæ*, 1997) ou de numéros d'hommage plus discrets à l'occasion de sa disparition (*JAAC*, 2000 ; *Erkenntnis*, 2000 ; *Philosophy and Phenomenological Research*, 2001) constituent aussi des références indispensables. Enfin on dispose désormais d'une bonne présentation des thèmes majeurs de sa philosophie dans le volume de la série Philosophy Now dû à Daniel Cohnitz et Marcus Rossberg (McGill-Queen's University Press, 2006).

Il va presque sans dire que je n'écrirais plus aujourd'hui ce livre de la même façon. Mais de quel ouvrage cela ne pourrait-il pas être dit ? Pour de multiples raisons, je m'en suis éloigné sans le renier. Certains aspects m'en paraissent désormais moins essentiels et d'autres au contraire auraient mérité un plus ample développement, en particulier tout ce qui concerne l'analyse méréologique qui a fait l'objet d'un regain d'attention dans les années récentes. J'ai néanmoins décidé de le republier sous sa forme originale, conscient qu'il s'agit d'une étape personnellement et historiquement datée. La structure de l'ouvrage est conservée, enrichie par des notes plus complètes et des ajouts ponctuels ; et j'ai cherché à rendre la rédaction plus fluide. Dans un premier temps, j'avais envisagé d'y inclure de nombreux développements empruntés à des articles et des études publiés dans la foulée ; cela aurait sensiblement alourdi l'ensemble sans apporter de gain incontestable en ce qui concerne la signification de l'œuvre. Aller au-delà aurait demandé de repenser tout le projet à partir de ma perspective actuelle, cela serait revenu à mettre en chantier un autre projet.

Il convient cependant de préciser sur quels aspects j'ai eu tendance à prendre de la distance vis-à-vis de la problématique goodmanienne et de ses implications en esthétique. Car il ne s'agit évidemment pas de rompre en bloc avec son orientation intellectuelle, plutôt d'être plus attentif à la situation qu'elle occupe désormais dans l'évolution générale des idées philosophiques à la fin du XXe siècle et au début du XXIe. Qu'on s'en réjouisse ou qu'on le déplore, le contexte est celui de la crise du modèle sémiotique, avec la montée en puissance corrélative d'un modèle rival qui prend pour point d'appui la compréhension des mécanismes perceptifs, et dont l'ouvrage de Flint Schier, *Deeper into Pictures* (CUP, 1986) constitue un repère important. En toute rigueur, il est moins en conflit qu'en position orthogonale vis-à-vis de la problématisation goodmannienne, ce qui conduit néanmoins à réviser en profondeur la portée de certaines thèses, à commencer par le conventionnalisme, et sans qu'on soit tenu de revenir pour autant à ce qui caractérisait la situation antérieure.

Le cœur du programme de Goodman est une théorie de la symbolisation de base logique et qui se démarque significativement de deux entreprises avec lesquelles elle partage un air de famille, d'une part le projet de Peirce d'élargir la logique jusqu'à englober les processus sémiotiques les plus communs, de l'autre les approches inspirées de la linguistique comme celle de Saussure et des sémiologues de l'époque structuraliste. Inutile de s'attarder sur ces derniers puisque seules des ressemblances superficielles de terminologie et des croisements ponctuels contingents sont concernés. En dépit d'une proximité conceptuelle incontestable avec les analyses peirciennes, ce qui est en jeu relève d'une profonde différence de projet : Peirce requalifie la logique comme sémiotique dans le cadre d'une classification généralisée des signes alors que Goodman entend d'abord soumettre la sémiotique à une analyse logique aussi extensionnelle que possible. Son horizon n'est pas celui d'une *semiosis* par principe inachevable mais une théorie de la référence dont chaque relation emprunte une route ou exploite une ressource, avec pour résultat que son identité présente une physionomie tout à la fois plurielle dans son exercice et stable dans ses principes. Bien que Goodman ait eu le souci dans des textes tardifs (MOM III, 1 ou RPAS I) d'en donner une présentation unifiée, on peut néanmoins penser que cet objectif n'a jamais été complètement atteint et que cette construction oscille entre la tentation d'être trop systématique et le reproche de rester schématique à l'excès.

Soit par exemple la relation d'exemplification dont Goodman reconnaît qu'elle reste « une notion négligée » (MOM 54) et dont je suis d'ailleurs convaincu que ses ressources descriptives et conceptuelles sont loin d'avoir été explorées, *a fortiori* épuisées. Il a eu l'immense mérite de proposer une définition de l'exemplification en tant qu'espèce de symbolisation, mais l'insistance mise sur le fait qu'elle constitue la relation converse de la dénotation dont elle inverserait le sens de fonctionnement a contribué à limiter son originalité et sa fécondité. Force est en effet de constater que dans une optique dénotationnelle, l'opération ne fonctionne pas avec la même facilité dans les deux sens, ce qui conduit à donner à des éléments d'ordre contextuel une part prépondérante et rarement explicitée, voire de recourir de manière tacite à l'intuition. Qui plus est, sa présentation favorite à partir de l'échantillon présente l'inconvénient de restreindre l'acte d'exemplifier à une sorte de substitut de ce que serait une déclaration, alors qu'il est peu probable que c'est ce qu'on attend en général d'une œuvre d'art. On ressent donc une sorte de frustration devant une notion sous-déterminée pour le type d'usage visé et j'ai envisagé un temps d'en faire l'objet d'une étude plus personnelle qui aurait pu prendre la forme d'un traité de l'exemplification vue sous l'angle des procédés utilisés par les arts, avec pour illustration privilégiée les papiers collés cubistes. Un trait fondamental de l'art moderne est en effet un glissement marqué de l'expression vers l'exemplification brute, en termes de matériaux (recours à des substances non seulement étrangères au monde de l'art traditionnel mais exclues par principe de son champ, parce que jugées trop humbles ou trop viles, ou trop dépendantes d'un horizon utilitaire) et surtout de procédés de construction (collage, assemblage, installation). La focalisation de la majorité des esthéticiens sur la question de l'abstraction et de l'irreprésentable a injustement fait passer au second plan cette forme plus primitive de symbolisation qui va de pair avec un effacement progressif de la frontière entre le réel et le représenté. La dénotation ne disparaît pas mais il s'y ajoute des fonctions qui jouent à un niveau plus immédiat et dont il est moins facile d'indiquer comment les stratégies perceptives et les pratiques culturelles les prennent en charge. C'est pourquoi j'ai soutenu qu'une théorie de l'exemplification n'a chance d'être vraiment efficace que si elle est en mesure de sérier des registres de prédicats qui n'ont ni la même teneur ni le même niveau d'application. En cela réside d'ailleurs une part de la créativité propre à l'art contemporain, qui a su selon les cas dissocier la contribution de chaque registre pour en faire l'objet d'une symbolisation *sui generis* (qu'on pense par exemple à l'art conceptuel) ou les faire interagir selon des modalités complexes et originales, comme dans les installations ou les œuvres virtuelles.

À l'autre extrême, Goodman propose dans les arts notationnels une version littéraliste qui ramène l'exemplification à un simple repérage de prédicats. Goodman avouait que « l'idée même de formuler la référence en termes de croyances du producteur de symboles (le) met mal à l'aise » (MOM 90) mais cela n'a nullement pour conséquence de devoir mettre entre parenthèses tout ce qui ne transparaît pas directement dans l'identité textuelle. Je l'ai surtout explicité dans le cas de la littérature et du « problème de Borges »[1] dont la solution textualiste aboutit à valider l'idée qu'un singe dactylographe est en situation d'engendrer un exemplaire du *Quichotte* alors que la paraphrase la plus soigneuse qui chercherait à expliciter les sous-entendus serait impropre à se qualifier ! Sur ce plan, Goodman aurait pu tirer grand profit de multiples expériences menées par des plasticiens à partir d'un matériau textuel. Dans le cas de la musique, l'approche inscriptionnaliste (dans une version qui postule que le système tonal classique constitue la meilleure approximation d'un système algébrique en art) conduit à fonder la pertinence d'une exécution sur la seule conformité à la partition, critère qui se révèle peu opératoire pour la majeure partie de la musique existant aujourd'hui. Et en retour le doute sur la radicalité de l'approche ne peut que se répercuter sur les arts non discursifs en favorisant l'idée qu'une image est une sorte d'échantillon d'elle-même, au détriment d'une interprétation qui fait de chaque élément un carrefour de relations, lesquelles sont en partie intentionnelles lorsqu'elles reflètent la genèse du processus de création et surtout extrinsèques puisqu'elles sont ouvertes à toutes les circonstances de contextualisation du spectateur. Il serait excessif de prétendre que Goodman ait été complètement sourd à de semblables critiques, car son évolution est à cet égard parallèle à celle de Wittgenstein passant du monde idéalisé du *Tractatus* aux situations plus

1. Éditions Kimé, 1999.

rocailleuses de la réalité, quoiqu'elle joue dans son cas sur de tout autres paramètres. Mais il n'en est pas résulté pour autant de modification dans la manière de concevoir les tâches pertinentes sur le plan esthétique. Une raison est qu'il n'a jamais tenté d'expliciter la relation entre *qualia* et symboles, c'est-à-dire en définitive les implications d'une mise entre parenthèses du paradigme phénoménaliste en esthétique. Le problème qu'il rencontre n'est pas si étranger de celui affronté plutôt que surmonté par le dernier Kant lorsqu'il cherche à raccorder nature et liberté à partir du rôle intermédiaire assumé par la faculté de juger. Si l'on est tenté de rapprocher les deux types d'entités qui sont l'une et l'autre des éléments à partir desquels sont engendrés des ensembles plus vastes dotés d'une physionomie nouvelle, les méthodes mises en œuvre pour chacune restent toutefois fondamentalement distinctes, l'analyse méréologique n'ayant aucune contrepartie effective dans le fonctionnement symbolique où la dimension référentielle devient prévalente, au point qu'on pourrait y chercher la manifestation d'un principe d'indétermination. En tout cas, ni Kant ni Goodman n'écrivent une esthétique bien que chacun trouve dans l'esthétique un point de croisement possible entre des univers que tout semble opposer par ailleurs.

En faisant retour sur les textes de Goodman, je suis en même temps frappé de voir combien ses analyses sont sur de nombreux points compatibles avec une approche cognitive et même souvent en anticipent des aspects clé. Il faut néanmoins lever une ambiguïté préalable car le terme de « cognitif » possède désormais deux significations non équivalentes. La première prend le contrepied d'une approche intuitive ou affective qui revendique un accès direct à l'expérience d'une œuvre, sans médiation conceptuelle ou symbolique, selon le modèle qui a été valorisé dans la tradition esthétique qui a émergé au XVIIIe siècle. En ce sens, Goodman est par excellence le représentant d'une conception cognitive pour qui toutes les ressources de l'art, y compris hédonistes et émotives, collaborent à une meilleure compréhension du monde. Dans un second sens, il est fait référence à un « tournant cognitif » en philosophie, à savoir le remplacement de la philosophie du langage comme méthodologie de base par des techniques qui empruntent davantage à la philosophie de l'esprit et aux sciences psychologiques. Il serait difficile de prétendre que l'auteur qui a jusqu'au bout refusé de prendre au sérieux l'existence des images mentales puisse s'inscrire facilement dans ce courant. Il est cependant clair que cet arrière-plan behavioriste joue en définitive un rôle plutôt secondaire car il ne l'a pas empêché de concevoir des dispositifs conceptuels qui se révèlent particulièrement adaptés à ce que nécessite une analyse « cognitive ». Il n'est que de rappeler que dès 1952, « Sense and Certainty » (PP II, 1) propose une perspective de naturalisation de la relation entre le langage et la réalité, une fois qu'on a pris conscience que les notions de « donné » et de certitude perdent leur évidence initiale. Ceci conduit à traiter la signification au sens linguistique comme un cas particulier de signalement. On retrouve le même genre de motivation dans les recherches de Dretske lorsqu'il introduit une fonction d'indication à la base de sa sémantique informationnelle. De même, ou pourrait penser que le couple analogique/numérique qui est au cœur de la théorie de la notation reste prisonnier d'une approche sémiotique. En réalité, son importance dans les arts n'a cessé de décliner à mesure que le triomphe du numérique s'est imposé, d'abord en musique puis dans le monde de l'image et un peu partout aujourd'hui. S'il ne s'agit plus d'une notion centrale pour les théoriciens des images numériques, celle-ci a trouvé en revanche un nouveau champ d'application en psychologie cognitive, lorsqu'il s'agit de différencier le contenu étroit vs large d'une représentation quelconque. Est-ce à dire que le paradigme symbolique dissimulait une vérité plus générale que Goodman n'a fait qu'entrevoir et qui serait aujourd'hui plus facile à diagnostiquer ? Je ne suis pas loin de le penser, même si on ne peut faire pour autant l'économie d'une révision plus fondamentale.

En 1971, Paul Ziff notait en début de son compte-rendu que « *Langages de l'art*, le récent livre de Nelson Goodman, mérite d'être lu : il fait penser. Mais il est difficile à comprendre, donc encore plus difficile à croire » (*The Philosophical Review*, vol. 80 n°4, 1971). Ce qui domine à ses yeux est la provocation – qui rend l'adhésion facultative – et la réussite du livre tient à son habileté à présenter de manière séduisante des vues non orthodoxes. 35 ans plus tard, John Kulvicki écrit dans l'introduction de son ouvrage, *On Images : Their Structure and Content* (Oxford, Clarendon Press, 2006, p. VII) qu'en ce qui concerne la représentation, personne n'aurait pu avoir autant tort et raison en même temps que Goodman. Il a su diagnostiquer le bon problème, celui de la dimension systémique dans la représentation, mais en y apportant une solution non satisfaisante, il a compromis les chances d'une explication structurale et même durablement jeté le discrédit sur elle. De l'un à l'autre jugement, ce qui est en jeu n'est pas tant une différence d'appréciation qu'un déplacement de nature plus théorique qui exige de repenser le sens de la construction. Les deux types de révision les plus convaincants qui aient été proposés intègrent tous deux dans une approche systémique des apports issus de la philosophie de l'esprit.

Le point de départ de Kulvicki est le rejet des réquisits goodmaniens dont il pense qu'ils sont incapables de fournir des conditions suffisantes pour rendre compte de la représentation. De fait, ils se réduisent au constat que le statut analogique d'une image équivaut à ce que les ensembles de marques qui la constituent ne peuvent former de caractères, ce qui n'apporte aucune indication sur la manière d'appréhender son contenu effectif. Pour aller plus loin, il emprunte à Haugeland la notion de squelette iconique (*bare bones content*) qu'il réélabore pour en faire le point d'appui d'une interprétation structurale : ce que toutes les interprétations recevables d'une image donnée possèdent en commun. Au niveau élémentaire, il est alors nécessaire de spécifier quelles propriétés syntaxiquement pertinentes (SRP = *syntactically relevant properties*) sont requises. Il en retient quatre : la saturation relative (qui revient à jauger comparativement la densité de systèmes différents), la sensitivité syntaxique (qui mesure la tolérance ou la résistance au changement à l'intérieur d'un système donné), la richesse sémantique (qui s'accroit avec la capacité d'associer à un type syntaxique une pluralité de dénotations) et surtout la transparence, conçue non pas comme une propriété perceptive (facilité visuelle de saisir une interprétation) mais strictement structurale : un système représentationnel est transparent si la représentation qu'il fait d'une représentation donnée est syntaxiquement conforme à l'original. Il est remarquable qu'on trouve le même genre de formule chez Goodman, mais il est alors associé aux répliques et justement pas aux images qui ne satisfont pas aux critères notationnels. Pour Kulvicki, la transparence est au contraire une propriété par excellence d'une catégorie courante d'images comme les vues en perspective et les photographies argentiques, et qui les oppose aux images numériques qui sont contraintes par la densité de leurs pixels ou aux images floues dont la réitération brouille sans remède la structure. Les images transparentes constituent un canton remarquable et restreint de l'immense archipel iconique ; elles sont incluses dans l'ensemble plus vaste des images mimétiques qui transcrivent iconiquement une information de nature quelconque (ainsi une image cosmologique en fausses couleurs), et celui-ci s'inscrit à son tour dans les systèmes isomorphiques qui reposent sur la simple corrélation continue entre une information physique et la marque graphique qui la représente (par exemple la co-variation entre la température mesurée et la hauteur de la colonne de mercure dans le thermomètre). Toutefois la reclassification des images est un résultat plutôt secondaire et ce qu'il convient de retenir avant tout de Kulvicki réside dans la volonté de reconstruire une théorie non sémiotique, non subjective et non formaliste des images, et qui soit en mesure de mieux prendre en compte l'extrême variété des usages iconiques.

Par contraste, Lopes accorde une place beaucoup plus importante à la récognition, à travers l'activation quasi automatique de nos capacités psychologiques d'identifier le contenu d'une image, que Flint Schier dénommait la générativité naturelle. Cependant, contre Schier (et contre la position illusionniste de Gombrich), Lopes ne considère pas que la dépiction relève principalement d'une expérience perceptive car les images sont des symboles au sens utilisé par Goodman, avec cette précision que la fonction symbolique est médiée de manière cruciale par des processus d'ordre perceptuel. Il en découle une conception originale de ce qu'est une image.

Une image n'est ni une empreinte qui serait reçue du monde ni une construction élaborée de toutes pièces mais la saisie d'un *aspect* qui met en relief un schéma de saillance visuelle. Comme Gombrich (et sa fabrication de substituts), et contre Goodman ou Morris pour qui l'image ne peut que reproduire l'intégralité de ses *denotata*, Lopes pense que l'image est *sélective* et que ce qu'elle élimine est au moins aussi important pour sa signification que ce qu'elle retient. Par exemple, l'adoption d'un point de vue spatial donné élimine les autres perspectives possibles (la vue frontale d'un édifice exclut sa vision aérienne) et la décision de prendre une pellicule en noir et blanc a pour corollaire de faire abstraction de la couleur. Afin d'expliciter de manière plus précise la structure aspectuelle des images, Lopes reprend à son compte l'analyse proposée par Ned Block en termes d'engagements et de non-engagements d'une représentation vis-à-vis de son modèle. Rendre visuellement un objet suppose de clarifier quels éléments sont effectivement retenus, et de le faire soit de manière implicite (présenter un portrait de profil fait l'impasse sur la moitié du visage non représenté, peut-être pour souligner la forme du nez busqué ou pour dissimuler une cicatrice) soit explicite (en dissimulant les pieds derrière un pot de fleurs ou en plaçant la main dans la poche). Ceci n'exclut pas non plus que l'interprétation d'une image comporte une part de conventions, notamment par le biais des références culturelles, mais aucune forme d'accoutumance ou aucune pratique d'implantation n'explique ni ne modifie ces caractéristiques informationnelles. Le réalisme proprement iconique a donc partie liée avec le mode spécifique d'accès à l'information, et ce qu'on appelle le réalisme révélateur fournit une mesure de la force de l'impression qu'on a d'avoir une prise plus convaincante sur la réalité représentée. En retour, le spectateur acquiert une habileté à interpréter des images qui s'éloignent parfois sensiblement de celles qui lui étaient familières, car la maîtrise d'une capacité de reconnaissance dynamique facilite le transfert des ressources dont il a besoin vers cet autre contexte. C'est pourquoi, de manière générale, les images sont de véritables prothèses visuelles qui élargissent ou restreignent à volonté et améliorent notre saisie de la réalité, c'est-à-dire la gamme des propriétés que le contenu d'une image est en mesure de lui attribuer de manière significative.

Faut-il considérer les propositions de Kulvicki et Lopes sous le seul angle critique, comme la preuve irrécusable des limitations inhérentes à l'analyse développée par Goodman? Il me parait plus juste de les voir comme des inflexions qui se démarquent de ce qui dans ses théories est le plus difficile à défendre – car trop lesté par des présupposés philosophiques devenus caducs – et en vue de mieux exploiter ce qui se trouve de fécond en elles. Semblables révisions sont de fait davantage redevables au contexte intellectuel dans lequel s'est développé la réflexion esthétique depuis deux décennies qu'à la seule teneur des analyses de Goodman. Il est donc possible de les adopter sans avoir le sentiment d'être coupable de reniement.

Enfin, l'identité d'un auteur ne se mesure pas seulement à l'ambition de ses lecteurs de proposer une interprétation globalisante, mais à leur décision réfléchie de retenir dans son œuvre la part qui est susceptible d'offrir les prolongements et les rapprochements les plus pertinents. Il se trouve que la première version de ce livre a été rédigée à une époque où j'ai collaboré étroitement avec Jean-Pierre Cometti et Roger Pouivet et où nous étions à peu près les seuls à reconnaître à Goodman un rôle privilégié pour rénover la scène esthétique hexagonale. Rétrospectivement, le choix que chacun de nous a fait de certains thèmes empruntés à son œuvre puis investis dans une démarche qui s'en écarte témoigne beaucoup mieux qu'un commentaire de l'intérêt conceptuel et historique du grand philosophe américain.

Roger Pouivet a mis l'accent sur le soubassement épistémologique de l'entreprise et l'interdépendance de l'esthétique vis-à-vis des autres domaines de pensée. Son cheminement personnel s'est de plus en plus infléchi vers un réalisme esthétique qui fait fond sur le réalisme du sens commun et ses présupposés fiabilistes. Une telle orientation prend à coup sûr le contrepied du pluralisme « irréaliste » de Goodman, et sa récente défense d'une ontologie des artefacts est encore moins compatible avec le monde atomisé du nominaliste. Toutefois, ce qui est le plus remarquable est que de multiples ressources, en raison même du contrôle de leur usage technique, conservent leur validité au-delà du contexte d'origine et sont susceptibles de produire des conséquences positives en dehors de lui. L'image qui ressort de Goodman est celle d'un philosophe qui ne construit pas une doctrine à adopter ou à rejeter en bloc, mais celle d'un théoricien qui, tout en ayant des convictions personnelles fermes et parfois dogmatiquement défendues, est avant tout sensible à la beauté de la création conceptuelle et à ses applications non anticipées.

Jean-Pierre Cometti, à partir d'une approche nourrie par le second Wittgenstein et le pragmatisme américain, insiste sur une stratégie d'abstinence ontologique que Goodman a développée, moins d'ailleurs comme une position philosophique *sui generis* que comme une défiance vis-à-vis des ontologies surpeuplées. Il ne fait pas de doute que cette lecture préserve mieux que d'autres sa force de critique vis-à-vis du renouveau métaphysique essentialiste et conduit à donner de plus en plus d'importance aux pratiques et aux usages, ce qui pourrait conférer en retour un contenu plus opératoire à des analyses que Goodman n'aborde le plus souvent que de manière fuyante. Bien qu'elle ait pour inconvénient de secondariser ce qu'il doit à la philosophie analytique et à la critique du positivisme logique, elle est en cohérence forte avec le projet tardif de reconstruction de la philosophie autour de l'examen des processus de compréhension. À contre-courant des évolutions récentes de l'esthétique, la réhabilitation pragmatiste de Goodman le replace au nombre de ceux pour qui l'art possède une force collective de rénovation qui en fait une source d'inspiration philosophique de portée générale.

Pour ma part, j'ai privilégié l'immense effort de construction et le souci de bâtir une philosophie sur la base de la symbolisation. À certains égards, on peut défendre l'idée que Goodman a donné deux versions hétérogènes et successives de cette entreprise : celle du phénoménalisme très spécifique défendu dans la *Structure de l'apparence* et celle du programme inscriptionnaliste appliqué aux œuvres d'art abordées en tant que symboles. Comme on l'a souvent remarqué, il s'inscrivait chaque fois dans une tendance minoritaire, en restant à l'écart du courant physicaliste inspiré des sciences de la nature et du discours subjectiviste et évaluatif dominant chez les esthéticiens. Suivre Goodman sur le second versant ne peut pas faire l'économie de l'usage qu'il a fait des catégories sémiotiques. Mais il est tout aussi juste de remarquer que si celles-ci tiennent un rôle central dans *Langages de l'art*, elles occupent une place qui va en décroissant dans les ouvrages postérieurs qui sont centrés sur la logique de la symbolisation et la notion de référence généralisée. Il en découle une inflexion profonde : alors que les propriétés sémiotiques induisent un point de cristallisation pour une gamme de fonctions qu'on rencontre dans les arts, les relations de symbolisation en défont la régularité pour l'ouvrir sur la diversité des opérations cognitives, renouant par ce biais avec ses préoccupations d'origine. À partir de cet arrière-plan, il devient plus naturel d'établir un pont avec les thèmes contemporains de la naturalisation de l'esthétique, qui marquent un tournant décisif et prennent le pas sur les questions d'identité relatives aux œuvres. Si les travaux de neuroesthétique demeurent pour l'instant en attente de résultats et de techniques indubitables, la perspective évolutionniste peut en revanche être vue comme une contribution de premier plan à l'émergence de la signification et à la diversification de ses formes de manifestation. Dans tous les cas, le fait de raccorder l'esthétique à la philosophie de l'esprit donne raison à l'ambition épistémologique du projet de Goodman, quand bien même elle exige aussi d'en renouveler la méthodologie.

Leçon modeste autant qu'irréfutable : tout grand philosophe est d'hier et de demain. Et le choix qui est fait de telle part de son œuvre en fournit moins un commentaire qu'il ne hâte les métamorphoses sans lesquelles sa place dans la postérité n'a qu'un intérêt anecdotique. C'est en cela que la contingence apparente de nos parcours dessine assez bien quelques lignes de force.

Rousset, août 2011

bibliographie

œuvres de Goodman

A Study of Qualities (1941), New York, Garland, 1990. Le chapitre I, 2 est repris, sous le titre « Status and System », dans la *Revue internationale de philosophie*, n° 2-3/1993, p. 100-139.

The Structure of Appearance (1951), 3e ed., D. Reidel, 1977, trad. fr. coordonnée par Jean-Baptiste Rauzy, *La Structure de l'apparence*, Paris, Vrin, 2004.

Fact, Fiction and Forecast (1954), 4e ed. Harvard U. P., 1983, trad. fr. de Martin Abram, avant-propos de H. Putnam, *Faits, fictions et prédictions*, Paris, Minuit, 1985. Le chapitre III a été traduit dans l'anthologie de P. Jacob, *De Vienne à Cambridge. L'héritage du positivisme logique de 1950 à nos jours*, Paris, Gallimard, 1980.

Languages of Art (1968), The Bobbs-Merrill Company, Inc., 2e éd. Hackett Pub. Co., 1976, trad. fr. et présentation de Jacques Morizot, *Langages de l'art*, Nîmes, Jacqueline Chambon, 1990 (reprise en Hachette littératures, 2005).

Problems and Projects, The Bobbs-Merrill Company, Inc., 1972.

Ways of Worldmaking, Harvester Press, 1978, trad. fr. de Marie-Dominique Popelard, *Manières de faire des mondes*, Nîmes, Jacqueline Chambon, 1992, reprise en Folio-Gallimard, 2006.

Of Minds and Other Matters, Harvard U. P., 1984, trad. fr. partielle des deux dernières parties et postface de J.-P. Cometti et R. Pouivet, sous le titre *L'art en théorie et en action*, Combas, Éditions de l'éclat, 1996, reprise en Folio-Gallimard, 2009.

Reconceptions in Philosophy and other Arts and Sciences (en collaboration avec Catherine Z. Elgin), Harvard U. P., 1988. Le chapitre III a été traduit par R. Pouivet dans A. Soulez (sld), *L'architecte et le philosophe*, Liège, Mardaga, 1993. Traduction intégrale par J.P. Cometti et R. Pouivet, *Reconceptions en philosophie, dans d'autres arts et d'autres sciences*, Paris, P.U.F., 1994.

Esthétique et connaissance, pour changer de sujet, trad. fr. par Roger Pouivet de cinq articles de Nelson Goodman et Catherine Z. Elgin extraits de MOM, WW, RPAS et R. Shusterman (éd.), *Analytic Aesthetics*, Combas, Éditions de l'éclat, 1990.

La bibliographie complète des œuvres de Goodman (livres, articles, compte rendus, scripts), des numéros spéciaux de revue et « symposia » consacrés à son œuvre, ainsi qu'un large choix de travaux caractéristiques qui lui ont été consacrés, figure dans le numéro spécial « More Ways of Worldmaking » de *The Journal of Aesthetic Education*, vol. 25 (1), printemps 1991, p. 99-112. Préparée par Sigrid Berka (University of California Santa Barbara), elle a été complétée par John Lee (University of Edimburgh) et elle est consultable en ligne à l'URL suivante : http://www.hcrc.ed.ac.uk/~john/GoodmanBib.html

numéros d'hommages, études ou colloques

« The New Riddle of Induction », *Journal of Philosophy* 63 (1966), p. 281-331 [contributions de R. C. Jeffrey, J. J. Thomson, J. R. Wallace et commentaires de Goodman].

RUDNER R. S., SCHEFFLER I. (eds.), *Essays in Honor of Nelson Goodman*, Indianapolis, Bobbs-Merrill, 1972.

« General Topic : Languages of Art », *The Monist* 58 (1974), p. 175-318 [contributions de J. Margolis, F. E. Sparshot, A. Tormey, K. Soren, K. Walton, J. Bennett, D. Carrier, S. Ross, N. Goodman et V. A. Howard].

Colloque « Skills and Symbols in the Arts », Supplément du *The Monist* 58 (1974), p. 319-342 [contributions de H. Gardner, M. W. Wartowsky et N. Goodman].

PERKINS D., B. LEONDAR (eds), *The Arts and Cognition*, The Johns Hopkins U. P., 1977 [contributions de N. Goodman, S. Kjørup, T. G. Roupas, H. Gardner, J. M. Kennedy and N. Fox, P. A. Kolers, B. Leondar, D. Korzenik, V. Howard, D. Perkins, J. Bamberger, F. L. Dent].

« The Philosophy of Nelson Goodman Part 1 », in *Erkenntnis* 12 (1978), p. 3-179 [contributions de R. A. Eberle, M. W. Wartowsky, J. Robinson, S. Kjørup, V. A. Howard, M. Sagoff, M. C. Beardsley, S. Morawsky, R. S. Rudner, et réponses de N. Goodman].

« The Philosophy of Nelson Goodman Part 2 », in *Erkenntnis* 12 (1978), p. 181-291 [contributions de W. Essler, F. von Kutschera, G. Hellman, F. Breitkopf, I. Fox, et réponses de N. Goodman].

Colloque « Goodman's Ways of Worldmaking », *Journal of Philosophy* 76 (1979), p. 603-619 [contributions de H. Putnam, I. Scheffler et N. Goodman].

« Aesthetics and Worldmaking : An Exchange with Nelson Goodman », *Journal of Aesthetics and Art Criticism* 39 (1981), p. 249-280 [contributions de J. S. Ackerman, J. Kulenkampff, R. Martin, A. F. Nagel, J. Margolis, A. Silvers, P. Hernadi et les réponses de N. Goodman].

Worldmaking's Ways, L. Aagaard-Mogensen, R. Pinxten, F. Vandamme (eds), Gent : Communication & Cognition, 1987 [contributions de L. Aagaard-Mogensen, K. Lorenz, L. Apostel, N. Potter, R. Pinxten, J. Kulenkampff, B. F. Scholtz, M. Gijssens-Gosselin, C. Travis et commentaires de N. Goodman].

« More Ways of Worldmaking », *Journal of Aesthetic Education* 25, 1 (1991), p. 1-112 [contributions de P. Hernadi, N. Goodman, C. Z. Elgin, W. J. T. Mitchell, R. Wollheim, J. S. Ullian, J. Bruner, A. Hawley et la bibliographie de Goodman par S. Berka].

Colloque « Nelson Goodman et les langages de l'art », Centre Georges Pompidou, *Les cahiers du Musée National d'Art Moderne* n° 41, automne 1992 [contributions de N. Goodman, J. Bouveresse, C. Elgin, I. Scheffler, C. Bouchindhomme, R. Rochlitz, P. Pouivet,

J.-M. Schaeffer, L. Handjaras, Y. Michaud, J. Snyder, L. Stephan, R. Shusterman, J. Morizot].

POUIVET R. (éd.), *Lire Goodman. Les voies de la référence*, Combas, Éditions de l'éclat, 1992 [contributions de N. Goodman, J. Morizot, C. Elgin, I. Scheffler, L. Handjaras, R. Pouivet].

« Probing into Reconceptions », *Synthese* 95, 1 (1993), p. 1-128 [contributions de O. R. Scholz, N. Goodman, C. Z. Elgin, G. Küng, R. Rheinwald, W. Heydrich, W. Künne, D. Koppelberg, et réponses].

MCCORMICK P. J. (ed), *Starmaking : Realism, Anti-Realism, and Irrealism*, Cambridge MA, MIT Press, 1996 [reprend des textes de Goodman, Scheffler, Putnam, Hempel, et des réponses croisées de ces auteurs].

« Manières de faire les mondes », Actes du Colloque Nelson Goodman 1997, *Philosophia Scientiae* 2, 1-2 (1997). [contributions de N. Goodman, K. Lorenz, G. H. Müller,s G. Heinzmann, G. Abel, J.-P. Cometti, I. Delpla, C. Z. Elgin, G. Gabriel, J. Morizot, R. Pouivet, N. Rao, I. Scheffler, H. J. Schneider, R. Schwartz, L. Vax, B. Vouilloux, J. Vuillemin, N. White].

« The Legacy of Nelson Goodman», *Journal of Aesthetics and Art Criticism* (2000) [contributions de C. Carter, J. Robinson, C. Elgin, D. Lopes, J.-P. Cometti, P. Kivy, H. Gardner].

« Special Section on Nelson Goodman », *Erkenntnis* 52, 2 (2000), p. 149-212 [contributions de C. Z. Elgin, R. Schwartz, I. Scheffler, G. Gabriel et O. R. Scholz].

A Filosofia de Nelson Goodman, VII Simpósio Internacional Principia, Universitade Federal de Santa Catarina, Florianopolis, 2011 (actes à paraître).

principaux *sourcebooks* en philosophie de l'art

Aesthetics and Language, W. Elton (ed.), Oxford, Blackwell, 1954.

Collected Papers in Aesthetics, C. Barrett (ed.), Oxford, Blackwell, 1965.

Aesthetics Today, M. Philipson (ed.), Meridian Book, 1961.

Philosophy Looks at the Arts, J. Margolis (ed.), 3 e éd., Philadelphia, Temple U. P., 1987.

Problems in Aesthetics, M. Weitz (ed.), 2 e éd., 1970,

Philosophie analytique et esthétique, édition et traduction par D. Lories, Paris, Méridiens Klincksieck, 1988 et 2004.

Analytic Aesthetics, R. Shusterman (ed.), Oxford, Blackwell, 1989.

The Language of Art History, S. Kemal and I. Gaskell (ed.), Cambridge U.P., 1991.

Philosophical Aesthetics, O. Hanfling (ed.), Oxford, Blackwell, 1992.

Aesthetics and the philosophy of Art. The Analytic Tradition, P. Lamarque and S. H. Olsen (ed.), Oxford, Blackwell, 2004.

Esthétique contemporaine, J.-P. Cometti, J. Morizot et R. Pouivet (éd.), Paris, Vrin, 2005.

Il convient d'ajouter les très nombreux ouvrages en langue anglaise qui proposent des présentations ou des débats autour des questions esthétiques. En particulier : J. Levinson (ed.), *Oxford Handbook of Aesthetics*, 2003 ; P. Kivy (ed.), *The Blackwell Guide to Aesthetics*, 2004 ; B. Gaut et D. Lopes, *The Routlege Companion to Aesthetics*, 2005 ; M. Kieran (ed.), *Contemporary debates in Aesthetics and the Philosophy of Art*, Oxford, Blackwell, 2006 ; et la monumentale *Encyclopedia of Aesthetics*, dirigée par M. Kelly, Oxford U. P., 1998.

choix d'articles et ouvrages cités comportant une analyse d'aspects centraux de la pensée de Goodman

ARRELL D., « What Goodman Should Have Said About Representation », *The Journal of Aesthetics and Art Criticism*, 1987.

BACH K., « Part of What a Picture Is », *The British Journal of Aesthetics*, vol. 10, 1970.

BAETENS J., « Autographe / allographe. À propos d'une distinction de Nelson Goodman », *Revue de l'Université de Louvain*, t. 86, 4 e série n°69, fév. 1988.

BLANC-BENON L., *La question du réalisme en peinture*, Paris, Vrin, 2009.

BOHN J. W., « Museums and the Culture of Autography », *The Journal of Aesthetics and Art Criticism*, 1999, Vol. 57 n°1.

BOUVERESSE J., « Fait, fiction et diction », *Les cahiers du Musée National d'Art Moderne*, n° 41, automne 1992.

COHNITZ D. et ROSSBERG M., *Nelson Goodman*, Acumen Publishing Ltd. (Philosophy Now Series), McGill-Queeen's University Press, 2006.

DARSEL S., *De la musique aux émotions. Une exploration philosophique*, Presses Universitaires de Rennes, 2009.

DICKIE G., « Evaluating Art », *British Journal of Aesthetics*, 25 (1), 1985.

ELGIN C. Z., *With Reference to Reference*, Indianapolis, Hackett, 1983.

– « Comprendre : l'art et la science », in *Lire Goodman*, Combas, Éditions de l'éclat, 1992.

– « Les fonctions de la fiction », *Les cahiers du Musée National d'Art Moderne* n° 41, automne 1992.

– « Sign, Symbol, and System », *The Journal of Aesthetic Education*, volume 25 n° 1, printemps 1991.

– « What Goodman Leaves Out », *The Journal of Aesthetic Education*, volume 25 n° 1, printemps 1991.

– *Between the Absolute and the Arbitrary*, Cornell U. P., 1997.

GENETTE G., « Peut-on boucher une fenêtre avec un Rembrandt ? », *Libération*, 6 septembre 1990.

– *Fiction et diction*, Paris, Seuil, 1992.

– *L'Œuvre de l'art*. t. 1 Immanence et transcendance, Paris, Seuil, 1994 ; t. 2 La relation esthétique, Paris, Seuil, 1997.

GOMBRICH E. H., « The "What" and the "How" : Perceptive Representation and the Phenomenal World », *in* Rudner, Scheffler (ed.), *Logic and Art, Essays in Honour of Nelson Goodman*, Bobbs-Merrill Co., 1972.

GOODRICH R. A., « Goodman on Representation and Resemblance », *The British Journal of Aesthetics*, volume 28, n° 1, hiver 1988.

HACKING I., *Le plus pur nominalisme*. L'énigme de Goodman : « vleu » et usages de « vleu », trad. fr. R. Pouivet, Combas, Éditions de l'éclat, 1994.

HARRIS N. G. E., « Goodman's Account of Representation », *The Journal of Aesthetics and Art Criticism*, vol. 31 n°3, 1973.

HAUGELAND J., « Analog and Analog », in *Mind, Brain and Fonction*, Adam Biro-Shahan, Harvester Press, 1982.

HOWARD V., « The Convertibility of Symbols : A Reply to Goodman's Critics », *British Journal of Aesthetics*, 15, 1975.

HANDJARAS L., « Entre logique et littérature : Goodman, Calvino et la construction des mondes », *Les cahiers du Musée National d'Art Moderne*, n° 41, automne 1992.

JENSEN H., « Exemplification in Nelson Goodman's Aesthetic Theory », *The Journal of Aesthetics and Art Criticism*, 1973, vol. 32 n°1.

KJØRUP S., « Pictorial Speech Acts », *Erkenntnis* 12, 1978.

KULVICKI J., *On Images*, Oxford, Clarendon Press, 2006.

LOPES D., *Understanding Pictures*, Oxford, Clarendon Press, 1996.

LORD C. et Benardete J., « Baxandall and Goodman » *in* S. Kemal, I. Gaskell (ed.), *The Language of Art History*, Cambridge U.P., 1991.

LORIES D., *Expérience esthétique et ontologie de l'œuvre* (Regard « continental » sur la philosophie analytique de l'art), Académie Royale de Belgique, 1989.

LOWE V., « Professor Goodman's Concet of an Individual », *The Philosophical Review*, 1953, vol. 62 n°1.

MCCORMICK P. J., *Starmaking : Realism, Anti-Realism and Irrealism*, MIT Press, 1996 (qui reprend les nombreux échanges de Goodman avec I. Scheffler, C. G. Hempel et H. Putnam).

MARGOLIS J., *Art and Philosophy*, The Harvester Press, 1980.

– « The Eclipse and Recovery of Analytic Aesthetics » in *Analytic Aesthetics*, R. Shusterman (ed.), Oxford, Blackwell, 1989.

MICHAUD Y., « Ressemblances et fictions. Remarques sur l'histoire de l'art à partir de Nelson Goodman », *Les cahiers du Musée National d'Art Moderne*, n° 41, automne 1992.

MITCHELL W. J. T., *Iconology : Image, Text, Ideology*, The University of Chicago Press, 1986.

– « How Good Is Nelson Goodman ? », *Poetics Today*, vol. 7 (1), 1986.

– « Realism, Irrealism, and Ideology : A Critique of Nelson Goodman », *The Journal of Aesthetic Education*, 25 (1), 1991.

MORIZOT J., « L'art et la logique. Présentation de Nelson Goodman », *Philosophie* n° 5, Minuit, février 1985.

– « Eloge de la construction », in *Lire Goodman*, Combas, Éditions de l'éclat, 1992.

– « Monde, versions et textes », *in* C. Berner et D. Thouart (éd.), *Sens et interprétation*, Presses universitaires du Septentrion, 2008.

– « Phénoménalisme épistémologique et physicalisme esthétique » (à paraître).

MORTON L. H., FOSTER T. R., « Goodman, Forgery and the Aesthetic », *The Journal of Aesthetics and Art Criticism*, 1991, vol. 49 n°2.

NAGEL E., « 'Or As A Blanket' : Some Comments and Questions on Exemplification », *Journal of Aesthetics and Art Criticism*, 39, 1981.

PEACOCKE C., « Depiction », *The Philosophical Review*, XCVI, 3, 1987.

PILLOW K., « Did Goodman's Distinction Survive LeWitt ? », *The Journal of Aesthetics and Art Criticism*, vol. 61 n°4, 2003.

POUILLAUDE F., *Le désœuvrement chorégraphique*, Paris, Vrin, 2009.

POUIVET R., « *L'esthétique est-elle inexprimable ?* », in *Lire Goodman*, Combas, Éditions de l'éclat, 1992.

– *Esthétique et logique*, Liège, P. Mardaga, 1996.

– *L'ontologie de l'œuvre d'art*, 2ᵉ éd., Paris, Vrin, 2010.

– *Le réalisme esthétique*, Paris, P.U.F., 2006.

RICŒUR P., *La Métaphore vive*, (7ᵉ étude), Paris, Seuil, 1975.

ROBINSON J., « Two Theories of Representation », *Erkenntnis*, vol. 12 n°1, 1978, trad. fr. in *Esthétique contemporaine*.
– « Some Remarks on Goodman's Language Theory of Pictures », *The British Journal of Aesthetics*, vol. 19 n°1, 1979.
ROCHLITZ R., « Logique cognitive et logique esthétique (2) », *Les cahiers du Musée National d'Art Moderne* n° 41, automne 1992.
– *L'art au banc d'essai*, Paris, Gallimard, 1998.
SAVILE A., « Nelson Goodman's "Languages of Art" : A Study », *The British Journal of Aesthetics*, vol. 11 n°1, 1971.
SCHAEFFER J. M., « "Nelson Goodman en poéticien" : Trois esquisses », *Les cahiers du Musée National d'Art Moderne* n° 41, automne 1992.
SCHEFFLER I., *Beyond the Letter : A Philosophical Inquiry into Ambiquity, Vagueness and Metaphor in Language*, Routledge, 1979 et 2010.
SCHWARTZ R., « Representation and Ressemblance », *The Philosophical Forum*, 7, 1975.
SHUSTERMAN R., « Analyzing Analytic Aesthetics », in *Analytic Aesthetics*, Oxford, Blackwell, 1989.
URMSON J. O., « The Methods of Aesthetics », in *Analytic Aesthetics*, R. Shusterman (ed.), Oxford, Blackwell, 1989.
VUILLEMIN J., Compte rendu de « Langages de l'art », *L'âge de la science*, vol. III n° 1, 1970.
– *La logique et le monde sensible*, Paris, Flammarion, 1971.
WANG H., « What Is an Individual ? », *The Philosophical Review*, vol. 62 n°3, 1953.
240 WOLLHEIM R., « The Core of Aesthetics », *The Journal of Aesthetic Education*, 25 (1), 1991.
WOLTERSTORFF N., *Works and Worlds of Art*, Oxford, Clarendon Press, 1980.
WREEN M., « Goodman on Forgery », *The Philosophical Quaterly*, vol. 33 n°133, 1983.

De nombreux articles ont été republiés dans les quatre volumes de *The Philosophy of Nelson Goodman*, sous la direction de Catherine Elgin ; on se reportera en particulier au volume 3 consacré à la philosophie de l'art.

La liste des numéros spéciaux et d'hommage consacrés au philosophe est consultable à l'adresse URL indiquée en 1.

Toutes les autres références d'ouvrages philosophiques, artistiques ou esthétiques sont données dans les notes de bas de page.

index

Figurent dans cet index les principales notions abordées dans l'ouvrage, ainsi que les entrées les plus significatives pour certains auteurs qui entretiennent une relation plus étroite avec l'œuvre de Goodman.

table des matières

Imprimerie de la manutention à Mayenne (France) - Mars 2012 - N° 853850S
Dépot légal : 1er trimestre 2012